Von Schmollers wissenschaftlichem Denken
zu seinem sozialpolitischen Engagement

Europäische Hochschulschriften

Publications Universitaires Européennes
European University Studies

Reihe V
Volks- und Betriebswirtschaft

Série V Series V
Sciences économiques, gestion d'entreprise
Economics and Management

Bd./Vol. 2761

PETER LANG
Frankfurt am Main · Berlin · Bern · Bruxelles · New York · Oxford · Wien

Michael Buss

Von Schmollers wissenschaftlichem Denken zu seinem sozialpolitischen Engagement

Zur Rolle der Volkswirtschaftslehre während der Industrialisierung und staatlichen Neuordnung in Deutschland

PETER LANG
Europäischer Verlag der Wissenschaften

Die Deutsche Bibliothek - CIP-Einheitsaufnahme

Buss, Michael:

Von Schmollers wissenschaftlichem Denken zu seinem sozialpolitischen Engagement : zur Rolle der Volkswirtschaftslehre während der Industrialisierung und staatlichen Neuordnung in Deutschland / Michael Buss. - Frankfurt am Main ; Berlin ; Bern ; Bruxelles ; New York ; Oxford ; Wien : Lang, 2001
(Europäische Hochschulschriften : Reihe 5, Volks- und Betriebswirtschaft ; Bd. 2761)
Zugl.: Gießen, Univ., Diss., 2001
ISBN 3-631-37949-8

D 26
ISSN 0531-7339
ISBN 3-631-37949-8

www.peterlang.de

C. Schmollers Wirkungsfeld: Deutschland vor und nach der Reichsgründung 1871

A. Vorbemerkung

Der am 13. Oktober 1873 in Eisenach von Gustav Schmoller und anderen Anhängern der historischen Schule gegründete Verein für Socialpolitik war mehr als eine wissenschaftlich orientierte Gesellschaft aus Professoren, Beamten und Freiberuflern, die sich regelmäßig trafen, um gemeinsam sozialpolitische Themen zu erörtern.[1] Die vom Verein veranstalteten Tagungen boten eine Bühne, auf der sich die wirtschafts- und sozialpolitischen Konflikte des Kaiserreichs darstellen konnten. Unterschiedliche Interessen der einzelnen Klassen, verschiedener Industriezweige oder auch der Landwirtschaft trafen aufeinander. Bis 1881 sind solche Auseinandersetzungen dadurch verschärft worden, daß man am Schluß der Sitzungen siegreiche und unterlegene Auffassungen durch Abstimmungen ermittelte.[2] Der Verein war somit Spiegel und Medium des heftigen Verteilungskampfes zwischen Klassen und Branchen während der Industrialisierung in Deutschland.[3]

Die Vereinstagungen trugen dazu bei, daß die Wirtschaftspolitik des Kaiserreichs zu einer öffentlich diskutierten Angelegenheit wurde. Wirtschaftliche Interessen artikulierten sich nunmehr nicht nur auf den Märkten, sondern zunehmend auch innerhalb der politischen Sphäre. Dies entsprach sicher den Motiven der Vereinsgründer, die entgegen den liberalen wirtschaftspolitischen

---

1) Der 13.10.1873 ist das formelle Gründungsdatum des Vereins für Socialpolitik. Informelle Treffen fanden bereits 1872 statt. Siehe dazu Kapitel D.

2) Vgl. BOESE, Franz, Geschichte des Vereins für Sozialpolitik 1872 - 1932, Berlin, 1939, S. 44f. Boeses Vereinsgeschichte ist der 188. und zugleich letzte Band der Schriften des Vereins für Socialpolitik vor dessen Liquidation 1939. Nach dem Krieg wurde der Verein neugegründet.

Vgl. auch LINDENLAUB, Dieter, Richtungskämpfe im Verein für Sozialpolitik, Wiesbaden, 1967, S. 9, KESTEN-CONRAD, Else, Verein für Sozialpolitik, in: Handwörterbuch der Staatswissenschaften, Jena, 1911, Bd. 8, S. 147.

3) Neben den Tagungen selbst wirkte auch die vom Verein herausgegebene Schriftenreihe meinungsbildend. Die Schriftenreihe enthält unter anderem „Gutachten", die von Vereinsmitgliedern zur Vorbereitung der Tagungen angefertigt wurden, und die Sitzungsprotokolle. Eine nach Themen geordnete Übersicht über die Schriften des Vereins für Socialpolitik jener Zeit findet man bei KESTEN-CONRAD, Else, a.a.O., S. 149ff.

Auffassungen jener Zeit dafür eintraten, daß der Staat eine aktive Rolle im Wirtschaftsprozeß übernimmt.[4] In diesem Sinne war der Verein für Socialpolitik parteilich, also parteilich im Sinne seiner Sache und nicht für eine bestimmte Interessengruppe. Zwar hatten die Vereinsmitglieder kein Programm formuliert, welches vielleicht Diskussionsfreude und -bereitschaft gehemmt hätte. Doch gab es zumindest einen Konsens, den alle Mitglieder teilten: Sozialpolitische Reformen, mit deren Hilfe die Stellung der sozialen Schichten zueinander und deren jeweiliger Anteil am Sozialprodukt verändert werden sollten, sind möglich *und* notwendig.[5]

Was brachte die Nationalökonomen aus der historischen Schule, die diesen Verein anführten, dazu, sich hier in ungewöhnlicher Intensität politisch zu engagieren? Dies soll am Beispiel Gustav Schmollers untersucht werden. Darüber hinaus sollen einige Wirkungen dieses Engagements aufgezeigt werden: Welche Resonanz fand der Verein für Socialpolitik bei Öffentlichkeit, Politik und Interessengruppen jener Zeit? Hier ist auch die Frage zu klären, welche Voraussetzungen seines Erfolges in der historischen Schule einerseits und im eben entstandenen Kaiserreich andererseits verborgen liegen. Schließlich soll überprüft werden, welche Spuren Schmollers in der Fortentwicklung der Sozialwissenschaften und vor allem der Volkswirtschaftslehre zu finden sind. Dabei wird Schmollers Werk insbesondere dem amerikanischen Institutionalismus und der neuen Institutionenökonomik gegenübergestellt.

---

4) Vgl. NASSE, Erwin, Rede zur Eröffnung der sechsten Generalversammlung des Vereins für Socialpolitik am 21. und 22.4.1879 in Frankfurt/Main, zitiert nach dem Protokoll, veröffentlicht in den Schriften des Vereins für Socialpolitik, Bd. 16, 1879, S. 1. Siehe zu den Motiven der Vereinsgründer auch ausführlich Abschnitt D.I.1.

5) Vgl. LINDENLAUB, Dieter, a.a.O., S. 10.

B. Schmollers wissenschaftliches Denken

I. Zur geistesgeschichtlichen Einordnung

1. Die historische Schule

Gustav Schmoller (1838 – 1917) wird der historischen Schule der Nationalökonomie zugerechnet, er gilt sogar als deren führender Repräsentant.[6] Mit ihrer Zuwendung zur Geschichte befand sich die deutsche Volkswirtschaftslehre des 19. Jahrhunderts im Einklang mit dem Historismus, einer Bewegung, die alle Geisteswissenschaften des Landes erfasst hatte, und das individuelle und unvergleichliche jeder Epoche betonte.[7] Obwohl die historische Schule der Nationalökonomie in Deutschland entstanden war, und hier den bei weitem größten Einfluß ausübte, kann man mit Richard Jones (1790 – 1855), Walter Bagehot (1826 – 1877)[8] und Thomas Cliffe Leslie (1827 – 1882) auch Ökonomen aus England, dem Entstehungsland der klassischen Theorie, nennen, die betonten, daß keine Wirtschaftstheorie universelle Geltung besitzen könne. Vielmehr er-

6) Vgl. KRUSE, Alfred, Geschichte der Volkswirtschaftlichen Theorien, 4. Aufl., Berlin, 1959, S. 165, SCHUMPETER, Joseph A., Geschichte der ökonomischen Analyse, nach dem Manuskript herausgegeben von Elizabeth Schumpeter, 2. Bd., Göttingen, 1965, S. 989, SCHMÖLDERS, Günter, Historische Schule, in: ISSING, Otmar (Hg.), Geschichte der Nationalökonomie, 2. Aufl., München, 1988, S. 115, WINKEL, Harald, Die deutsche Nationalökonomie im 19. Jahrhundert, Darmstadt, 1977, S. 101 und 104. Zur überragenden Stellung Schmollers innerhalb der damaligen deutschen Nationalökonomie siehe auch BRINKMANN, Carl, Gustav Schmoller, in: Handwörterbuch der Staatswissenschaften (HdSW), Bd. 9, 1956, S. 135, SCHMÖLDERS, Günter, Geschichte der Volkswirtschaftslehre, Wiesbaden, 1961, S. 75f.

7) Zur Einbettung der historischen Schule in die Geistesgeschichte des 19. Jahrhunderts siehe auch BRINKMANN, Carl, Historische Schule, in: Handwörterbuch der Sozialwissenschaften (HdSW), Bd. 5, 1956, S. 121 und WINKEL, Harald, a.a.O., S. 82f.

8) Walter Bagehot war Gründer des *Economist*.

forderten unterschiedliche wirtschaftliche Entwicklungsphasen einzelner Volkswirtschaften jeweils voneinander abweichende Beschreibungen des ökonomischen Systems.[9]

a) Zur Unterscheidung zwischen älterer und jüngerer historischer Schule

In Deutschland wird allgemein zwischen einer älteren und einer jüngeren historischen Schule unterschieden. Carl Brinkmann führt diese Unterscheidung auf Adolph Wagner (1835 – 1917) zurück. Wagner habe sich mit ihrer Hilfe von Schmoller abgrenzen wollen, indem er sich selbst in die Tradition der älteren stellte, Schmoller aber der jüngeren historischen Schule zuordnete. Brinkmann hält die Unterscheidung nur insoweit für bedeutungsvoll, als in der älteren Schule tatsächlich theoretische Auseinandersetzungen überwogen hätten, während sich die jüngere insbesondere empirischen Untersuchungen widmete.[10] Auch Gerhard Stavenhagen hebt als besonderes Merkmal der jüngeren historischen Schule hervor, daß sie vorzeitige Verallgemeinerungen unbedingt vermeiden wollte, und sich deshalb detaillierten Spezialuntersuchungen zuwandte. So seien eine Vielzahl volkswirtschaftlicher Monographien insbesondere zur Wirtschaftsgeschichte, zu statistischen und sozialpolitischen Problemen entstanden.[11] Die Vertreter der älteren wie der jüngeren historischen Schule einte aber aus Sicht Brinkmanns eine „antiklassische" Position, wie sie im weiteren noch näher beschrieben werden wird. Alle seien bestrebt gewesen, historische und soziologische Faktoren in ihre Untersuchungen einzubeziehen, die sonst häufig in den „Datenkranz" ökonomischer Analysen verwiesen werden.[12] Zur älteren historischen Schule werden Bruno Hildebrand (1812 – 1886), Wilhelm Roscher (1817 – 1894) und Karl Knies (1821 – 1878) gezählt. Das Bild der jüngeren historischen Schule wird von Gustav Schmoller geprägt. Neben ihm werden unter anderem Lujo Brentano (1844 – 1931) und Karl Bücher (1847 – 1930) als

---

9) Vgl. KRUSE, Alfred, a.a.O., S. 164f.

10) Vgl. BRINKMANN, Carl, a.a.O., S. 122.

11) Vgl. STAVENHAGEN, Gerhard, Geschichte der Wirtschaftstheorie, 4. Aufl., Göttingen, 1969, S.197f.

12) Vgl BRINKMANN, Carl, ebd.

bedeutende Vertreter der jüngeren historischen Schule genannt.[13] Folgt man Carl Brinkmann in seiner Ansicht, daß ältere und jüngere Richtung weitaus mehr vereint, als sie trennt, kann man verschiedene Gemeinsamkeiten für die historische Schule insgesamt feststellen, die im folgenden dargestellt werden sollen.[14]

b) Die historische Methode

Die historische Schule bestreitet, daß es ökonomische Gesetzmäßigkeiten gibt, die von dauerhafter Gültigkeit sind. Sie sieht jede wirtschaftliche Erscheinung als Ergebnis eines historischen Entwicklungsprozesses an. Um den Wirtschaftsprozeß zutreffend zu beschreiben, sollen historische und soziologische Faktoren umfassend in die Analyse einbezogen werden. Die Theorie der Klassik wird kritisiert, weil sie von solchen Faktoren abstrahiere und mit einer „isolierenden" Betrachtung ausschließlich der ökonomischen Phänomene nach allgemeiner Gültigkeit strebe. In seinem weit verbreiteten Lehrbuch beendet Schmoller die Beschreibung der klassischen Theorie mit der Kritik, dieser fehle die umfassende Kenntnis anderer Zeiten und Länder und „...die historische Auffassung des socialen und volkswirtschaftlichen Entwicklungsprozesses."[15] Der Entschluß der historischen Schule, das geschichtliche und soziale Umfeld in die ökonomische Betrachtung einzubeziehen, dehnt ihr Forschungsobjekt sehr weit aus, was – wie Schumpeter bemerkt – jedoch mit einer „Begrenzung des Wirkungsbereichs" der Analysen „Schmollerschen Typs" (also wohl solcher

13) Vgl. BRINKMANN, Carl, a.a.O., S. 121f., KRUSE, Alfred, a.a.O., S. 159ff., SCHUMPETER, Joseph A., a.a.O., S. 987ff., SALIN, Edgar, Politische Ökonomie, Tübingen, Zürich, 1967, S. 132ff., SCHMÖLDERS, Günter, Geschichte der Volkswirtschaftslehre, Wiesbaden, 1961, S. 73ff., SCHMÖLDERS, Günter, Historische Schule, in: ISSING, Otmar (Hg.), Geschichte der Nationalökonomie, 2. Aufl., München, 1988, S. 113ff., WINKEL, Harald, a.a.O., S. 92ff., ZIMMERMAN, L.J., Geschichte der theoretischen Volkswirtschaftslehre, 3. Aufl., Köln, 1967, S. 113ff.

14) Vgl. auch die ausführliche Darstellung von Auffassungen, die die historische Schule insgesamt charakterisieren bei WINKEL, Harald, a.a.O., S. 84ff.

15) SCHMOLLER, Gustav, Grundriß der Allgemeinen Volkswirtschaftslehre, 1. Teil, 1. – 3. Aufl., Leipzig, 1900, S. 93.

Analysen, die sich jeweils auf bestimmte historische Situationen beziehen) verbunden ist.[16]

Häufig wird die Vorgehensweise der klassischen Theorie mit der deduktiven Methode identfiziert: Aus einem Obersatz, zum Beispiel der Annahme, daß Wirtschaftssubjekte mit gegebenem Mitteleinsatz einen maximalen Erfolg erzielen möchten, werden durch logische Ableitung (Deduktion) weitere Aussagen gewonnen. Andererseits wird von der historischen Schule behauptet, sie bediene sich der induktiven Methode: Durch die aufeinanderfolgende Untersuchung besonderer historischer oder geographischer Situationen oder „Einzelfälle" soll schließlich das darin enthaltene Allgemeingültige gefunden werden.[17] Diese Zuordnung geht, wie im folgenden noch deutlich werden wird, unter anderem auf Schmoller zurück. Tatsächlich aber bilden deduktive und induktive Methode keinen schroffen Gegensatz. Wissenschaften, die keinen realen Erkenntnisgegenstand besitzen (Idealwissenschaften), wie Mathematik und Logik, bedienen sich deduktiver Methoden. Die Physik hingegen wird ihren Erkenntnisgegenstand, die Natur, mit Hilfe von Einzelfallbeobachtungen erforschen (induktive Methode), sie wird jedoch auch logische Schlüsse ziehen (deduktive Methode). Ihn ähnlicher Weise wie die Physik müssen andere Wissenschaften mit realem Erkenntnisgegenstand (Realwissenschaften) vorgehen, auch die Volkswirtschaftslehre.[18]

c) Der von Schmoller und Menger ausgelöste „Methodenstreit"

Leider wurde eine differenzierte Betrachtungsweise wirtschaftswissenschaftlicher Methoden durch den seit 1883 zwischen Gustav Schmoller und Carl Menger, als Begründer der österreichischen Grenznutzenschule in der neoklassi-

---

16) Vgl. SCHUMPETER, Joseph A., a.a.O., S. 992.

17) Vgl. ZIMMERMAN, L.J., a.a.O., S. 110f.

18) Vgl. ZIMMERMAN, L.J., a.a.O., S. 111. Auch Schmölders betont die Gleichwertigkeit beider „Denkweisen" für die Wirtschafts- und Sozialwissenschaften, vgl. SCHMÖLDERS, Günter, Historische Schule, in: ISSING, Otmar (Hg.), Geschichte der Nationalökonomie, 2. Aufl., München, 1988, S. 113ff., S. 116.

schen Tradition stehend, erbittert geführten „Methodenstreit"[19] beiseite gedrängt. Schmoller setzte seine Arbeitsweise während der Auseinandersetzungen mit Menger simplifizierend mit der induktiven Methode gleich, die seines Kontrahenten mit der deduktiven.[20] Schmoller behauptete, daß allein seine Methode in der Volkswirtschaftslehre berechtigt sei. Zunächst müsste die ökonomische Realität der einzelnen Volkswirtschaften und deren Wandel beobachtet und beschrieben werden. Nur aus einer Gesamtschau historischer Daten und Fakten lassen sich nach Schmollers Wissenschaftsverständnis ökonomische Gesetzmäßigkeiten *induktiv* ableiten. Solche Gesetze seien jedoch stets an die untersuchten Volkswirtschaften und deren historischen Entwicklungsstand gebunden. Schmoller unterstellte Menger, er versuche, wirtschaftliche Gesetze von universeller Gültigkeit *deduktiv* und unterschiedslos auf jede Volkswirtschaft zu übertragen.

Da, wie eben geschildert, jede Realwissenschaft sowohl deduktiv als auch induktiv argumentieren muß, war Schmollers Position im Streit mit Menger nicht nur vereinfachend und polarisierend, sondern schlicht unhaltbar.[21] Schon gar nicht konnte sie sich generell gegen Klassik und Neoklassik richten, denn bereits John Stuart Mill, der sich ausführlich mit den Schwierigkeiten der deduktiven Methode in den Sozialwissenschaften beschäftigte, wies darauf hin, daß es kaum Lehrsätze geben könne, die sich in allen Gesellschaften ohne Ausnahme bewahrheiten würden. Dies gelte selbst für nur tendenzielle Aussagen. Da die sozialen Verhältnisse außergewöhnlich wandelbar seien, und wiederum von einer großen Zahl Faktoren mit großer Schwankungsbreite beeinflusst würden, könnten die Bedingungen zweier Gesellschaften oder einer Gesellschaft in unterschiedlichen Perioden niemals auch nur annähernd gleich sein. Auch eine isolierte Untersuchung der Ursachen eines bestimmten sozialen Phänomens unter Vernachlässigung der anderen Faktoren könne zu keinen allgemeingülti-

---

19) Zum „Methodenstreit" vergleiche MENGER, Carl, Untersuchungen über die Methode der Sozialwissenschaften und der politischen Ökonomie insbesondere, Leipzig, 1883, SCHMOLLER, Gustav, Zur Methodologie der Staats- und Sozialwissenschaften, in: Schmollers Jahrbuch, 7. Jg., 1883, MENGER, Carl, Die Irrthümer des Historismus in der deutschen Nationalökonomie, Wien, 1884.

20) Vgl. SALIN, Edgar, a.a.O., S. 138.

21) Vgl. SALIN, Edgar, ebd.

gen Lehrsätzen führen, weil jede Ursache, die ein Element der Gesellschaft spürbar beeinflusse, auch die anderen Faktoren beeinflussen müsse. Alle sozialen Phänomene seien durch die Wirkung einer Mischung verschiedener Gesetze entstanden. Mill vergleicht die Komplexität der Ursache- und Wirkungsbeziehungen in einer Gesellschaft mit den Verhältnissen in einem lebenden Organismus.[22] Diese wissenschaftstheoretischen Aussagen John Stuart Mills, der auch von Schmoller selbst dem Utilitarismus und der Klassik zugeordnet wird,[23] zeigen, daß die von Schmoller und der historischen Schule insgesamt hervorgehobenen Schwierigkeiten der deduktiven Methode durchaus auch innerhalb der Klassik wahrgenommen worden sind.[24]

Da Schmoller eine Replik Mengers unbeantwortet lies, wurde daraus geschlossen, Menger habe sich im „Methodenstreit" durchgesetzt. Schmölders weist darauf hin, daß diese Schlußfolgerung etwas voreilig gewesen sei. Schmoller habe seinen großen Einfluß über viele Jahre weiter genutzt, die österreichische Schule bei Berufungen an deutsche Universitäten zu benachteiligen.[25] Da der „Methodenstreit" erst in den achtziger Jahren beginnt, also nach der Zeit, die in dieser Arbeit untersucht wird, soll er hier nicht weiter verfolgt werden. Dafür spricht auch die von Zimmerman deutlich ausgeprochene Meinung, daß Diskussionen über Methoden letztlich unfruchtbar blieben. Eine sich weiterentwickelnde Wissenschaft verändere stets ihre Arbeitsweise, sie tue dies aber während sie forsche, und nicht durch methodologische Debatten.[26] Walter Eucken hält methodologische Diskussionen für ein „Krankheitszeichen" jeder Wissenschaft, wobei jedoch die Methodologie alleine auch keine Heilung ermögliche.[27]

---

22) Vgl. MILL, John Stuart, A System of Logic, Ratiocinative and Inductive, Book 6, zuerst publiziert 1843, wieder abgedruckt in: MILL, John Stuart, Collected Works, Vol. VIII, Toronto, Buffalo, 1974, S. 898ff.

23) Vgl. SCHMOLLER, Gustav, Grundriß der Allgemeinen Volkswirtschaftslehre, 1. Teil, 1. - 3. Aufl., Leipzig 1900, S. 91f.

24) Vgl. auch KRUSE, Alfred, Geschichte der Volkswirtschaftlichen Theorien, 4. Aufl., Berlin, 1959, S. 161f.

25) Vgl. SCHMÖLDERS, Günter, Geschichte der Volkswirtschaftslehre, Wiesbaden, 1961, S. 85.

26) Vgl. ZIMMERMAN, L.J., a.a.O., S. 111

27) Vgl. EUCKEN, Walter, Die Grundlagen der Nationalökonomie, 3. Aufl., Jena, 1943, Vorwort, S. VII.

Schumpeter urteilt über den von Schmoller und Menger ausgelösten „Methodenstreit", dieser habe nicht nur „böses Blut", sondern auch eine Literaturflut hervorgebracht. „Trotz einiger Beiträge zur Klärung der logischen Grundlagen ist die Geschichte dieser Literatur im wesentlichen eine Geschichte vergeudeter Energie, die man besser hätte nutzen können."[28]

Es bleibt aus heutiger Sicht festzuhalten, daß mit dem „Methodenstreit" die Frontstellung zwischen historischer Schule und klassischer Lehre überzeichnet wurde. Die Volkswirtschaftslehre kann tatsächlich nicht zwischen deduktiver und induktiver Methode wählen; sie muß sich wie andere Realwissenschaften beider Methoden bedienen. Allenfalls kann der Schwerpunkt in die eine oder andere Richtung verschoben werden. Walter Eucken hält es für möglich, daß die Antinomie zwischen der historischen und der theoretischen Betrachtungsweise, durch die Bildung idealtypischer Formen überwunden werden kann.[29] Die von der Theorie formulierten Aussagen „von allgemeiner Gültigkeit" könnten zwar von den zugrundeliegenden Hypothesen „richtig" abgeleitet sein, sie wären allerdings nur dann auch „aktuell" gültig, wenn die Hypothesen der jeweiligen historischen Situation entsprächen.[30] Deshalb empfiehlt Eucken, daß die Ökonomen vor der theoretischen Analyse zunächst das reale Wirtschaftsgeschehen beobachten sollten.[31] Mit bewußt angewandter Abstraktion hat Eucken die „Idealtypen" der Zentralverwaltungswirtschaft und der marktwirtschaftlich orientierten Verkehrswirtschaft formuliert, mit denen unterschiedliche Wirtschaftsordnungen in Geschichte und Gegenwart charakterisiert werden können.[32]

---

28) Vgl. SCHUMPETER, Joseph A., a.a.O., S. 994.

29) Vgl. EUCKEN, Walter, a.a.O., S. 95.

30) Vgl. ZIMMERMAN, L.J., Geschichte der theoretischen Volkswirtschaftslehre, 3. Aufl., Köln, 1967, S. 123.

31) Vgl. EUCKEN, Walter, Nationalökonomie wozu?, Godesberg, 1947, S. 31ff.

32) Vgl. EUCKEN, Walter, Die Grundlagen der Nationalökonomie, 3. Aufl., Jena, 1943, S. 95ff.

d) Zur Rolle des Staates im Wirtschaftsprozeß

Mit ihrer Betonung des Individuellen und Besonderen, das jede Epoche mit sich bringt, knüpft die historische Schule an die deutsche Romantik an.[33] Wie die Romantik sieht sie im Wirtschaftsleben vor allem einen organischen Prozeß des Werdens und Vergehens, und keinen sich gleichförmig wiederholenden Wirtschaftskreislauf. Staat, Wirtschaft und Gesellschaft unterliegen gemeinsam einem stetigen Wandel, der sich im Zentrum des Erkenntnisinteresses der historischen Schule befindet. Dabei untersucht sie, wie sich die Gesellschaft historisch in Stände und Klassen differenziert hat, und in welcher Form nicht nur individuelle, sondern auch Gruppeninteressen den Wirtschaftsprozeß bestimmen. Eine solche der Romantik entnommene Sichtweise auf die gesellschaftliche Entwicklung räumt dem Staat eine besondere Stellung ein: Er hat die Verteilungskämpfe unter Ständen und Klassen zu moderieren und die Gruppeninteressen auszugleichen. Anders als die Romantik strebt die historische Schule allerdings keine konservative Rückwendung von Staat und Gesellschaft hin zu einer verklärten Vergangenheit an.[34]

Gegenüber Klassik und Neoklassik hat der Staat aus Sicht der historischen Schule umfangreichere Aufgaben wahrzunehmen. Insbesondere soll er aktiv für einen sozialen Ausgleich zwischen den Gesellschaftsschichten sorgen und dabei vor allem die Schwachen schützen. Die Vertreter der historischen Schule verlangen von der Wirtschaftspolitik die Orientierung an ethischen Zielen und sie fordern, daß der Staat im Sinne ihrer sozialen Anliegen die individuelle Freiheit einschränkt. Gustav Schmoller, Albert Schäffle, Lujo Brentano, Adolph Wagner und andere nahmen eine polemische wirtschaftspolitische Auseinandersetzung mit liberalen Auffassungen auf. Sie lehnten insbesondere den Gedanken ab, daß es dem Wohle der Allgemeinheit diene, wenn jeder frei seinen

---

33) Adam MÜLLER (1779 – 1829) wird als der bedeutendste Vertreter einer romantischen Richtung der Volkswirtschaftslehre und damit als einer der Vorläufer der historischen Schule betrachtet. Vgl. SCHMÖLDERS, Günter, Geschichte der Volkswirtschaftslehre, Wiesbaden, 1961, S. 73.

34) Vgl. SCHMÖLDERS, Günter, a.a.O., S. 72f., WINKEL, Harald, Die deutsche Nationalökonomie im 19. Jahrhundert, Darmstadt, 1977, S. 85f. Siehe hierzu auch Abschnitt C.II.2. c).

egoistischen Interessen folgen könne.[35] Wie stark die Sozialpolitik das öffentliche Wirken Schmollers und der historischen Schule geprägt hat, wird in dieser Arbeit deutlich hervortreten, und muß an dieser Stelle nicht weiter vertieft werden.

2. Der Idealismus des 19. Jahrhunderts

Werner Sombart spricht während seiner kurzen Grabrede auf Gustav Schmoller 1917 von ihm als einem Wegbereiter „der aus deutschem Idealismus geborenen Wissenschaft."[36] Auch Schmoller selbst mag dort seine Wurzeln gesehen haben. Allerdings verstand er unter moderner Wissenschaft eine Verbindung aus idealistischen Gedanken *und* empirischen Erkenntnissen. Dies wird Gegenstand der nächsten Abschnitte sein. Zuvor soll jedoch die philosophische Richtung des Idealismus genauer untersucht werden, wobei auch auf den häufig in polemisch verkürzter Form verwendeten Gegenbegriff des Materialismus eingegangen werden muß. Einerseits sollen damit die geistesgeschichtlichen Strömungen geschildert werden, die Schmoller beeinflussten.[37] Andererseits kann auf dieser Darstellung aufbauend Schmollers Beschreibung der volkswirtschaftlichen Schulen und seine Einordnung der Volkswirtschaftslehre in die Wissenschaften insgesamt beurteilt werden.

---

35) Vgl. ZIMMERMAN, L.J., a.a.O., S. 116.

36) SOMBART, Werner, Gustav von Schmoller, Rede gehalten auf dem Friedhof der Kaiser-Wilhelm-Gedächtniskirche in Berlin-Westend am 1. Juli 1917, in: SPIETHOFF, Arthur (Hg.), Gustav von Schmoller und die deutsche geschichtliche Volkswirtschaftslehre, Festgabe zur hundertsten Wiederkehr seines Geburtstages am 24. Juni 1938, Berlin, 1938, S. 3.

37) Zimmerman betont zurecht, daß die geistesgeschichtlichen Strömungen, die einen Sozialwissenschaftler beeinflussten, untersucht werden müssen, um sein Werk in die Theoriegeschichte einordnen zu können. Vgl. ZIMMERMAN, L.J., a.a.O., S. 121f.

a) Erkenntnistheoretischer, metaphysischer und praktischer Idealismus

Idealismus kann zunächst als **erkenntnistheoretische** Lehre verstanden werden, die behauptet, daß das Wissen über die Wirklichkeit ausschließlich auf menschlichen Wahrnehmungen beruht. In diesem Sinne werden die Dinge lediglich als unsere Vorstellungen von ihnen aufgefaßt.[38] Kant definiert: „Der Idealismus besteht in der Behauptung, daß es keine andere als denkende Wesen gebe, die übrigen Dinge, die wir in der Anschauung wahrzunehmen glauben, wären nur Vorstellungen in den denkenden Wesen, denen in der Tat kein außerhalb dieser befindlicher Gegenstand korrespondierte."[39] In der Literatur wird mehrfach darauf hingewiesen, daß diese Interpretation des Begriffs Idealismus verständlicher wird, wenn man sich vergegenwärtigt, daß das deutsche Wort „Idee", das fanzösische „idée" und das englische „idea" verschieden benutzt werden. Während im deutschen unter einer Idee ein reiner Begriff oder ein Leitgedanke verstanden wird, bedeutet das Wort im französischen wie im englischen jede Art von Vorstellung. Mit „idée" und „idea" sind somit auch einfache Vorstellungen gemeint, die die Grundelemente unseres Bewußtseins bilden. In diesem Sinne wurde der Begriff insbesondere von den Empiristen, unter ihnen John Locke und David Hume benutzt.[40]

In **metaphysischer** Betrachtung behauptet der Idealismus, die Idee sei der materiellen Welt übergeordnet.[41] Folgen wir der Interpretation Zeltners, so ist für Hegel in diesem Sinne der historische Prozeß durch die Abfolge unterschiedlicher künstlerischer, religiöser und auch philosophischer Konzeptionen be-

---

38) Vgl. MAUTHNER, Franz, Wörterbuch der Philosophie, Neue Beiträge zu einer Kritik der Sprache, Nachdruck der Erstausgabe von 1910/11, 1. Bd., Zürich, 1980, S. 527, SCHMIDT, Heinrich, Philosophisches Wörterbuch, neubearbeitet von Georgi SCHISCHKOFF, 19. Aufl., Stuttgart, 1974, S. 285, ZELTNER, H., Idealismus, in: RITTER, Joachim; GRÜNDER, Karlfried (Hg.), Historisches Wörterbuch der Philosophie, Bd. 4, Basel, 1976, Spalte 30, PRECHTL, Peter; BURKARD, Franz-Peter (Hg.), Metzler-Philosophie-Lexikon, Stuttgart, Weimar, 1996, S. 255.

39) KANT, Immanuel, Prolegomena zu einer jeden künftigen Metaphysik, die als Wissenschaft wird auftreten können, Riga, 1783, nachgedruckt in: KANT, Immanuel, Schriften von 1783 – 1788, Bd. IV, Berlin, 1913, S. 38 .

40) Vgl. ZELTNER, H., Idealismus, a.a.O., Spalte 30, MAUTHNER, Franz, a.a.O., S. 526f.

41) Vgl. SCHMIDT, Heinrich, a.a.O., S. 285, MAUTHNER, Franz, a.a.O., S. 527.

stimmt. Die Philosophie könne am Ende des Entwicklungsprozesses die entscheidenden Funktionen der sich ablösenden Konzeptionen erkennen. Damit wäre die Philosophie zur vollendeten Einsicht gelangt, wobei sie auch ihre eigene Rolle vollkommen durchschauen könnte. Hegel betrachtet sein philosophisches System als „Entfaltung" des Idealismus, wobei er auch den Begriff des „absoluten Idealismus" für sich in Anspruch nimmt. Hegels Philosophie wird als Höhepunkt und gleichzeitig auch als Ende des Idealismus interpretiert, gegen den sich im 19. Jahrhundert die materialistisch orientierten Naturwissenschaften durchsetzten.[42] Zugleich hat jedoch auch der Neukantianismus eine Rückkehr zum „kritischen Idealismus" Kants gefordert.[43]

Besonders im deutschen Sprachraum wanderte der Begriff des Idealismus aus der philosophischen Fachsprache in den allgemeinen Sprachgebrauch. Hier bezeichnete man jede durch Ideale und ihre praktische Befolgung geprägte Weltanschauung als Idealismus, besonders dann, wenn sie mit uneigennützigem Handeln verbunden ist. Im Unterschied zum erkenntnistheoretischen und metaphysischen Idealismus wird eine solche Lebenshaltung als **praktischer** Idealismus bezeichnet.[44] Da sich Schmoller nicht nur intensiv mit unterschiedlichen Gerechtigkeitsidealen befasst hat, sondern außerdem im Verein für Socialpolitik aktiv für die politische Durchsetzung bestimmter Gerechtigkeitsvorstellungen eintrat, kann man ihn dem praktischen Idealismus zurechnen. In seinen wissenschaftlichen Arbeiten setzt er sich mit dem Idealismus aber auch in theoretischer Weise auseinander, worauf im weiteren noch einzugehen sein wird. Nicht nur durch die Benutzung der Begriffe Idealismus und Idealist im alltäglichen und besonders im politischen Sprachgebrauch wird deutlich, welch herausgehobene Position der Idealismus in Deutschland einnahm. Der in seiner Grabrede von Werner Sombart benutzte Doppelbegriff „deutscher Idealismus" ist eine

---

42) Vgl. ZELTNER, H., Idealismus, a.a.O., Spalte 32, ZELTNER, H., Absoluter Idealismus, in: RITTER, Joachim; GRÜNDER, Karlfried (Hg.), Historisches Wörterbuch der Philosophie, Bd. 4, Basel, 1976, Spalte 33f.

43) Vgl. ZELTNER, H., Idealismus, a.a.O., Spalte 32. Dort auch Näheres über andere Versuche, den Idealismus zu erneuern.

44) Vgl. SCHMIDT, Heinrich, a.a.O., S. 285, ZELTNER, H., Deutscher Idealismus, in: RITTER, Joachim; GRÜNDER, Karlfried (Hg.), Historisches Wörterbuch der Philosophie, Bd. 4, Basel, 1976, Spalte 37.

feststehende Bezeichnung, die für jene Epoche deutscher Philosophie zwischen Kant und Hegel steht, aber auch als Sammelbegriff für Philosophen in deren Nachfolge benutzt wird. Darüber hinaus dient „deutscher Idealismus" auch als Kennzeichnung jener Philosophie, die die deutsche Klassik zeitlich begleitet hat und ihr „geistesverwandt" war. In diesem Sinne repräsentieren Goethe, Schiller und Hölderlin gleichzeitig Klassik und Idealismus.[45] Auch die Romantiker Friedrich Schlegel, Novalis und Schleiermacher werden von Nicolai Hartmann zum „deutschen Idealismus" gezählt.[46]

b) Die Gegenbegriffe zum Idealismus: Realismus und insbesondere Materialismus

Der vielgestaltige und vieldeutige Begriff des Idealismus wurde in den wissenschaftlichen, literarischen und politischen Auseinandersetzungen des 19. Jahrhunderts häufig benutzt. Geht man in solchen Kontroversen vom **erkenntnistheoretischen** Idealismus aus, bildet der **Realismus** den Gegenbegriff:[47] Der erkenntnistheoretische Idealismus sieht die Dinge nur innerhalb unserer Wahrnehmung, während die philosophische Schule des Realismus ganz im Gegenteil von der Existenz einer dinglichen Welt überzeugt ist, die außerhalb und unabhängig vom Bewußtsein besteht. Der Realismus geht davon aus, daß es das Ziel unserer Wahrnehmung ist, diese Außenwelt so zu erfassen, wie sie „an sich" ist, und daß dieses Ziel zumindest teilweise auch erreichbar ist.[48]

Als wirklicher polemischer Gegenpol zum Idealismus wurde jedoch nicht der Realismus, sondern der Materialismus aufgefaßt.[49] Wie wir noch sehen werden, benutzt auch Schmoller dieses Begriffspaar, um verschiedene Lehrmeinungen innerhalb seines Wissenschaftsbildes zu unterscheiden. In vereinfachender Ge-

---

45) Vgl. ZELTNER, H., Deutscher Idealismus, a.a.O., Spalte 35f.

46) Vgl. HARTMANN, Nicolai, Die Philosophie des deutschen Idealismus, Berlin, 2. Aufl., 1960, S. 5f.

47) Vgl. SCHMIDT, Heinrich, a.a.O., S. 285, ZELTNER, H., Idealismus, a.a.O., Spalte 30.

48) Vgl. BRUGGER, Walter (Hg.), Philosophisches Wörterbuch, Freiburg, Basel, Wien, 1976, S. 317.

49) Vgl. ZELTNER, H., Idealismus, a.a.O., Spalte 30, SCHMIDT, Heinrich, a.a.O., S. 285.

genüberstellung zum **metaphysischen** Idealismus, der die materielle Welt der Idee unterordnet, sieht der **Materialismus** in der Materie die Basis (die „Substanz") aller Wirklichkeit; also nicht nur der stofflichen, sondern auch der seelischen und der geistigen Realität. So sucht der physikalische Materialismus in der Materie die letzte physische Wirklichkeit. Entsprechend beabsichtigt der biologische bzw. physiologische Materialismus, den metaphysischen Begriff des Lebens auf stoffliche Vorgänge zurückzuführen. Gleiche Überlegungen stellt der psychologische Materialismus für seelische und geistige Vorgänge an.[50] Der Materialismus folgt damit der naturwissenschaftlichen Entwicklung und weist gleichzeitig antireligiöse Tendenzen auf, wenn er die Seele auf physische Vorgänge zurückführen oder als deren Begleiterscheinungen erklären möchte.[51] Von diesem naturwissenschaftlich geprägten unterscheidet Wilhelm Wundt einen soziologischen Materialismus, der im 19. Jahrhundert von Karl Marx und Friedrich Engels entwickelt wurde. Sie postulierten, daß die Produktionsweise der materiellen Güter das soziale, politische und geistige Leben eines Landes bestimme, alle geistige Entwicklung somit aus dem „materiellen Unterbau" der Volkswirtschaft hergeleitet werden müsse. Schon Wundt bemerkte dazu, daß die marxistische Geschichtsdeutung bedeutende Änderungen der Produktionsweise und damit einhergehende Änderungen des Wirtschaftssystems auf technische Innovationen zurückführe, ohne daß der Versuch unternommen werde, den schöpferischen Akt des Erfindens unmittelbar aus materiellen Bedingungen abzuleiten. Erfindungen könnten also dem „geistigen Überbau" zugeordnet werden, der somit – anders als es der Marxismus behaupte – auch die Produktionsweise beeinflussen könne.[52] Vom soziologischen Materialismus ausgehend konnten Marx und Engels ihre sozialistische Gesellschaftstheorie und Geschichtsphilosophie aufbauen. Im weiteren wird deutlich werden, daß sich Schmoller gerade mit dieser Position kritisch auseinandersetzt. Der marxistische Begriff des „historischen Materialismus" wird erst im letzten Jahrzehnt des 19. Jahrhunderts geläufig, also nach der hier zu betrachtenden Zeit. Wilhelm Goerdt führt ihn auf Friedrich Engels zurück, der zunächst 1892 in einem englischen Text den Ausdruck „historical materialism"

---

50) Vgl. SCHMIDT, Heinrich, a.a.O., S. 414f.

51) Vgl. NIEKE, W., Materialismus, in: RITTER, Joachim; GRÜNDER, Karlfried (Hg.), Historisches Wörterbuch der Philosophie, Bd. 5, Basel, 1980, Spalte 842.

52) Vgl. WUNDT, Wilhelm, Einleitung in die Philosophie, 6. Aufl., Leipzig, 1914, S. 345f.

benutzt habe.[53] Bei seiner eigenen Übertragung ins Deutsche habe er ihn dann mit „historischer Materialismus" übersetzt. Zur selben Zeit prägt G.W. Plechanow den Ausdruck „dialektischer Materialismus".[54] Nach W. Knispel hat er damit das Ziel verfolgt, die Hegelsche dialektische Methode eng mit dem Marxschen Materialismus zu verknüpfen.[55]

Eingangs konnte neben dem erkenntnistheoretischen und dem metaphsysischen der **praktische** Idealismus unterschieden werden, worunter das an Idealen orientierte uneigennützige Handeln zu verstehen ist. Ihm wird der **ethische Materialismus** gegenübergestellt, der es ablehnt, von materiellen Gütern losgelöste immaterielle Ziele zu verfolgen, also nur die nutz- und genießbaren Güter für erstrebenswert hält.[56]

c) Idealismus und Idealist als Begriffe der politischen Auseinandersetzung des 19. Jahrhunderts

Es wurde bereits erläutert, daß im Deutschland des 19. Jahrhunderts dem Begriff des Idealismus eine herausgehobene Bedeutung eingeräumt wurde, und zwar nicht nur in der philosophischen, sondern auch in der politischen Auseinandersetzung. Fritz Mauthner weist auf die enge Verwandtschaft der Wörter „Idealist" und „Ideologe" hin. Wurde ein politischer Gegner im 19. Jahrhundert als „Ideologe" bezeichnet, so geschah das schon damals mit abwertender Absicht. Dagegen identifizierte man sich zu Beginn des Jahrhunderts noch mit der damals modischen Weltanschauung des Idealismus, nannte sich selbst folgerichtig gerne einen „Idealisten". Schon zur Schillerzeit standen hinter dem Ide-

---

53) In Engels Vorwort zu einer englischen Übersetzung seiner Schrift „Die Entwicklung des Sozialismus von der Utopie zur Wissenschaft", vgl. GOERDT, Wilhelm, Historischer Materialismus, materialistische Geschichtsauffassung, in: RITTER, Joachim; GRÜNDER, Karlfried (Hg.), Historisches Wörterbuch der Philosophie, Bd. 5, Basel, 1980, Spalte 860.

54) In einem 1891 in der Zeitschrift „Die Neue Zeit" erschienen Artikel zum 60. Todestag Hegels, vgl. KNISPEL, W., Dialektischer Materialismus, in: RITTER, Joachim; GRÜNDER, Karlfried (Hg.), Historisches Wörterbuch der Philosophie, Bd. 5, Basel, 1980, Spalte 851.

55) Vgl. KNISPEL, W., a.a.O., Spalte 851.

56) Vgl. SCHMIDT, Heinrich, a.a.O., S. 415.

alismus jedoch zahlreiche unterschiedliche Bedeutungen und Definitionen. Gerade das Uneindeutige sorgte wohl dafür, daß der Begriff rasch an politischer Popularität gewinnen konnte. Bis zur Bismarckzeit aber hatte sich nach der Schilderung von Fritz Mauthner die Bedeutung des „Idealisten" ins Negative verkehrt, also der Benutzung des Wortes „Ideologe" insofern angenähert: „Und nun ist es nicht zu leugnen, daß die Bezeichnung Idealist heutzutage, in Bismarcks Deutschland, etwas von der verächtlichen Nebenbedeutung in sich faßt. Wenn wir von einem Menschen sagen, er sei ein *Idealist* (Hervorhebung im Original), so meinen wir genau wie die Zeitgenossen Schillers, er passe nicht in diese Welt; was aber bei Schiller das höchste Lob war, ist zum spöttischen Tadel geworden."[57]

Darüber hinaus wurde der Begriff des „deutschen Idealismus" schon vor dem ersten Weltkrieg in polemischer Absicht mit vaterländischer Opferbereitschaft verknüpft.[58] Paul de Lagarde kritisiert, daß die Idealisten seiner Zeit unterschiedlichen, aus der Vergangenheit und verschiedenen Kulturen entlehnten Idealen folgten, die in der Bismarckzeit gleichberechtigt nebeneinander existierten. Insbesondere der Jugend fehle damit die Orientierung, die sie nur durch *ein* Ideal gewinnen könne, daß nicht aus Büchern stammen könne, sondern durch Personen vorgelebt werden müsse. De Lagarde nimmt hier eine zu Schmoller entgegengesetzte Position ein, der behauptete, daß eine entwickelte Gesellschaft nur durch die Auseinandersetzung verschiedener Weltanschauungen voranschreiten könne.[59] Das Ideal de Lagardes trägt antiliberale, ansonsten aber unbestimmt-religiöse Züge: Es solle, schreibt er, dazu dienen die Welt zu über-

---

57) MAUTHNER, Franz, a.a.O., S. 529.

58) Vgl. ZELTNER, H., Idealismus, a.a.O., Spalte 38, siehe zur polemischen Benutzung des Begriffes „Idealismus" LAGARDE, Paul de, Über die Klage, daß der deutschen Jugend der Idealismus fehle, 1885, abgedruckt in: LAGARDE, Paul de, Deutsche Schriften, Göttingen, 5. Aufl., 1920, S.404ff.

59) Vgl. SCHMOLLER, Gustav, Grundriß der Allgemeinen Volkswirtschaftslehre, Erster Teil, 3. Aufl., Leipzig, 1900, S. 70f. Siehe hierzu auch den folgenden Abschnitt.

winden und die Menscheit zu erlösen.[60] Für ein solches Ideal sei die Jugend bereit, in den Krieg zu ziehen.[61]

d) Schmoller innerhalb der idealistischen Strömungen

Die eben dargestellte Weite des Begriffes bringt es mit sich, daß die Verbindung, die Werner Sombart während seiner Grabrede 1917 zwischen Schmollers Wissenschaft und dem deutschen Idealismus herstellt, nicht von allen seinen Zuhörern als uneingeschränktes Lob aufgefaßt worden sein kann. Um zu beurteilen, in welchem Sinne und in welchem Maße Schmoller tatsächlich dem deutschen Idealismus zuzuordnen ist, müssen wir auf die eben dargestellten definitorischen Unterscheidungen zurückgreifen. Es wurde bereits erwähnt, daß sein sozialpolitisches Wirken es sicherlich rechtfertigt, ihn dem **praktischen** Idealismus zuzuordnen: Wie noch ausführlicher zu zeigen sein wird, war sein Weltbild nicht nur von Gerechtigkeitsvorstellungen oder –idealen geprägt, er setzte sich auch energisch dafür ein, diese in praktische Politik umzusetzen. Sein Wirken muß darüber hinaus in dem Sinne als uneigennützig verstanden werden, als er sich und seiner Klasse keine materiellen Vorteile verschaffen wollte. Die Konfrontation, in der er und andere „Kathedersozialisten" sich mit einem ethischen Materialismus sahen, der sich ausschließlich die schlichte materielle Bedüfnisbefriedigung zum Ziele setzte, spricht ebenso für diese Zuordnung.

Wer sich im politischen Alltag nicht als Lobbyist der eigenen Interessen betätigt, sondern dort andere Idealvorstellungen verfolgt, kann auch der Meinung sein, daß die materielle Welt generell den Ideen unterzuordnen sei. Er kann mit dem **metaphysichen** Idealismus die Auffassung teilen, daß der historische Prozeß durch die Abfolge unterschiedlicher künstlerischer, religiöser und auch philosophischer Konzeptionen bestimmt wird. Wie nahe Schmoller dem meta-

60) Vgl. LAGARDE, Paul de, a.a.O. , S.411.

61) Vgl. LAGARDE, Paul de, a.a.O. , S.413. Ausführlich mit der Haltung der idealistischen Philosophie zum ersten Weltkrieg beschäftigt sich Hermann Lübbe. Vgl. LÜBBE, Hermann, Politische Philosophie in Deutschland, Basel, Stuttgart, 1963, S. 173ff.

physischen Idealismus steht, wird im nächsten Abschnitt deutlicher werden, in dem sein eigenen Wissenschaftsbild kurz dargestellt werden soll.

II. Schmollers Darstellung der volkswirtschaftlichen Schulen

Schmollers Beschreibung der volkswirtschaftlichen Schulen und seine Einordnung der Volkswirtschaftslehre in die Wissenschaften insgesamt sollen hier nur in dem Maße dargestellt werden, wie es für die Beantwortung zweier Fragen notwendig ist. Zum einen soll anknüpfend an den vorherigen Abschnitt seine Nähe zum Idealismus genauer bemessen werden; zum anderen soll untersucht werden, welche Teile seines Wissenschaftsbildes sein sozialpolitisches Wirken motivieren und erklären können, das dann Gegenstand der weiteren Arbeit ist. Wo Schmoller wissenschaftstheoretische Fragen untersucht, erscheint die von ihm benutzte Terminologie besonders eigentümlich und veraltet. Es ist jedoch für die dogmengeschichtliche wie sozialpolitische Einordnung Schmollers in die Entwicklungen des 19. Jahrhunderts hilfreich, ihn zumindest einige Male in direkter Rede zu Wort kommen zu lassen.

1. „Moralsysteme" als Grundlage „volkswirtschaftlicher Systeme"

Schmoller bezeichnet die von den verschiedenen wissenschaftlichen Schulen errichteten Theoriegebäude als „volkswirtschaftliche Systeme". Sie sind für ihn aus „Moralsystemen" abgeleitet, die entweder religiöse oder philosophische Grundlagen besitzen, und aus denen praktische Lebensideale oder Leitideen hervorgehen können. Jedes Moralsystem repräsentiert für Schmoller eine bestimmte Weltanschauung; in diesem Sinne benutzt er beide Begriffe synonym. Er beschreibt, wie die Entwicklung der Moralsysteme von den naturwissenschaftlichen Erkenntnissen, aber auch von den „ethischen Bedürfnissen" einer

Gesellschaft abhängt[62] und unterstellt, daß denkende Menschen letztlich stets auf ein einheitliches Weltbild zustreben:

„Die denkenden Menschen fühlen sich erst glücklich, wenn sie zu einem solchen Punkte gekommen sind, in dem sie wie in einem Brennpunkte alle theoretischen und praktischen Vorstellungen zusammenfassen, der ihr Denken wie ihr Gewissen befriedigt, der mit einer plausiblen Vorstellung von der Welt zugleich den richtigen Leitstern für alles Handeln abgiebt."[63]

Dieses Bedürfnis werde durch die verschiedenen, überall verbreiteten Religionen und philosophischen Moralsysteme befriedigt. Anders als die Religion könne die Philosophie zumindest teilweise auf die Vorstellung göttlichen Wirkens verzichten. Auch philosophische Systeme müssten jedoch metaphysische Aussagen, beispielsweise über den Lebenssinn oder das Leben nach dem Tod, enthalten, denn allein die Erforschung von Natur und Geschichte reiche nicht aus, ein einheitliches Weltbild zu gewinnen. Ein Moralsystem könne nur überzeugend sein, wenn es von einem „zentralen Punkt" aus eine vollständige Deutung der Welt ermögliche. Nur eine solche einheitliche Weltanschauung habe die Kraft, Menschen von Pflichten, bestimmten Idealvorstellungen oder, wie man weiter folgern könnte, politischen Zielen zu überzeugen. Aus dieser Argumentation zieht Schmoller die Konsequenz, daß nicht nur die Religionen, sondern auch alle philosophischen Moralsysteme auf Erkenntnis *und* Glaube beruhen. Dies muß dann auch für volkswirtschaftliche Systeme gelten, die ja nach Schmoller aus den Moralsystemen abgeleitet werden.

Da die verschiedenen Denksysteme auf einen immer größeren Vorrat gemeinsamer empirischer Erkenntnisse zurückgreifen können, nähern sie sich, wie Schmoller meint, einander an. Trotzdem bleiben sie *einseitig*, repräsentieren sie verschiedene Seiten des menschlichen Lebens. Aus empirischer Forschung könne zwar nur ein richtiges und überzeugendes Resultat entstehen, aber über die zukünftige Entwicklung oder individuelle wie gesellschaftliche Ziele müsse Uneinigkeit bestehen bleiben. Moralsysteme und die aus ihnen abgeleiteten

62) Vgl. SCHMOLLER, Gustav, Grundriß der Allgemeinen Volkswirtschaftslehre, 1. Teil, 1. - 3. Aufl., Leipzig 1900, S. 69.

63) SCHMOLLER, Gustav, ebd.

Theorien des Staats, des Rechts oder der Volkswirtschaft müssten einander abwechseln, um gemeinsam den Fortschritt zu ermöglichen. Neue Weltanschauungen wirkten oft revolutionär und beherrschten den von ihnen ausgelösten Umgestaltungsprozeß.[64] So sieht Schmoller erste große naturwissenschaftliche Fortschritte in jener Epoche, in der neben die überlieferten Religionen neue philosophische Welterklärungen traten.[65]

Schmollers gesamte Argumentation entspricht hier der Grundthese des metaphysischen Idealismus, die Idee sei der materiellen Welt übergeordnet.[66] Nicht gegen die Zuordnung zum metaphysischen Idealismus spricht dabei, daß für Schmoller empirische Erkenntnisse über die materielle Welt die Entwicklung der Moralsysteme beeinflussen, denn die Erkenntnis selbst muß der geistigen Sphäre zugerechnet werden. Daß die eben zitierten Aussagen somit von der im 19. Jahrhundert einflußreichen Zeitströmung des deutschen Idealismus geprägt sind, bedarf keiner weiteren Bestätigung. Weit über den deutschen Idealismus hinaus war im 19. Jahrhundert ein optimistischer Glaube an den Fortschritt verbreitet. Wenn Schmoller diesen Begriff ohne kritische Einschränkung benutzte, entsprach er also einer breiten Zeitströmung, obwohl dies aus heutiger Sicht bemerkenswert erscheinen mag.

Schmoller, dessen unscharfe und nicht immer eindeutige Abgrenzung verschiedener Begriffe Interpretationen häufig erschwert, differenziert nicht grundsätzlich zwischen Religionen, Weltanschauungen oder Ideologien und dem, was im Bereich der Volkswirtschaftslehre heute als Theorien bezeichnet wird. Man muß aus dem eben zitierten folgern, daß er auf jedem dieser Gebiete die Konkurrenz verschiedener Auffassungen für nützlich hält, um den Fortschritt der Gesellschaft insgesamt zu fördern. Scheinbar nimmt Schmoller hier einen unabhängigen Standpunkt ein, von dem er auf die Konkurrenz verschiedener Schulen oder Ideologien blickt. Tatsächlich aber ist seine eigene Haltung, wie bereits gezeigt werden konnte, idealistisch beeinflusst. Im weiteren wird

---

64) Vgl. SCHMOLLER, Gustav, a.a.O., S. S. 69ff.

65) Vgl. SCHMOLLER, Gustav, Volkswirtschaft, Volkswirtschaftslehre und -methode, in: Handwörterbuch der Staatswissenschaften, 3. Aufl., Jena, 1911, S. 436f.

66) Siehe den vorherigen Abschnitt.

noch erkennbar werden, daß er sich auch in der konkreten wissenschaftlichen oder politischen Auseinandersetzung keinesfalls scheute, Partei zu ergreifen.

2. Schmollers Gegenüberstellung von „sensualistisch-materialistischen" und „metaphysisch-idealistischen Systemen"

Schmoller unterscheidet zwei große Gruppen von Moralsystemen, einerseits die „sensualistisch-materialistischen", andererseits die „metaphysisch-idealistischen Systeme". [67] Beide Gruppen sollen im weiteren kurz vorgestellt werden.

Die „sensualistisch-materialistischen Systeme" charakterisiert Schmoller als von der unmittelbaren Wirklichkeit ausgehend, ohne weiten Überblick und tieferen Sinn. Sie hätten dazu beigetragen, überlieferte Religionen und überlebte Kulturen aufzulösen sowie althergebrachte durch moderne Institutionen zu ersetzen. Diese Theorien interpretierten Staat, Gesellschaft und Volkswirtschaft als zweckorientierte Zusammenschlüsse von Individuen. In einigen Systemen werde das menschliche Zusammenleben als eher friedlich interpetiert, weil es sich in „natürlich" vorgegebenen Bahnen bewege; andere betonten den individuellen Kampf. Im Mittelpunkt des Materialismus stehe der einzelne Mensch, individuelle Lust und das individuelle Glück, oder aber auch – in anderen dieser Systeme – das Glück der Gesellschaft. Als Vertreter dieser Richtung nennt Schmoller u.a. Epikur, Hobbes, John Stuart Mill und Bentham. Überhaupt sieht er in der utilitaristischen Ethik einen aktuellen Höhepunkt des Materialismus. Schmoller kritisiert an den materialistischen Theorien im Allgemeinen, daß sie alle „sittlichen Tatbestände" nur einseitig darstellen können, den „großen gesellschaftlichen Erscheinungen" teilweise ohne echtes Verständnis gegenüberstehen und den Verstand überschätzen.[68]

---

67) Vgl. SCHMOLLER, Gustav, Grundriß der Allgemeinen Volkswirtschaftslehre, 1. Teil, 1. - 3. Aufl., Leipzig 1900, S. 71.

68) Vgl. SCHMOLLER, Gustav, ebd.

Legte man die eingangs geschilderte Unterscheidung des Idealismus in eine erkenntnistheoretische, eine metaphysische und eine praktische Richtung zugrunde,[69] dann begrenzte Schmoller mit der von ihm gewählten Bezeichnung „metaphysisch-idealistische Systeme" seine Argumentation von Beginn an auf eine Teilströmung des Idealismus. Wie gleich sichtbar werden wird, bezieht sich Schmollers Argumentation allerdings auch auf den praktischen Idealismus.

Während er die „sensualistisch-materialistischen" Systeme mehr der nächsten Wirklichkeit, also der Gegenwart zuordnet, hält er „metaphysisch-idealistische" Theorien für einerseits in die Vergangenheit oder andererseits in die Zukunft gerichtet: Sie suchten entweder das *Gute der Vergangenheit* zu retten oder das Idealbild einer *besseren Zukunft* vorzugeben. Als typische Vertreter der „metaphysisch-idealistischen" Richtung nennt Schmoller unter anderem Plato, Thomas von Aquin, Kant, Schelling und Hegel. Idealistische Welt- und Geschichtsbilder beschreibt er als großartig und tief. Sie besäßen religiöse und künstlerische Anteile und formulierten sittliche Gebote. Das Gute bilde hier einen dauernden Gegensatz zum Natürlichen; Staat und Gesellschaft als Ganzes seien dem höheren Guten zugeordnet und stünden dem natürlichen, individuellen Egoismus gegenüber. Schmoller begrüßt die erzieherische Wirkung hin zur Pflicht und zur Anerkennung gesellschaftlicher Institutionen, welche seiner Meinung nach von idealistisch geprägten Weltbildern ausgeht. Der fortschreitenden Wissenschaft aber könnten die idealistischen Theorien nicht standhalten, da sie vielfach auf Hypothesen und idealistischen Annahmen beruhten und nicht geeignet seien, empirische Details aus Psychologie und der Erforschung der Gesellschaft aufzunehmen.[70]

Dies weiterführend, beläßt es Schmoller nicht dabei, zwei gegensätzliche geistesgeschichtliche Strömungen einander gegenüberzustellen. Er fügt vielmehr eine dritte Entwicklungslinie hinzu, die der empirischen Wissenschaften. „Diese Wissenschaft, welche nicht sowohl ein Sollen lehren und Ideale aufstellen, als das sittliche Leben empirisch beschreiben, aus den psychologischen und gesell-

69) Vgl. Abschnitt B.I.2.a).

70) Vgl. SCHMOLLER, Gustav, ebd.

schaftlichen Elementarthatsachen verstehen und ableiten will, hat sich so naturgemäß seit alter Zeit neben beiden Arten von Systemen entwickelt."[71] Aus der Entwicklungslinie der empirischen Wissenschaften habe sich die Psychologie entwickelt, deren Ziel es sei, individuelles Verhalten zu erklären und zu beschreiben. Schmoller hält die Psychologie für den Schlüssel zu allen Geisteswissenschaften und auch zur Volkswirtschaftslehre. Er fordert, die empirische Forschung der Psychologie auszuweiten, um differenziertere Kenntnisse über das Verhalten von Menschen aus unterschiedlichen Klassen oder Völkern zu gewinnen.[72] Darüber hinaus erwähnt Schmoller als „neuere Gesellschaftslehre" die Soziologie, die die Gesellschaft als zusammenhängendes „kausales System von Erscheinungen" erklären möchte. Die Soziologie habe gerade erst damit begonnen, diese Aufgabe zu erfüllen, wobei sie dringend auf die Fortschritte der Volkswirtschaftslehre, der Statistik und anderer Wissenschaften angewiesen sei. Neu an der Soziologie sei , daß hier die gesellschaftlichen Erscheinungen nicht aus dem Blickwinkel eines wie auch immer gearteten „Moralsystems" interpretiert würden, sondern aufgrund empirischer Forschung. Auf empirischen Erkenntnissen, jedoch erweitert um normative Aussagen beruht nach Schmoller eine „psychologisch-ethische Schule", der er unter anderem Adam Smith zuordnet.[73]

Wie oben dargestellt wurde, behauptet Schmoller einerseits, daß die „sensualistisch-materialistischen Systeme" ungeeignet seien, die gesellschaftliche Entwicklung insgesamt zu beschreiben und zu analysieren. Andererseits kritisiert er die zu große Distanz der „metaphysisch-idealistischen Systeme" zur Empirie der modernen Wissenschaften. Er selbst bekundet, alle volkswirtschaftlichen Erscheinungen als sowohl durch materielle wie durch geistige Ursachen „doppelbedingt" anzusehen.[74] Da die historische Schule der geschichtlichen und empirischen Forschung große Bedeutung beimißt und durch die mühsame Untersuchung der sonst in den „Datenkranz" verwiesenen Faktoren historische

71) SCHMOLLER, Gustav, a.a.O., S. 71.

72) Vgl. SCHMOLLER, Gustav, a.a.O., S. 107.

73) Vgl. SCHMOLLER, Gustav, a.a.O., S. 71f.

74) Vgl. SCHMOLLER, Gustav, a.a.O., S. 106.

und nationale Besonderheiten erklären möchte,[75] scheint Schmoller der dritten von ihm beschriebenen Entwicklungsrichtung nahezustehen, jener der empirischen Wissenschaften.

Aus solchen Bekundungen Schmollers sollte jedoch nicht der Schluß gezogen werden, er sei von den Polen „Materialismus" und „Idealismus" etwa gleich weit entfernt. Im vorhergehenden Abschnitt konnten Bindungen Schmollers an den metaphysischen Idealismus des 19. Jahrhunderts dargestellt werden. Auch die Züge des praktischen Idealismus, die sein politisches Engagement aufwiesen, wurden bereits erwähnt. Schließlich wurde auf die Besonderheiten der geistesgeschichtlichen Entwicklung in Deutschland eingegangen, die in dem Begriffspaar „deutscher Idealismus" zum Ausdruck kommen. Sowohl die historische Schule als auch Schmoller sind als Teil dieser Strömung anzusehen. Letztmals sei dazu an das Urteil Werner Sombarts erinnert, der von Schmoller als einem Wegbereiter „der aus deutschem Idealismus geborenen Wissenschaft" spricht.[76] Welche Interpretationen hier notwendig sind, verweist auf jene begriffliche Unklarheiten und logischen Mängel, die an Schmollers theoretischen Aussagen häufig kritisiert werden.[77] Auch dadurch, daß Schmoller später Diltheys Systematik der Weltanschauungen in sein Werk mit aufnimmt,[78] kann der Eindruck mangelnder Konsistenz nicht beseitigt werden.

Trotzdem sind weitere Aussagen Schmollers geeignet, seinen Standpunkt näher zu bestimmen, auch wenn dies indirekt geschieht: Seine Widersacher in der wissenschaftlichen wie der politischen Auseinandersetzung, Neoklassik und

75) Siehe Abschnitt B.I.1.

76) Vgl. SOMBART, Werner: Gustav von Schmoller, Rede gehalten auf dem Friedhof der Kaiser-Wilhelm-Gedächtniskirche in Berlin-Westend am 1. Juli 1917, in: SPIETHOFF, Arthur (Hg.), Gustav von Schmoller und die deutsche geschichtliche Volkswirtschaftslehre, Festgabe zur hundertsten Wiederkehr seines Geburtstages am 24. Juni 1938, Berlin, 1938, S. 3.

77) Besonders klar ausgesprochen zum Beispiel bei SALIN, Edgar, a.a.O., S. 138ff., differenzierter z.B. bei SCHUMPETER, Joseph A., Gustav v. Schmoller und die Probleme von heute, in: Schmollers Jahrbuch, 1. Halbband, 1926, S. 368f.

78) Vgl. SCHMOLLER, Gustav, Volkswirtschaft, Volkswirtschaftslehre und -methode, in: Handwörterbuch der Staatswissenschaften, 3. Aufl., Jena, 1911, S. 438f. und davon abweichend in der 2. Aufl., Jena, 1900, S. 550ff.

Marxismus, ordnet Schmoller einhellig der materialistischen Richtung zu. Da er sich mit beiden recht polemisch auseinandersetzt, offenbart dies eine große Distanz zum Materialismus, was im weiteren genauer dargestellt werden soll.

3. Schmollers Auseinandersetzung mit Neoklassik und Marxismus

In diesem Abschnitt soll Schmollers Haltung zu Neoklassik und Marxismus zunächst geschildert werden, bevor sich eine kritische Bewertung anschließt. Während Schmoller John Stuart Mill und die zeitgenössischen Ökonomen in neoklassischer Tradition der „sensualistisch-materialistischen" Richtung zuordnet, unterläßt er eine solche Einordnung für die Begründer der klassischen Theorie, insbesondere für Adam Smith. Wie bereits erwähnt ordnet er ihn stattdessen einer „psychologisch-ethischen Schule" zu, die auf empirischen Erkenntnissen beruhe, jedoch um normative Aussagen erweitert worden sei.[79] In seinem Hauptwerk „An Inquiry into the Nature and Causes of the Wealth of Nations"[80] habe sich Smith von den „physiokratischen Einseitigkeiten" befreien können und ein volks- und staatswirtschaftliches Gesamtbild entworfen, indem eine vom Staat geschiedene Tauschgesellschaft freier Individuen mit freiem Eigentum den Mittelpunkt bilde. Dabei habe es dem liberalen Zeitgeist entsprochen, wenn sich Smith von der physiokratischen Lehre insoweit abwandte, als er nicht länger dem Staat die Aufgabe zusprach, für den Ausgleich individueller ökonomischer Interessen zu sorgen. Gerade wenn der Staat nicht mehr in die freie Konkurrenz eingreife, wenn Privilegien und ständische Strukturen beseitigt würden, kämen die Einzelinteressen von selbst zu einem harmonischen Ausgleich.[81] Schmoller betont die Qualität der psychologischen Analyse, die dem Werk von Smith zugrunde liege, und zu einer realistischen Einschätzung der menschlichen Triebe beigetragen habe. Mit ihrer Hilfe sei es Smith gelungen, die neu entstehende arbeitsteilige Tauschwirtschaft zutreffend zu

79) Vgl. SCHMOLLER, Gustav, a.a.O., S. 71f.

80) Vgl. SMITH, Adam, An Inquiry into the Nature and Causes of the Wealth of Nations, new edited by Edwin Cannan, Chicago, 1976, Vol. 1, Vol. 2.

81) Vgl. SCHMOLLER, Gustav, Grundriß der Allgemeinen Volkswirtschaftslehre, 1. Teil, 1. - 3. Aufl., Leipzig 1900, S. 90f.

beschreiben. Die Zustimmung, mit der Schmoller die psychologische Fundierung bei Smith kommentiert, deckt sich mit seiner eigenen Auffassung über die Bedeutung dieser Wissenschaft für die Weiterentwicklung der Volkswirtschaftslehre.[82] Smith habe die Entwicklung der Volkswirtschaften selbst, wie die der volkswirtschaftlichen Theorien ungemein gefördert, in dem er die Menschen von der Wahl zwischen *idealistischer* Askese und *materialistischer* Verfolgung individueller Triebe und Leidenschaften befreite. Er habe die Verfolgung menschlicher Triebe als berechtigt und nützlich anerkannt, aber gleichzeitig gezeigt, daß sie unter einer moralischen Mäßigung stehen müssten. Auch hier ordnet Schmoller Adam Smith also nicht dem Materialismus sondern zwischen Materialismus und Idealismus ein. Kritisch äußert sich Schmoller zum Staatsverständnis bei Smith, der die wirtschaftspolitischen Aufgaben des Staates nicht ausreichend berücksichtige. Nach der Ausbildung nationalstaatlicher Macht sei es jedoch zu seinen Lebzeiten sinnvoll gewesen, die Bedeutung des freien Warenaustausches zwischen Individuen zu betonen. Der freie internationale Warenverkehr habe zu jener Zeit zudem dazu dienen können, das gespannte Verhältnis zwischen den Nationalstaaten zu befrieden.[83] Schmoller verbindet die Wirkungsgeschichte von Adam Smith eng mit den politischen Entwicklungen. Da er berechtigte Reformforderungen zur richtigen Zeit vertreten habe, sei „An Inquiry into the Nature and Causes of the Wealth of Nations" zur „sammelnden Fahne" jener Politiker und Klassen geworden, die eine bürgerlich-liberale Gesellschaft durchsetzen wollten. Er bemerkt, daß in diesem Buch radikale Gedanken – gleichsam getarnt – in einschmeichelnder, harmloser Verpackung erscheinen. Im Gegensatz zu Smith glaubt Schmoller nicht an die natürliche Gleichheit aller Menschen. Er kritisiert, daß Smith Macht- und Abhängigkeitsverhältnisse zwischen Staaten und Klassen vernachlässigt, das Individuum über- und die Bedeutung staatlicher Institutionen unterschätzt.[84]

Auch wenn er sich offensichtlich darum bemüht, Smith differenziert zu beurteilen, so bezeichnet Schmoller doch die klassische Volkswirtschaftslehre insge-

---

82) Siehe Abschnitt B.II.2.

83) Vgl. SCHMOLLER, Gustav, Volkswirtschaft, Volkswirtschaftslehre und -methode, in: Handwörterbuch der Staatswissenschaften, 3. Aufl., Jena, 1911, S. 442f.

84) Vgl. SCHMOLLER, Gustav, Grundriß der Allgemeinen Volkswirtschaftslehre, 1. Teil, 1. - 3. Aufl., Leipzig 1900, S. 91.

samt pauschalisierend als „individualistische Naturlehre der Volkswirtschaft."[85] David Ricardo und John Stuart Mill haben sich nach Schmollers Auffassung durch weitere Abstraktion von den tatsächlichen volkswirtschaftlichen Problemen der Zeit entfernt. Neben Ricardo und Mill ordnet Schmoller auch Bentham ausdrücklich den „sensualistisch-materialistischen" Systemen zu.[86] Die utilitaristischen Versuche von ihm und anderen, Gefühle zu messen und daraus Bedürfnisse „auszurechnen" habe überwiegend Allgemeinplätze hervorgebracht.[87] Den in der Tradition von Smith, Ricardo und John Stuart Mill stehenden Neoklassikern insgesamt mißt Schmoller keine große wissenschaftliche Bedeutung zu. Wohl aber hätten die zahlreichen Befürworter des Freihandels im 19. Jahrhundert ihre Theorien als Argumentationshilfen nutzen können. Stets hätten sie wiederholt, „...daß die Nationalökonomie eine fertige Wissenschaft sei (...),"[88] was Schmoller entschieden bestreitet. Unter anderem die Anwendung mathematischer Methoden und geometrischer Modelle sei dafür verantwortlich, daß die Neoklassiker sich darauf beschränkt hätten, die Wirkung weniger Ursachen zu untersuchen.[89]

„... man erstrebte ja jetzt nur noch eine Markt- und Einkommenslehre, wobei man nur vom wirtschaftlichen Egoismus und seinen Folgen ausging, dabei freilich diese einzige Ursache in Verbindung brachte mit der utopischen Annahme gleicher Menschen, unbeschränkter Gewerbe- und Handelsfreiheit und absoluter Stabilität der Bevölkerung, der Kapitalmenge, der Technik."[90]

Welche Ursachen, die seiner Ansicht nach von den zeitgenössischen Neoklassikern unzureichend berücksichtigt werden, sind nach Schmollers Meinung in

---

85) SCHMOLLER, Gustav, Volkswirtschaft, Volkswirtschaftslehre und -methode, in: Handwörterbuch der Staatswissenschaften, 3. Aufl., Jena, 1911, S. 442, siehe auch SCHMOLLER, Gustav, Grundriß der Allgemeinen Volkswirtschaftslehre, 1. Teil, 1. - 3. Aufl., Leipzig 1900, S. 88ff.

86) Vgl. SCHMOLLER, Gustav, a.a.O. , S. 71.

87) Vgl. SCHMOLLER, Gustav, a.a.O., S. 23.

88) SCHMOLLER, Gustav, a.a.O., S. 92.

89) Vgl. SCHMOLLER, Gustav, Volkswirtschaft, Volkswirtschaftslehre und -methode, in: Handwörterbuch der Staatswissenschaften, 3. Aufl., Jena, 1911, S. 470.

90) SCHMOLLER, Gustav, ebd.

die wirtschaftswissenschaftliche Analyse einzubeziehen? Aus Schmollers Sicht fehlt der neoklassichen Theorie seiner Zeitgenossen zunächst eine differenzierte und psychologisch fundierte Analyse menschlichen Verhaltens, die über den egoistischen Erwerbstrieb hinausgeht. Es wurde bereits erwähnt, daß für Schmoller die Psychologie eine Schlüsselstellung innerhalb der Geisteswissenschaften insgesamt einnimmt, womit er ihr auch für die Volkswirtschaftslehre eine umfassende Bedeutung einräumt.[91] Außerdem neige die neoklassische Theorie dazu, die Bedeutung der Institutionen für die wirtschaftliche Entwicklung eines Landes auszublenden. Es müsse aber beispielsweise berücksichtigt werden, daß der englische Wohlstand nicht ausschließlich auf den Erwerbstrieb der Briten, sondern auch auf die englischen Institutionen zurückzuführen sei. Umfassendere historische Kenntnisse seien notwendig, um den sozialen und ökonomischen Entwicklungsprozeß zu verstehen.[92] Auch diese Aussage Schmollers steht selbstverständlich im Zusammenhang mit seiner bereits dargestellten Zugehörigkeit zur historischen Schule.[93]

Neben der neoklassischen Nationalökonomie ordnet Schmoller auch den Marxismus den „sensualistisch-materialistischen" Systemen zu. Schmoller sieht in ihm eine Lehre, die das gesamte soziale, geistige und politische Leben vollständig auf die materielle Güterproduktion und -verteilung zurückführt. Er erkennt dies zwar als begründeten Protest gegen die „überspannte idealistische Geschichtsschreibung" an, kritisiert aber, daß der Marxismus nun die materiellen Faktoren überbetone. Auch Marx verkenne den Einfluß der Institutionen auf die wirtschaftliche Entwicklung. Zu einer psychologischen Analyse des wirtschaftenden Menschen und seiner Motive sei er nicht fähig: In der bestehenden Welt sind die Menschen nach Marx ausschließlich von Egoismus und Habgier geprägt, in der von ihm erwarteten Zukunft gebe es diese menschlichen Eigenschaften gar nicht mehr. Dieser drastische Umschlag könne nicht erklärt werden.[94] Schmoller wirft Marx vor, einseitig nationalökonomisch zu denken. Sein System baue ganz auf Ricardos Werk auf, ja es sei „... in gewissem Sinne die

91) Siehe Abschnitt B.II.2.

92) Vgl. SCHMOLLER, Gustav, Grundriß der Allgemeinen Volkswirtschaftslehre, 1. Teil, 1. - 3. Aufl., Leipzig 1900, S. 92f.

93) Siehe Abschnitt B.I.1.

94) Vgl. SCHMOLLER, Gustav, a.a.O., S. 96f.

letzte Konsequenz der einseitigen Naturlehre der Volkswirtschaft."[95] Mit seinem mathematischen und spekulativen Theoriebausteinen bleibe er jedoch teilweise auch hinter Ricardo und Quesnay zurück, wenn er alle Wertbildung aus der Arbeit, die Klassenbildung aber durch das Kapital und seine Verteilung erkläre. Andererseits fände in den sozialistischen Theorien der Gedanke der wirtschaftlichen Entwicklung mehr Beachtung als in der Neoklassik.

Wie zuvor bei Klassikern und Neoklassikern betont Schmoller auch die politischen Wirkungen der sozialistischen Theoretiker. Von ihnen seien viele mit der industriellen Produktion verbundene soziale Mißstände, unter anderem die Verdrängung des Mittelstandes durch Großbetriebe und die dort herrschenden Lohn- und Arbeitsverhältnisse, analysiert und sowohl in die wissenschaftliche als auch in die politische Diskussion eingebracht worden.[96] Weil er auf diese Mißstände hinwies, deren Änderung forderte und dabei radikalen, materialistischen Tendenzen innerhalb der öffentlichen Meinung entsprach, sei der Sozialismus zur „Glaubenslehre" der Industriearbeiter geworden.[97] Nach Schmollers Meinung habe dabei die englische *Fabian Society*, die den Sozialismus unter anderem durch Schulung und genossenschaftliche Organisation der Arbeiterschaft herbeiführen wolle, einen konstruktiveren Beitrag zur praktischen Politik geleistet als der Marxismus.[98] Dem Versuch, sozialistische Utopien, wie die Aufhebung aller Klassengegensätze, die Beseitigung aller Einkommens- und Vermögensunterschiede, revolutionär durchzusetzen, steht Schmoller ablehnend gegenüber. Die entscheidende Frage, wie Machtmißbrauch innerhalb einer umfassenden kommunistischen Bürokratie verhindert werden könne, habe man kaum untersucht. Sollten sozialistische Utopien in einem Land zur Herr-

---

95) SCHMOLLER, Gustav, a.a.O., S. 97.

96) Vgl. SCHMOLLER, Gustav, Volkswirtschaft, Volkswirtschaftslehre und -methode, in: Handwörterbuch der Staatswissenschaften, 3. Aufl., Jena, 1911, S. 444f.

97) Vgl. SCHMOLLER, Gustav, Grundriß der Allgemeinen Volkswirtschaftslehre, 1. Teil, 1. - 3. Aufl., Leipzig 1900, S. 98.

98) Aus den Reihen der *Fabian Society* hebt Schmoller insbesondere Frau Sydney Webb hervor, vgl. SCHMOLLER, Gustav, ebd.

schaft gelangen, sagt Schmoller eine „unsagbare Gefahr" und eine Zerstörung der Kultur auf lange Zeit vorher.[99]

Schmoller beschreibt den Sozialismus als Theorie der Arbeiterklasse, was dessen Vertreter ja auch selbst ausdrücklich betonen. Spiegelbildlich ordnet Schmoller die neoklassiche Theorie seiner Zeit dem Bürgertum zu. Im Unterschied zu den Sozialisten seien sich aber viele Neoklassiker nicht im klaren darüber, daß ihre Theorie ebenfalls zu einer „einseitigen Klassenlehre" geworden sei.[100] Nicht nur hier fällt auf, daß Schmoller Interessengegensätze innerhalb der Gesellschaft betont, und nationalökonomische Lehrmeinungen danach beurteilt, welchen Interessengruppen sie dienen könnten. Der Frage, wie in der Gesellschaft verbreitete wirtschaftspolitische Meinungen und Ideologien mit den Interessen verschiedener Bevölkerungsgruppen verknüpft sind, geht auch Walter Eucken nach. Interessengruppen könnten bestimmte ökonomische Auffassungen oder Ideologien umso besser zu ihren Gunsten nutzen, je weniger man durchschaue, daß und wie sie ihren Interessen dienten. Die Nationalökonomie handele wirklichkeitsfremd, wenn sie diese Zusammenhänge nicht aufdecke und beurteile. Die Wissenschaft selbst sei stets in der Gefahr, mit „Interessentenideologien ineinander(zu)fließen", womit sie ihre Aufgabe verfehle, die Volkswirtschaft wahrhaftig zu beschreiben.[101] Der Vorwurf Euckens, viele Ökonomen würden diese Zusammenhänge nicht beachten oder allenfalls in methodologischen Abhandlungen flüchtig streifen, trifft auf Schmoller gewiß nicht zu. Beide Autoren haben gemeinsam, daß sie Zeitgenossen politischer Auseinandersetzungen waren, die sich durch schroffe ideologische Gegensätze auszeichneten.

Schmoller beurteilt Neoklassik wie Marxismus ausdrücklich unter dem politischen Aspekt gesellschaftlicher Interessenkonflikte. Seine Analyse verliert al-

---

99) Vgl. SCHMOLLER, Gustav, a.a.O., S. 99.

100) Vgl. SCHMOLLER, Gustav, a.a.O., S. 443, vgl. auch SCHMOLLER, Gustav, Rede zur Eröffnung der Besprechung über die sociale Frage in Eisenach vom 6. Oktober 1872, in: SCHMOLLER, Gustav, Zur Social- und Gewerbepolitik der Gegenwart, Leipzig 1890, S. 7.

101) Vgl. EUCKEN, Walter, Die Grundlagen der Nationalökonomie, 3. Aufl., Jena, 1943, S. 13ff.

lerdings an Wert, weil er selbst politische Partei ergreift. Er selbst handelt nach einem politischen Freund-Feind-Schema, wenn er als „Kathedersozialist" die Lehren, an denen sich die politischen Gegner orientieren, pauschalierend und polemisch als Klassenlehren bezeichnet.

Auch in umfassenderem Sinne muß festgestellt werden, daß Schmoller Neoklassik und Marxismus in ein zu einfaches Schema presste, indem er beide den „sensualistisch-materialistischen" Systemen zuordnete. Zunächst erscheint seine Gegenüberstellung von „metaphysisch-idealistischen" und „sensualistisch-materialistischen" Systemen generell nicht ausreichend, die verschiedenen philosophischen Strömungen des 19. Jahrhunderts *innerhalb* von Idealismus bzw. Materialismus differenziert abzubilden, auf die in Abschnitt B.I.2. eingegangen wurde. Darüber hinaus ist zwar die Zuordnung des Marxismus zum *soziologischen* Materialismus nachvollziehbar, zumal der Marxismus selbst die Begriffe „historischer Materialismus" oder „dialektischer Materialismus" verwendet. Die Neoklassik hingegen kann sicherlich nicht vorbehaltlos dem Materialismus zugeordnet werden. Anders als beim Marxismus fehlt innerhalb der vielgestaltigeren neoklassischen Theorie ein einhelliges eigenes Bekenntnis zu einer Variante des Materialismus. Zudem werden, auch von Schmoller selbst, die engen Beziehungen zwischen Neoklassik und Liberalismus betont, für den sich sicherlich sagen lässt, daß er die *Idee* der individuellen Freiheit weit über materielle Erwägungen hinaus verfolgte.

Wenn wir uns daran erinnern, daß Schmoller selbst und die historische Schule insgesamt letztlich in die breite Strömung des deutschen Idealismus eingeordnet werden konnten, muß abermals die Vermutung geäußert werden, daß Schmoller einem politischen Freund-Feind-Schema folgte. Auch hier ordnete er beide den „Kathedersozialisten" gegenüberstehende Auffassungen gleichermaßen dem ihm fremden Materialismus zu.

III. Schmollers eigene Wissenschaftsauffassung

Während von außen und aus der Gegenwart betrachtet, Schmoller dem metaphysischen wie dem praktischen Idealismus zugeordnet werden kann, wie die historische Schule insgesamt innerhalb der Zeitströmung des deutschen Idealismus gesehen werden muß, stellt Schmoller selbst seine Position abweichend dar. Wie bereits erwähnt, möchte er volkswirtschaftliche Erscheinungen sowohl auf materielle wie auf geistige Ursachen zurückführen. Er verweist auf die Naturwissenschaft, die den Zusammenhang zwischen dem Bewußtsein eines Menschen und seinem Nervensystem erforscht habe, und spricht vom „Parallelismus" biologischer (materieller) und psychischer (geistiger) Erscheinungen. Ganz anders als der biologische Materialismus[102] glaubt Schmoller jedoch nicht, daß das „Seelenleben" jemals vollständig auf materielle Vorgänge zurückzuführen sein wird.[103] Stattdessen erwartet sich Schmoller von der empirischen Forschung der Psychologie differenziertere Kenntnisse über die Beweggründe individuellen und kollektiven Verhaltens. Die Nationalökonomie, die den sich entwickelnden Tausch- und Geldverkehr beschreiben wollte, habe das menschliche Verhalten verständlicherweise zunächst nur auf den egoistischen Erwerbstrieb zurückgeführt. Für künftige Forschungen solle an dessen Stelle jedoch eine differenzierte psychologische Völker- und Klassenkunde treten, womit er abermals den Wert empirischer Forschungen hervorhebt. Im weiteren soll die von Schmoller *selbst* bekundete wissenschaftliche Position zwischen Idealismus, Materialismus und Empirie genauer wiedergegeben werden.

1. Wissenschaftsziele und wissenschaftliche Methode

Sein „Grundriß der allgemeinen Volkswirtschaft" sei unter anderem der Versuch „... die wichtigeren volkswirtschaftlichen Erscheinungen der neueren Kulturwelt in den allgemeinen Zusammenhang der natürlichen, biologischen und technischen Entwickelung einerseits, der psychologischen, moralisch-politischen und gesellschaftlich-historischen Entwickelung andererseits hineinzustellen und so das Werden der Volkswirtschaft zu erklären."[104] Darin erscheint weder den „materiellen" noch den „ideellen" Faktoren Vorrang gege-

---

102) Vgl. Abschnitt B.I.2.b.

103) Vgl. SCHMOLLER, Gustav, a.a.O., S. 106.

104) SCHMOLLER, Gustav, Volkswirtschaft, Volkswirtschaftslehre und -methode, in: Handwörterbuch der Staatswissenschaften, 3. Aufl., Jena, 1911, S. 448.

ben. Vielmehr sollen die sich während der wirtschaftlichen Entwicklung wandelnden Institutionen aus beiden Blickwinkeln und mithilfe der verschiedensten Wissenschaften analysiert werden. Schmollers Selbstdarstellung nähert sich allerdings der idealistischen Weltsicht, wenn er gleich darauf betont, das jegliches Erkennen ideen- bzw. „werturteilsabhängig" ist. In diesem Sinne schreibt Schmoller: „...aber es lag dem Werke nicht der Wahn zugrunde, ein voraussetzungsloses Wissen zu liefern, weil der Verfasser sich klar ist, daß in aller Geisteswissenschaft mit der Erfassung der Wirklichkeit zugleich die Werturteile erfaßt und bestimmend werden, die alles Menschenleben beherrschen, die die wichtigsten Ursachen alles Geschehens sind, die in jeder Gemeinschaft und in jedem Gelehrten sich zu einer einheitlichen Weltanschauung zusammenfassen."[105]

Die Wissenschaft des 19. Jahrhunderts hat nach Schmoller den Akzent vom Ziel, Ratschläge für das praktische Leben zu geben, also normative Empfehlungen aufzustellen, zum Ziel verlagert, Wahrheiten zu erkennen und zu formulieren. Normative Aussagen würden stets auf „Glauben und Hoffen", auf Hypothesen und „teleologischen Bildern" beruhen, was auch für Schmoller zum reinen, vorurteilslosen Erkennen in Widerspruch steht. Da die Wissenschaft jedoch nach wie vor anstrebe, neben Erkenntnissen *auch* Vorschläge für zukünftiges Verhalten formulieren zu können, könne sie auf solche Grundlagen nie ganz verzichten. Dabei müsse sie sich allerdings bewußt sein, daß dies ein schwankender Boden sei: Die Wissenschaft solle resignativ und bescheiden ihre Lücken eingestehen.[106]

Gerade auch für die Analyse seiner politischen Rolle erscheint die Aussage Schmollers beachtenswert, das Ziel aller „echten Wissenschaft" sei es, „...alle Menschen gleichmäßig zu überzeugen."[107] Schmoller wendet sich damit gegen den Sozialismus, aber auch gegen die Neoklassik, beides Lehren die sich seiner Meinung nach eben nicht an *alle* Menschen gleichermaßen richten, sondern Klasseninteressen vertreten. Mit dieser Argumentation folgt Schmoller dem

105) SCHMOLLER, Gustav, a.a.O., S. 448.

106) Vgl. SCHMOLLER, Gustav, Grundriß der Allgemeinen Volkswirtschaftslehre, 1. Teil, 1. - 3. Aufl., Leipzig 1900, S. 100.

107) SCHMOLLER, Gustav, a.a.O., S. 99.

bereits dargestellten Muster, beide von ihm abgelehnten Lehren durch einen gemeinsamen Angriff einander anzunähern. Gleichwohl hat Schmoller hier nicht nur nach einem polemisch durchaus wirkungsvollen Einwand gesucht, sondern einen sein Wissenschaftsverständnis tiefer kennzeichnenden Gedanken formuliert. Später führt Schmoller gegen die Wissenschaftsauffassung, mit möglichst genauen Definitionen allgemeiner Begriffe (wie Wirtschaft oder Arbeit) könne man das Wesen der Volkswirtschaft erfassen, erneut das Verständnis gewöhnlicher Menschen an: Für gewöhnliche Menschen seien allgemeine Begriffe weitgehend inhaltsleer. Deshalb sei eine solche Auffassung „außerordentlich gefährlich und irreführend".[108] Als Maßstab für die Beurteilung wissenschaftlicher Auffassungen benutzt Schmoller somit das Verständnis von Nichtwissenschaftlern. Daraus kann man folgern, daß er tatsächlich der Meinung war, die Wissenschaft müsse sich an alle Menschen richten. Sein öffentliches Auftreten mit anderen „Kathedersozialisten" kann als eine Konsequenz aus dieser Auffassung angesehen werden.

Schmoller hebt hervor, daß es Voraussetzung jeder wissenschaftlichen Analyse sein müsse, die Gegenwart zu beobachten und mit der Vergangenheit zu vergleichen, wobei sich die Nationalökonomie auch der Erkenntnisse anderer, benachbarter Wissenschaften bedienen solle. Neben der Psychologie nennt er Anthropologie, Geographie, Geschichte und Statistik. Auf die Beobachtung und Darstellung von Tatsachen legt Schmoller großen Wert. Er zitiert Lassalle: „Der Stoff hat ohne den Gedanken immer noch einen relativen Wert, der Gedanke ohne den Stoff aber nur die Bedeutung einer Chimäre."[109] Der Stoff entscheidet für Schmoller auch darüber, welche Methode volkswirtschaftlicher Betrachtung anzuwenden sei. Man kann unter „Wissenschaft" das systematische Sammeln von Aussagen über die Realität *und* das Formulieren von metaphysischen Aussagen über die Natur und die Erklärbarkeit der Welt verstehen. Für Donald Winch entsteht Wissenschaft, wenn sich zwischen diesen beiden Ebenen ein Dialog entspinnt.[110] Trotz seiner idealistischen Verankerung, hat sich Schmol-

---

108) SCHMOLLER, Gustav, a.a.O., S. 104.

109) LASSALLE, Ferdinand, zitiert nach SCHMOLLER, Gustav, a.a.O., S. 103.

110) WINCH, Donald, Das Aufkommen der Volkswirtschaftslehre als Wissenschaft 1750 – 1870, in: CIPOLLA, Carlo M.; BORCHARDT, Knut, Europäische Wirtschaftsgeschichte, Bd. 3: Die industrielle Revolution, Stuttgart, New York, 1985, S. 335.

lers alltägliche wissenschaftliche Arbeit vor allem auf der ersten, also der empirischen Ebene abgespielt.

In Schmollers Darstellung der nationalökonomischen Schulen fällt auf, daß er verschiedene Lehrmeinungen eng mit den in ihnen enthaltenen Werturteilen verknüpft, aber auch mit den unterschiedlichen Interessen, die mit ihnen verfolgt werden können.[111] Auch wurde bereits geschildert, daß er es für den wissenschaftlichen wie den gesellschaftlichen Fortschritt generell für dienlich hält, wenn unterschiedliche Schulen miteinander konkurrieren und sich in der Führungsposition ablösen.[112] Carl Brinkmann spricht von „...rationaler, ja liberaler Theoriebildung bei Schmoller."[113] Sein politisches Engagement kann also auch mit der Bedeutung erklärt werden, die er den Ideen, auch seinen eigenen, und dem Ideenwettbewerb für das reale Wirtschaftsleben beimißt. Da Schmollers Gedanken zu Ethik und Gerechtigkeit in besonders enger Beziehung zu seinen politischen Aktivitäten stehen, werden sie im weiteren ausführlicher dargestellt. Daran anschließend soll auf die „Werturteilsdebatte" eingegangen werden, die sich unter anderem an der ethischen Ausrichtung Schmollers und der historischen Schule insgesamt entzündet hat.

2. Ethische Grundvorstellungen

Schmoller klammert ethische Vorstellungen keineswegs aus den Forschungsgegenständen der Volkswirtschaftslehre aus. Vielmehr beschäftigt er sich in seinem *Grundriß* ausführlich mit diesem Themenkreis. Er geht davon aus, daß es kein Volk ohne sittliche Normen gibt, daß diese aber je nach gesellschaftlichen und kulturellen Bedingungen, unter denen die Menschen leben, variieren.[114] Normen sollen jeweils die Handlungen fördern, die den Individuen und der

---

111) Vgl. auch Abschnitt B.II.3. und die dort geschilderten ähnlichen Überlegungen bei Walter EUCKEN.

112) Vgl. Abschnit B.II.1.

113) BRINKMANN, Carl, Historische Schule, in: Handwörterbuch der Sozialwissenschaften (HdSW), Bd. 5, 1956, S. 123.

114) Vgl. SCHMOLLER, Gustav, a.a.O., S. 43.

Allgemeinheit dienlich sind. Ändern sich die äußeren Umstände, müssten die Handlungsweisen und damit auch die Normen angepaßt werden. Bis hierhin könnte man unterstellen, daß Schmoller ethische Vorstellungen als zeitbezogen betrachtet und keinerlei Normen anerkennt, die unwandelbar zu jeder Zeit und an jedem Ort gelten müssen. Dies wäre ein Trugschluß. Denn in Ergänzung der eben geschilderten Überlegungen sagt Schmoller zur Ethik, die für die wirtschaftliche Sphäre gilt:

„...die wirtschaftlichen Eigenschaften und Handlungen gelten als gut, welche nach Lage der Dinge die dauernde Wohlfahrt der einzelnen und der Gesellschaft am meißten fördern. Dabei mögen Aberglaube, falsche Kausalitätsvorstellungen, die Interessen der Machthaber in die konventionelle Vorstellung dessen, was für gut gilt, noch so sehr eingreifen, das sittliche Werturteil im ganzen wird doch stets die wichtigeren und höheren Zwecke voranstellen, es wird fordern, daß die Lust des Augenblickes dem Glück der folgenden Tage hintangestellt werde, daß das Individuum nie sich als einzigen Selbstzweck, sondern als Glied der Sippe, der Familie, des Stammes betrachte."[115]

Auch wenn also der historische Wandel ethischer Normen anerkannt wird, so sieht Schmoller doch Gemeinsamkeiten über Zeiten und Völker hinweg. Er stellt im weiteren sogar fest, daß sich die ethischen Vorstellungen verschiedener Kulturen im Laufe der wirtschaftlichen und gesellschaftlichen Entwicklung aneinander angenähert hätten.[116] Gerade hier kann Max Webers während der „Werturteilsdebatte" geäußerte Kritik ansetzen. Bevor darauf näher eingegangen wird, soll zunächst am Beispiel der ethischen Auffassungen zur Gerechtigkeit, die für Schmollers sozialpolitisches Engagement grundlegend sind, genauer dargestellt werden, in welcher Form und in welchem Ausmaß er ethische Normen in sein Werk aufgenommen hat.

---

115) SCHMOLLER, Gustav, a.a.O., S. 44.

116) Vgl. SCHMOLLER, Gustav, a.a.O., S. 45.

3. Gerechtigkeit als wissenschaftliche Kategorie

Carl Brinkmann bezeichnet Gerechtigkeit, entweder bezogen auf die Einkommensverteilung zwischen den Klassen oder auch auf die Beurteilung unterschiedlicher Staatsformen oder Forschungsmethoden als die Lieblingsvorstellung Schmollers.[117] Im weiteren soll lediglich auf Schmollers Gedanken zur Gerechtigkeit zwischen den Gesellschaftsschichten, also zur Verteilungsgerechtigkeit näher eingegangen werden.

Schmoller widerspricht der Auffassung, daß Gerechtigkeit nicht als Kategorie innerhalb der volkswirtschaftlichen Diskussion dienen könne, weil etwa an die verschiedenen Arten der Arbeit kein einheitlicher Maßstab angelegt werden könne. Wie die Strafzumessung des Gesetzes mache auch die Preisbildung des Marktes das scheinbar Unvergleichliche vergleichbar. Als Referenz für diesen Beurteilungsprozeß diene sowohl in der Sphäre des Rechts als auch bei der Preisbildung stets ein konventioneller, ein hergebrachter Maßstab, an dem sich ablesen lasse, was gleichzusetzen ist und was nicht.[118] Diese hergebrachten Vorstellungen sind allerdings nicht unangefochten. Vielmehr beschreibt Schmoller eine ständige Auseinandersetzung zwischen den Anhängern verschiedener Gerechtigkeitsideale. Diese Konflikte prägten die öffentliche Diskussion, und nicht etwa die Frage, ob Gerechtigkeit an sich eine diskutierbare Kategorie sei oder nicht.[119] Wandle sich, aus welchen Gründen auch immer, die Einkommensverteilung zwischen Arbeitern und Unternehmern, werde dies sogleich als gerecht oder ungerecht rubriziert, und zwar einerseits aufgrund der überlieferten Gerechtigkeitsbegriffe, andererseits aufgrund aktueller Vorstellungen.

Schmoller stellt verschiedene Gerechtigkeitsmaßstäbe einander gegenüber. So werden von ihm Leistung, (Hand-)Arbeit, Talent, Tugend oder auch das Mensch-sein an sich als mögliche Anknüpfungspunkte einer gerechten Ein-

---

117) Vgl. BRINKMANN, Carl, Gustav Schmoller, in: Handwörterbuch der Sozialwissenschaften (HdSW), Bd. 9, 1956, S. 135.

118) Vgl. SCHMOLLER, Gustav, Die Gerechtigkeit in der Volkswirtschaft, in: SCHMOLLER, Gustav, Zur Social- und Gewerbepolitik der Gegenwart, Leipzig 1890, S. 218.

119) Vgl. SCHMOLLER, Gustav, a.a.O., S. 218f.

kommensverteilung angeführt. Welche Norm sich in der öffentlichen Diskussion für den Augenblick durchsetze, sei nicht auf die besseren logischen Argumente zurückzuführen. Die von den Befürwortern eines bestimmten Gerechtigkeitsmaßstabs genannten Argumente würden deren Gegner selten überzeugen. Letztlich setze sich vielmehr jene Auffassung durch, die mit dem „Gemütsleben", dem „Seelenleben" der Einzelnen und der Bevölkerung insgesamt am besten übereinstimme.[120]

Die von Schmoller hier eingeführten Begriffe müssen einer rationalen Analyse unzugänglich bleiben und mögen sich allenfalls zur Beschreibung des historischen Wandels verschiedener Gerechtigkeitsvorstellungen eignen. In diesem Sinne argumentiert auch Schmoller selbst, wenn er zum Beispiel schreibt, daß *solange* das „Volksgefühl" statt den Eigenschaften Einzelner mehr die ganzer Familien würdige und achte, erbliche Bevorzugung als gerecht empfunden werde.[121] Zu betonen bleibt aber auch, daß Schmollers hier vorgestellte Auffassungen für seine Einordnung im deutschen Idealismus eine wesentliche Rolle spielen können. Ganz offensichtlich argumentiert Schmoller im Sinne des metaphysischen Idealismus, wenn er die Bedeutung von Gerechtigkeitsvorstellungen, die dem „Gemüts- oder Seelenleben" entspringen, also geistige Konstrukte sind, für die gesellschaftliche Entwicklung betont.

In größeren sozialen Gemeinschaften, die wirtschaftliche oder auch andere Zwecke verfolgen, werde immer der Versuch unternommen, die ungleichen Eigenschaften und Leistungen der Menschen im Hinblick auf die gemeinsamen Ziele zu vergleichen und zu beurteilen. Es werde argumentiert, daß dabei auffallende Talente und Taten gegenüber unscheinbareren moralischen Qualitäten bevorzugt würden. Schmoller hält dies für unvermeidlich, da das sittliche Urteil nur bewerten könne, was es auch bemerke.[122] Er weist darauf hin, daß sich ein Gegensatz zwischen solcher sittlicher Wertschätzung und der Wertschätzung durch den Markt ergebe: Tätigkeiten und Erzeugnisse hätten einen umso höheren wirtschaftlichen Wert (hier mit dem Marktpreis gleichgesetzt), je mehr

---

120) Vgl. SCHMOLLER, Gustav, a.a.O., S. 220.

121) Vgl. SCHMOLLER, Gustav, a.a.O., S. 229.

122) Vgl. SCHMOLLER, Gustav, a.a.O., S. 230.

sie von den Einzelnen zu ihrer egoistischen Bedürfnisbefriedigung begehrt würden. Die sittliche Wertschätzung, von der das Urteil über das Gerechte abgeleitet werde, beurteile den Wert hingegen nach anderen Maßstäben. Schmoller unterscheidet hier zwischen individuellen Präferenzen und sittlichem Wert, ähnlich wie dies auch die Lehre von den meritorischen Gütern tut. Beide Wertvorstellungen existieren nebeneinander her, beeinflussen sich aber auch. Dabei geht Schmoller vom Gedanken einer gesellschaftlichen Entwicklung aus, innerhalb derer sich beide Vorstellungen annähern. Er sieht in institutionellen Strukturen einen „Mechanismus", die sich ergebenden Konflikte zu mildern.[123]

Im Unterschied zu den verschiedenen bisher diskutierten Gerechtigkeitsvorstellungen entspringe eine andere Auffassung nicht „Volksinstinkt" und „Volksgefühl", sondern lediglich „gewissen Lehrsystemen", womit Schmoller sicherlich die neoklassische Schule umschreiben möchte. Schmoller spricht hier von jener Auffassung, die „...in dem Unterschied von Reich und Arm nur ein Naturereignis erblickt."[124]

Diese Auffassung sei oberflächlich: Sie dringe nur bis zu solchen „mechanischen Ursachen" wir Angebot und Nachfrage, oder auch Natur und Zufall vor, welche unzweifelhaft die Einkommensverteilung beeinflussten. Hier werde das Recht des Stärkeren proklamiert, und das sei zumindest kein vollwertiges sittliches Urteil. Schmoller argumentiert, daß Angebot und Nachfrage keine blinden, schicksalhaften, vom menschlichen Handeln unabhängige Größen seien. Nur zum kleineren Teil seien diese von der Natur, zum größeren Teil aber von menschlichen Beziehungen und Machtverhältnissen abhängig. Soweit menschliches Wirken die Einkommensverteilung des Marktes mitbestimme, müsse sie durch Gerechtigkeitsnormen überprüfbar sein. Nur wo tatsächlich lediglich Natur, Glück oder Unglück wirken,[125] könne man eine solche Prüfung als sinnlos ablehnen. Schmoller weist zurecht darauf hin, daß wer auf Glück und Natur als nicht weiter infrage zu stellende Ursachen der ungleichen Einkom-

---

123) Vgl. SCHMOLLER, Gustav, a.a.O., S. 229ff., vgl. aber auch S. 239. Im nächsten Kapitel werden wir näher auf den Zusammenhang zwischen verschiedenen Institutionen und Gerechtigkeitsvorstellungen eingehen.

124) SCHMOLLER, Gustav, a.a.O., S. 222.

125) Hier kann man auch von göttlichem Wirken sprechen.

mensverteilung verweise, nicht gleichzeitig behaupten kann, der Markt verteile das Einkommen nach der geleisteten Arbeit.

Beide Aussagen beziehen sich auf die *individuelle* Verteilung der Einkommen. Für Schmoller ist jedoch nicht diese individuelle Verteilung von wissenschaftlicher oder praktischer Bedeutung, sondern die *allgemeine* Verteilung unter den Klassen. Man solle das durchschnittliche Einkommen eines Tagelöhners, Heimarbeiters, Krämers, Bauern oder Rittergutbesitzers betrachten. Genau dies, nämlich die durchschnittlichen Einkommen, würden auch von der öffentlichen Meinung bewertet, verglichen und als gerecht oder ungerecht eingestuft. Für die allgemeine Einkommensverteilung unter den Klassen bzw. das durchschnittliche Einkommen in einzelnen Berufszweigen oder sozialen Schichten seien nun aber sicher nicht Glück oder Zufall verantwortlich. Vielmehr ist die Einkommensverteilung für Schmoller ein Ergebnis der Institutionen, die wiederum im Rahmen der gesellschaftlichen Entwicklung steten Wandlungen unterlägen.[126]

Nun ergibt sich die Möglichkeit, die Verbindung zwischen Schmollers wissenschaftlichem Werk und seinen sozialpolitischen Aktivitäten weiter zu präzisieren: Soweit Schmoller die verschiedenen konkurrierenden Gerechtigkeitsvorstellungen auf das „Volksgefühl" oder die „Volksempfindung" zurückführt, bleibt dies der logischen Argumentation natürlich unzugänglich. Trotzdem läßt sich hier ein Ansatzpunkt für politische Diskussionen und öffentliche Auseinandersetzungen finden: Schmoller ging davon aus, daß die gesellschaftlichen Institutionen jener Zeit nicht für jene Gerechtigkeit sorgten, wie sie dem gerade herrschenden „Volksgefühl", oder genauer, dem was er dafür hielt, entsprachen. Dabei lässt sich zwischen den von ihm wahrgenommenen kollektiven und seinen individuellen Vorstellungen keine Grenze markieren. Da er und die anderen „Kathedersozialisten" das von ihnen wahrgenommene Mißverhältnis zwischen Gerechtigkeitsvorstellungen und tatsächlicher Verteilung nicht hinnehmen wollten, beschäftigten sie sich mit den bestehenden Instiutionen und betrieben deren politische Veränderung. Schmollers Lehre von den sich mit dem „Volksempfinden" wandelnden Gerechtigkeitsvorstellungen kann somit

126) Vgl. SCHMOLLER, Gustav, a.a.O., S. 225ff.

auch als Versuch gedeutet werden, individuelle politische Ziele „wissenschaftlich“ oder doch zumindest im historischen Kontext zu untermauern.

4. Die „Werturteilsdebatte“

Im vorherigen wurde dargestellt, wie intensiv sich Schmoller über die bloße Beschreibung und Erklärung des Wirtschaftsprozesses hinaus mit ethischen Normen befasste. Nach Gerhard Stavenhagen war es ein Ziel der gesamten historischen Schule, die „Zwecke“ des gesellschaftlichen Lebens zu erforschen und daraus Aussagen zu gewinnen, wie es beschaffen sein sollte.[127] Dieses Interesse mündete schließlich unter anderem in der Gründung des Vereins für Socialpolitik, wie sie im weiteren noch beschrieben werden wird. Hier knüpfte aber auch die seit den 80er Jahren des 19. Jahrhunderts unter den Vereinsmitgliedern nicht mehr ruhende Diskussion darüber an, ob und in welcher Form die Wissenschaft Werturteile fällen dürfe. Obwohl die Debatte erst nach dem in dieser Arbeit behandelten Zeitraum einsetzt, soll auf sie näher eingegangen werden, da sie das Bild der historischen Schule bis heute beeinflusst, und von grundsätzlicher, wissenschaftstheoretischer Bedeutung ist. Von den 80er Jahren an stetig geführt, wurde die Diskussion durch ein Referat Philippovichs zum Begriff der volkswirtschaftlichen Produktivität auf der Wiener Tagung des Vereins für Socialpolitik 1909 zur sogenannten „Werturteilsdebatte“ intensiviert. In Unterscheidung vom oben geschilderten „älteren Methodenstreit“[128] bezeichnet man sie auch als „jüngeren Methodenstreit“.[129] Max Weber und Werner Sombart kritisierten, daß in Philippovichs Referat zahlreiche ethische Wertungen enthalten seien, denen sich die Volkswirtschaftslehre als Wissenschaft enthalten müsse. Bis zum Ausbruch des ersten Weltkrieges verschärfte sich die „Wertur-

127) Vgl. STAVENHAGEN, Gerhard, Geschichte der Wirtschaftstheorie, 4. Aufl., Göttingen, 1969, S.204f.

128) Siehe Abschnitt B.I.1. c). Auf die dort anlässlich des „älteren Methodenstreits“ geschilderte generelle Skepsis gegenüber dem Wert methodologischer Auseinandersetzungen sei an dieser Stelle nochmals verwiesen.

129) Vgl. WEBER, Wilhelm; TOPITSCH, Ernst, Das Wertfreiheitsproblem seit Max Weber, in: JOCHIMSEN, Reimut; KNOBEL, Helmut (Hg.), Gegenstand und Methoden der Nationalökonomie, Köln, 1971, S. 134.

teilsdebatte" innerhalb der sozialwissenschaftlichen Publizistik und wurde zugespitzt als eine Auseinandersetzung zwischen den älteren Mitgliedern des Vereins, repräsentiert durch Schmoller, und den jüngeren um Weber und Sombart aufgefaßt. Lindenlaub weist allerdings darauf hin, daß die verschiedenen Auffassungen jeweils Anhänger quer durch die Generationen fanden. Die häufig vereinfacht dargestellte Frontstellung zwischen Schmoller, der moralische Urteile wissenschaftlich legitimieren wolle, und Weber, der Werturteile aus der Wissenschaft gänzlich zu verbannen suche, wird der differenzierten Diskussion jedoch aus aus anderen Gründen nicht gerecht. So hatte sich Webers Versuch, die traditionellen Begriffe der volkswirtschaftlichen Fachsprache (wie den der Produktivität) ihrer subjektiven Wertungen zu entkleiden, auch gegen die österreichische Schule in der Nachfolge Carl Mengers gerichtet, der Schmoller alles andere als nahestand. Bezeichnenderweise eskalierte die „Werturteilsdebatte" nach dem Referat Philippovichs, der der österreichischen Schule angehörte.[130]

Max Weber sieht es zunächst als Aufgabe der Wissenschaft an, Beziehungen zwischen Mittel und Zweck zu erforschen: Erkenne die Wissenschaft in einer bestimmten historischen Situation keine ausreichenden Mittel, einen bestimmten Zweck zu erreichen, könne sie indirekt die Zwecksetzung als praktisch sinnlos kritisieren. Erschienen ihr die zur Verfügung stehenden Mittel aber als ausreichend, das gesetzte Ziel zur erreichen, könne sie die Handelnden über mögliche unerwünschte Nebenfolgen, also die Kosten der Zielerreichung, informieren. Die Abwägung zwischen Nutzen und Kosten sei nicht mehr Aufgabe der Wissenschaft, sondern des handelnden Menschen.[131] Als Schmoller mit anderen Vertretern der historischen Schule den Verein für Socialpolitik gründete, und dort mittels Abstimmungen über Nutzen und Kosten politischer Maßnahmen urteilte,[132] hat er somit die von Weber gesetzten Grenzen eines Wissenschaftlers überschritten. Aus Webers Sicht darf ein Wissenschaftler durch-

130) Vgl. LINDENLAUB, Dieter, Richtungskämpfe im Verein für Sozialpolitik, Wiesbaden, 1967, S. 433ff.

131) Vgl. WEBER, Max, Die „Objektivität" sozialwissenschaftlicher und sozialpolitischer Erkenntnis, in: Archiv für Sozialwissenschaft und Sozialpolitik, Bd. 19, 1904, wieder abgedruckt in: WEBER, Max, Methodologische Schriften, Frankfurt a.M., 1968, S. 4f.

132) Siehe Kapitel D.

aus für die eigenen Ideale politisch eintreten, er muß dabei allerdings stets seine politischen von seinen wissenschaftlichen Aussagen trennen.[133] Die enge Verwobenheit Schmollers Werkes und seiner politischen Handelns lässt es allerdings auch im Nachhinein nicht zu, eine solche Unterscheidung vorzunehmen. Wenn Weber von der Wissenschaft fordert, sich auf das „Sein" zu beschränken und das „Sollen" der politischen Auseinandersetzung zu überlassen,[134] kann Schmollers Werk dieser Forderung keinesfalls genügen.

Neben Mittel-Zweck-Beziehungen möchte Weber die verfolgten Zwecke selbst und insbesondere die hinter diesen Zwecken stehenden Ideen keineswegs unbeachtet lassen. Mit Zwecken und Ideen werden damit Werturteile zum sozialwissenschaftlichen *Forschungsgegenstand.* Die Wissenschaft hat aus Webers Sicht nicht nur die Aufgabe Werturteile zu untersuchen, sondern auch sie zu beurteilen. Diese Kritik kann aus seiner Sicht jedoch lediglich die Widerspruchsfreiheit der Zwecke und Ideen prüfen, indem das Gewollte auf die ihm zugrundeliegenden „letzten Axiome" zurückgeführt wird. Damit könne es die Wissenschaft bestenfalls leisten, den Handelnden jene Maßstäbe zu Bewußtsein zu bringen, auf die sich bestimmte praktische Werturteile letztlich beziehen. Ob sie sich mit diesen Maßstäben identifizieren oder nicht, müsse allein ihrem Wollen oder Gewissen überlassen bleiben:[135] „Eine empirische Wissenschaft vermag niemanden zu lehren, was er *soll*, sondern nur, was er *kann* und – unter Umständen – was er *will*."[136] (Hervorhebungen im Original)

Solange Schmoller bestimmte Mittel-Zweck-Beziehungen untersucht, sie mit bestimmten Wertesystemen in Beziehung setzt und diese wiederum auf bestimmte „letzte Axiome" zurückführt, kommt er mit Webers Wissenschaftsauffassung nicht in Konflikt, weil er Werturteile hier als *Forschungsgegenstand* betrachtet. Wenn allerdings bestimmte Werturteile als *Ergebnisse* des wissenschaftlichen Prozesses erscheinen, wird dies mit Webers Anforderungen an die Sozialwissenschaften unvereinbar.

---

133) Vgl. WEBER, Max, a.a.O., S. 11f.

134) Vgl. STRAUSS, Leo, Die Unterscheidung zwischen Tatsachen und Werten, in: ALBERT, Hans; TOPITSCH, Ernst (Hg.), Werturteilsstreit, Darmstadt, 1971, S. 75.

135) Vgl. WEBER, Max, a.a.O., S. 5f.

Für Lindenlaub setzt Webers Kritik deshalb an Schmollers Auffassung an, die Werturteile der Mitglieder einer kulturellen Gemeinschaft glichen sich im Laufe des Entwicklungsprozesses immer weiter an.[137] Tatsächlich beschreibt Schmoller die gesellschaftliche Entwicklung als einen Prozeß, in dem die „ethischen Systeme" oder Weltanschauungen auf ein immer umfangreicheres gemeinsames Wissen zurückgreifen könnten, und dadurch auch zu immer ähnlicheren Werturteilen kämen. Zwar nimmt Schmoller auch Tendenzen wahr, die dieser Vereinheitlichung entgegenwirken; zum Beispiel könne die berufliche Differenzierung, wie sie die voranschreitende Arbeitsteilung mit sich bringt, individuell abweichende Wertvorstellungen fördern. Trotzdem muß er die vereinheitlichenden Kräfte für die stärkeren gehalten haben, denn er folgert, daß sich durch den wachsenden (gemeinsamen) empirischen Gehalt der „ethischen Systeme" die Ethik selbst den Gesellschafts- und Staatswissenschaften annähere.[138] Erforschten die Sozialwissenschaften jene alle Mitglieder einer Gesellschaft verbindenden Werte, auf die der Entwicklungsprozeß nach Schmoller zusteuert, so wären diese Werturteile als *Ergebnisse* der Wissenschaft anzusehen. Damit könnten sie in der politischen Diskussion anderen Werturteilen vorgezogen werden. Die Sozialwissenschaften rückten in die Nähe der Hegelschen Philosophie, die, wie eingangs geschildert, im „absoluten Idealismus" zur vollendeten Einsicht gelangen soll.[139]

Dies widerspricht nicht nur dem an anderer Stelle von Schmoller geschilderten beständigen Wettbewerb unterschiedlicher Lehrmeinungen, sondern auch den Anforderungen, die Max Weber an die Sozialwissenschaften stellt. Lindenlaub zieht aus Schmollers Lehre von den sich annähernden Wertvorstellungen den Schluß, daß Schmoller erhofft und erwartet habe, daß die gesellschaftliche Entwicklung schließlich zu einem harmonischen Interessenausgleich führe – eine letztlich konservativ-statische Wunschvorstellung. Dagegen sei für Weber die

---

136) WEBER, Max, a.a.O., S. 6.

137) Vgl. LINDENLAUB, Dieter, a.a.O., S. 437.

138) Vgl. SCHMOLLER, Gustav, Volkswirtschaft, Volkswirtschaftslehre und -methode, in: Handwörterbuch der Staatswissenschaften, 3. Aufl., Jena, 1911, S. 437f.

139) Siehe Abschnitt B.I.2.a).

politische Auseinandersetzung durch die fortdauernde Konfrontation verschiedener Interessen gekennzeichnet.[140]

In einem anderen Punkt stimmen Schmoller und Weber hingegen weitgehend überein: Bei seiner Darstellung der unterschiedlichen wirtschaftswissenschaftlichen Schulen betonte Schmoller deren Verwurzelung in unterschiedlichen „Moralsystemen".[141] Ähnlich hebt Weber hervor, daß jedes sozialwissenschaftliche Erkennen unter spezifischen Gesichtspunkten erfolge. Es sei eine naive Vorstellung, daß diese Gesichtspunkte sich aus dem Stoff selbst ergeben könnten. Vielmehr hänge die bewußt oder unbewußt vorgenommene Stoffauswahl, die Scheidung von Wichtigem und Unwichtigem, von den Wertvorstellungen des Forschers ab. Ohne den „Glauben" des Wissenschaftlers an die Bedeutung seines Forschungsgegenstandes sei seine Arbeit sinnlos. Somit werde stets eine „individuelle Wirklichkeit" erforscht und die wissenschaftliche Erkenntnis hänge von der subjektiven Voraussetzung ab, daß nur jene Teile der Wirklichkeit erforscht würden, denen der Wissenschaftler eine kulturelle Bedeutung beimesse.[142]

IV. Schmollers Bild der gesellschaftlichen Institutionen

1. Definition und Bedeutung gesellschaftlicher Institutionen

Schmoller bezeichnet die Institutionen als die wichtigsten Ergebnisse, als die „Kristallisationen" des sittlichen Lebens. Er definiert eine politische, rechtliche oder wirtschaftliche Institution als eine

140) Vgl. LINDENLAUB, Dieter, a.a.O., S. 437.

141) Siehe Abschnitt B.II.1.

142) Vgl. WEBER, Max, a.a.O., S. 34f. In kritischer Betrachtung wird Webers Position in die Nähe von „Relativismus" oder gar „Nihilismus" gerückt, vgl. WEBER, Wilhelm; TOPITSCH, Ernst, a.a.O., S. 138, STRAUSS, Leo, a.a.O., S. 76ff.

„...partielle, bestimmten Zwecken dienende, zu einer selbständigen Entwickelung gelangte Ordnung des Gemeinschaftslebens, welche das feste Gefäß für das Handeln von Generationen, oft von Jahrhunderten und Jahrtausenden abgiebt."[143]

Für die Einkommensverteilung wichtige Institutionen sind nach Schmoller Eigentumsrecht, Erbrecht und Vertragsrecht.[144] Konkretisierend nennt er Gewerbe- und Zinsfreiheit, Börse und Staatsschuldwesen, Unternehmensformen und Arbeitsrecht sowie anderes mehr.[145] Eine Institution ist durch Gewohnheiten und Regeln moralischer, sittlicher oder rechtlicher Art charakterisiert und personifiziert sich in Organen.[146] Die Abgrenzung zwischen Institution und Organ vermag nicht vollständig zu überzeugen. Was Schmoller hier (wie zum Beispiel die Vereine) als Organ bezeichnet, nennt er anderswo Institution.[147] Manche der auf den verschiedenen Institutionen beruhenden gesellschaftlichen Organe leben prinzipiell unbegrenzt fort, wie zum Beispiel Staaten oder Aktiengesellschaften. Andere sind von vorneherein auf begrenzte Zeit angelegt, wie Familien oder Personengesellschaften und machen mit ihrem Tod neuen, aber gleichartigen Einrichtungen Platz.

Für jeden Lebensbereich bildet sich nach Schmoller eine spezifische Struktur von Institutionen bzw. Organen aus: So sei das kirchliche Leben einer Gesellschaft anders organisiert als ihr wissenschaftlicher, wirtschaftlicher oder militärischer Bereich. Trotzdem bestünden enge Beziehungen: Ein Staat, der eine große Armee straff und zentralisiert führe, übernehme auch auf wirtschaftlichem Gebiet Funktionen, die anderswo vielleicht von Aktiengesellschaften wahrgenommen würden. Ein Volk, daß sich im kulturellen Bereich in vielerlei Verei-

---

143) SCHMOLLER, Gustav, Grundriß der Allgemeinen Volkswirtschaftslehre, 1. Teil, 1. - 3. Aufl., Leipzig 1900, S. 61.

144) Vgl. SCHMOLLER, Gustav, Die Gerechtigkeit in der Volkswirtschaft, in: SCHMOLLER, Gustav, Zur Social- und Gewerbepolitik der Gegenwart, Leipzig 1890, S. 225.

145) Vgl. SCHMOLLER, Gustav, a.a.O., S. 226.

146) Vgl. SCHMOLLER, Gustav, Grundriß der Allgemeinen Volkswirtschaftslehre, 1. Teil, 1. - 3. Aufl., Leipzig 1900, S. 61.

147) Vgl. SCHMOLLER, Gustav, Die Gerechtigkeit in der Volkswirtschaft, in: SCHMOLLER, Gustav, Zur Social- und Gewerbepolitik der Gegenwart, Leipzig 1890, S. 226.

nen organisiere, werde in Politik und Wirtschaft verwandte Strukturen schaffen. Fehlten auf einem Gebiet ausgebildete Organe, drängten die auf anderen Gebieten entstandenen in die Lücke.[148]

Die Entwicklung der Staats- und Rechtswissenschaften wie auch der Volkswirtschaftslehre zeichnet sich für Schmoller durch eine zyklische Über- bzw. Unterschätzung der Institutionen und gesellschaftlichen Organe aus. Bei *Merkantilismus* und *Kameralistik* stünden die Institutionen im Zentrum der Entwicklung, der freie Austausch unter den Individuen spiele keine Rolle. Hobbes oder Friedrich der Große sehen nach Schmoller sogar Moral und Recht als Ergebnis staatlicher Ordnung oder Anordnung. *Aufklärung* und *Liberalismus* hätten einen entgegengesetzten Standpunkt eingenommen: Sie vertrauten dem Individuum, das sich immer wieder in Verträgen binde. Institutionen, die sich rasch wandeln könnten, zum Beispiel im Rahmen des Vereinswesens, würden gegenüber den dauerhafteren staatlichen Einrichtungen vorgezogen. Bildeten sich allzu starre Institutionen heraus, sehe der Liberalismus die Gefahr, daß sich dort die Interessen der Herrschenden manifestierten. Auch zufällig gelungene Einrichtungen veralteten rasch und hemmten dann den Fortschritt. Die Liberalen gehen nach Schmoller von einer gesellschaftlichen Entwicklung aus, die von „Statusverhältnissen" zu Verträgen führe, von festen institutionellen Einbindungen des Individuums zu einem System freier Verträge, mit denen der Einzelne seine Beziehungen zu anderen regele. Schmollers Darstellung überzeichnet nicht nur die Skepsis der Liberalen gegenüber institutionellen Bindungen, er übersieht auch, daß gerade sie sich für die Schaffung neuer staatlicher Institutionen einsetzten. F.A. von Hayek bezeichnet den Rechtsstaat und den Konstitutionalismus, also komplexe und auf Dauer angelegte institutionelle Konstruktionen, als Hauptziele der liberalen Bewegung des 19. Jahrhunderts.[149] Im weiteren wird nochmals detaillierter auf Hayeks Auffassungen einzugehen sein.

Widerspruchsvoll ist die Einstellung der *Sozialisten*, jedenfalls nach Schmollers Beschreibung: Einerseits seien sie zur merkantilistischen Überschätzung der Institutionen zurückgekehrt. Durch institutionelle Reformen würden sich nach

---

148) Vgl. SCHMOLLER, Gustav, Grundriß der Allgemeinen Volkswirtschaftslehre, 1. Teil, 1. - 3. Aufl., Leipzig 1900, S. 62f.

149) Vgl. HAYEK, F.A. von, Die Verfassung der Freiheit, Tübingen, 3. Aufl., 1991, S. 255ff.

ihrer Auffassung sogar die Motive allen menschlichen Handelns wandeln lassen. Schmoller verweist hier auf Beziehungen zu Hegel, der im Staat die „höchste Sittlichkeit" suche, und zu *konservativen* Strömungen, die teils für die Wiederbelebung alter Institutionen wie den Zünften, teils für Neugründungen eintreten. Andererseits aber lehnten die Sozialdemokraten den bestehenden Staat radikal ab und träumten „...von einem freien Spiele aller individuellen Kräfte(...)."[150] Letztendlich vertreten sie nach Meinung Schmollers die Herrschaft öffentlicher Institutionen über jede Form individueller Willkür.[151]

Da die hier kurz vorgestellten Geistesströmungen nebeneinander fortbestehen, sieht Schmoller auch unter seinen Zeitgenossen je nach Partei- und Klasseninteresse deutliche Meinungsunterschiede über die Bedeutung, die den Institutionen im politischen und wirtschaftlichen Leben zukommen sollten. In der aktuellen Auseinandersetzung wirft er den Liberalen vor, die Gefahr, in alten Institutionen zu erstarren, zu überschätzen. Öffentliche Diskussion, Parteienstreit und Gesetzgebungsprozeß sorgen seiner Meinung nach im großen und ganzen für eine stete Erneuerung des Kaiserreichs. Dabei können Institutionen ihren Sinn – dem Guten und Zweckmäßigen eine dauerhafte Form zu geben, Erfahrungen zu nützen und die Menschen von den immer gleichen Fehlern abzuhalten – natürlich gerade nur dann erfüllen, wenn sie eine gewisse Starrheit und Festigkeit aufweisen.[152] Für Schmoller ist der „vollendete soziale Zustand" erreicht, wenn „...die gesunden psychischen Kräfte des Volkslebens durch die Institutionen nicht gehemmt, sondern gefördert werden, (..) die festen Einrichtungen und das freie Spiel der individuellen Kräfte in richtiger Wechselwirkung einander ergänzen, (...) die Institutionen die freie Bewegung nicht unnötig hemmen, die erwünschte Entwickelung aber befördern."[153]

Schmoller spricht von den Institutionen nicht als „subjektive Anläufe" sondern als „objektive Verkörperungen" der menschlichen Erfahrung, ja der „Weisheit der Jahrhunderte". Nach F.A. von Hayek haben englische Juristen bereits im 17.

---

150) SCHMOLLER, Gustav, Grundriß der Allgemeinen Volkswirtschaftslehre, 1. Teil, 1. - 3. Aufl., Leipzig 1900, S. 63.

151) Vgl. SCHMOLLER, Gustav, ebd.

152) Vgl. SCHMOLLER, Gustav, ebd.

153) SCHMOLLER, Gustav, a.a.O., S. 64.

Jahrhundert die Vorstellung entwickelt, daß ein Gesetz mittelbar und auf längere Frist vernünftigere Wirkungen haben könne, als dies die aktuell an einem Rechtsstreit Beteiligten zu erkennen fähig sind. Abänderungen oder Ergänzungen, die aufgrund verschiedenster Erfahrungen im Laufe der Zeit in die Gesetze eingeflossen sind, seien somit dem Recht dienlicher, als eine vollständig neue Erfindung eines Einzelnen.[154] Das historisch gewachsene angelsächsische Recht entspricht bis heute dieser Vorstellung. Die schottischen Moralphilosophen um David Hume, Adam Smith und Adam Ferguson, nicht nur für Hayek fest mit liberalen Traditionen verknüpft, betonten, daß die politische Ordnung kaum Produkt eines ordnenden und planenden Verstandes sei. Vielmehr entspringe sie einer spontanen und unaufhaltsamen Entfaltung bestimmter Prinzipen. Für Hayek haben Hume, Smith, Ferguson und ihr Umkreis als erste verstanden, durch welche stetige und kumulative Entwicklung Institutionen entstehen. Menschliche Vernunft „...könne sich nur mit und innerhalb dieses Rahmenwerks entwickeln und erfolgreich arbeiten."[155] Hayek sieht einen schroffen Gegensatz zwischen dieser britischen und der französischen freiheitlichen Überlieferung, die fälschlicherweise von der rationalen Planbarkeit der Freiheit ausgehe. So habe es während der französischen Revolution die Hoffnung gegeben, man könne einen voraussetzungslosen „Gesellschaftsvertrag" abschließen, als sei man gerade erst dem Naturzustand entwachsen.[156] Schmollers Auffassungen zu den gesellschaftlichen Institutionen waren also keineswegs neu, ja sie entsprachen sogar weitgehend dem britischen Teil der liberalen Tradition.

Aus Schmollers Wertschätzung gewachsener Institutionen darf keineswegs abgeleitet werden, daß er bestehende Einrichtungen vollständig konservieren möchte, im Gegenteil propagiert er ja umfangreiche sozialpolitische Reformen. Allerdings scheint sich Schmoller mit den politischen Grundstrukturen des deutschen Kaiserreichs im Einklang zu fühlen. Carl Brinkmann sieht ihn nach seiner Berufung 1882 nach Berlin inmitten des preußisch-deutschen Regierungs- und Gesetzgebungsapparates. Für seine stetige Weiterentwicklung zu einem parlamentarischen System „mit nationaler Eigenart" habe sich Schmoller

154) Vgl. HAYEK, F.A. von, Die Verfassung der Freiheit, Tübingen, 3. Aufl., 1991, S. 71ff.

155) HAYEK, F.A. von, Die Verfassung der Freiheit, Tübingen, 3. Aufl., 1991, S. 70.

156) Vgl. HAYEK, F.A. von, a.a.O., S. 65ff. Einen kurzen Überblick über die Geschichte des Liberalismus findet man in HAYEK, F.A. von, Liberalismus, Tübingen, 1979, S. 8ff.

leidenschaftlich engagiert.[157] Auf seine politische Tätigkeit wird im Kapitel D der Arbeit ausführlich eingegangen werden. Ob seine Auffassung von der Bedeutung gesellschaftlicher Institutionen seine politischen Aktivitäten geprägt hat, oder ob dies umgekehrt war, ist nicht zu entscheiden. Am sinnvollsten ist es, hier eine Wechselwirkung zu unterstellen.

Nachdem festgestellt wurde, daß Schmollers grundsätzliche Entscheidung, sich politisch zu engagieren, in enger Beziehung zu seiner Institutionenlehre gesehen werden kann, soll nun genauer darauf eingegangen werden, in welcher Richtung er aktiv wurde, also welche politischen Ziele er verfolgte.

2. Institutionen als Voraussetzung einer gerechten Verteilung

Schmoller fordert gerechte volkswirtschaftliche Institutionen. Parallel zum technischen Fortschritt, den Schmoller seiner Zeit entsprechend natürlich anerkennt,[158] sollen sich auch die sozialen Institutionen wandeln. Keine Institution stehe über der Geschichte, jede sei zu hinterfragen, wobei die herrschenden (oder zur Herrschaft gelangenden) Gerechtigkeitsideale als Maßstab dienen sollen.

„Wir prüfen jede (Institution) auf ihr Resultat, fragen bei jeder: wie ist sie entstanden, welche Vorstellungen der Gerechtigkeit haben sie erzeugt, welche Notwendigkeit liegt heute für sie vor?"[159]

---

157) Vgl. BRINKMANN, Carl, Gustav, Schmoller, in: Handwörterbuch der Sozialwissenschaften (HdSW), Bd. 9, 1956, S. 135.

158) Vgl. z.B. SCHMOLLER, Gustav, Der moderne Verkehr im Verhältnis zum wirtschaftlichen, socialen und sittlichen Fortschritt, in: SCHMOLLER, Gustav, Zur Social- und Gewerbepolitik der Gegenwart, Leipzig 1890, S. 14ff.

159) SCHMOLLER, Gustav, Die Gerechtigkeit in der Volkswirtschaft, in: SCHMOLLER, Gustav, Zur Social- und Gewerbepolitik der Gegenwart, Leipzig 1890, S. 240. Als ein komprimiertes, aber typisches Beispiel für dieses Vorgehen der „Kathedersozialisten" kann BRENTANO, Lujo, Die Entwicklung des englischen Erbrechts in das Grundeigenthum, Berlin, 1898 angesehen werden.

In enger Auslegung scheint ein Widerspruch zur obigen Aussage Schmollers über die Institutionen als „objektive Verkörperungen" der menschlichen Erfahrung entstehen. Die beiden Aussagen könnten jedoch auch so verstanden werden, daß jede Institution zwar „objektiv" die *vergangenen* Erfahrungen beinhaltet, aber davon unabhängig an den *gegenwärtigen* Verhältnissen gemessen werden muß.

Nicht nur die Verteilung, die die verschiedenen Institutionen in der Gesellschaft insgesamt erzeugen, ist zu überprüfen, sondern auch die Verteilung innerhalb der einzelnen Institutionen. So nehmen größere Unternehmen für Schmoller den Charakter „sittlicher Gemeinschaften" an. Sie beherrschen das Leben aller Beteiligten, ihre Beziehungen gehen über das rein wirtschaftliche hinaus. Die gemeinsame Produktion zieht somit die Frage nach sich, ob man das Verhältnis der Beteiligten und die Verteilung des Erwirtschafteten als gerecht ansieht. Schmoller geht davon aus, daß in früheren Epochen ein starkes Gemeinschaftsgefühl innerhalb von Familie, Sippe oder Stamm geherrscht habe. Damit seien umfassende Vorstellungen von Gerechtigkeit *in* der jeweiligen Gruppe verbunden gewesen. Das Gerechtigkeitsgefühl gegenüber Menschen *außerhalb* der Gruppe sei hingegen „stumpf" gewesen. Mit zunehmender gesellschaftlicher Entwicklung verlieren diese kleinen Gruppen an Bedeutung. Dafür treten einerseits das Individuum und andererseits größere Gemeinschaften in den Vordergrund. Zunehmende Arbeitsteilung und entwickelter Verkehr binden die Menschen in viele unterschiedliche Gemeinschaften. Damit müsse auch die Produktion (und wie man sicher folgern darf deren Verteilung) von einer individuellen zu einer gemeinsamen Angelegenheit werden.

Aus anderen Idealvorstellungen, namentlich der Freiheitsidee ergeben sich Begrenzungen für die Verwirklichung des Gerechtigkeitsideals. Schmoller spricht andererseits aber auch von der „Idee des Wohlwollens", nach der der Arme mehr erhält, als er *gerechterweise* verlangen kann.[160]

---

160) Vgl. SCHMOLLER, Gustav, Die Gerechtigkeit in der Volkswirtschaft, in: SCHMOLLER, Gustav, Zur Social- und Gewerbepolitik der Gegenwart, Leipzig 1890, S. 227ff.

3. Rechtliche Institutionen und ihre Reform

Institutionen sind zum überwiegenden Teil mit Hilfe von Sitte oder Recht konstitutiert. Oben wurde bereits erwähnt, daß Schmoller Eigentums*recht*, Erb*recht* und Vertrags*recht* als jene Institutionen ansieht, die für die Einkommensverteilung wichtig sind. Ein bedeutender, unverzichtbarer Aspekt des Rechts ist seine gleichmäßige Anwendung. Um das trotz der mannigfachen Realität überhaupt erreichen zu können, muß das Recht auf möglichst wenige kurze Regeln konzentriert werden. Schmoller beschreibt den Zielkonflikt zwischen der *formalen Gerechtigkeit*, das heißt der gleichmäßigen Anwendbarkeit eines Gesetzes, die Einfachheit erfordert, und seiner *materiellen Gerechtigkeit*, die nach detaillierter Regelung verlangt:

„...die gleichmäßige gerechte Anwendung der Rechtssätze auf Alle wird so wichtig, daß man meist leichter das unvollkommene Recht, dessen gerechte Anwendung gesichert ist, erträgt, als das vollkommenere, materiell gerechtere Recht, dessen Anwendung, sei es überhaupt, sei es in den Händen der heutigen Richter und Beamten notwendig schwankend, unsicher und damit ungerecht wird."[161]

Die Spannung zwischen formaler und materieller Gerechtigkeit zeigt Schmoller unter anderem am Beispiel des Wahlrechts auf: Alle erwachsenen Männer könnten ein gleiches Wahlrecht ausüben, nicht etwa weil sie tatsächlich die gleiche Bedeutung für den Staat hätten, sondern weil eine prüfende Gewichtung des Wahlrechts größere Ungerechtigkeiten mit sich brächte. Ähnlich seien viele Gesetze materiell ungerecht, nicht etwa, weil die formale Gerechtigkeit einen höheren Wert besäße, sondern weil sie leichter erreichbar sei. Konflikte zwischen materieller und formaler Gerechtigkeit sind nach Schmoller für die tatsächliche Vermögens- und Einkommensverteilung häufig entscheidend.

Die darauf folgenden Gedanken darüber, wie institutionelle Reformen wirksam werden können, zeigen einen weiteren Aspekt seines Politikverständnisses: Soll eine bestimmte Gerechtigkeitsvorstellung durch eine rechtliche Reform durch-

---

161) SCHMOLLER, Gustav, a.a.O., S. 234.

gesetzt werden, sind zunächst einige Voraussetzungen zu erfüllen: Materiell ist nötig, daß die Reform von der Elite als berechtigt angesehen und gewollt wird, das sie an manchen Orten bereits Sitte ist, daß sie sich gegen Trägheit und gegen andere sittliche Ideale durchzusetzen vermag, schließlich daß sie von der Politik aufgenommen wird. Darüber hinaus müssen erfolgreiche Reformideen jedoch auch formelle Anforderungen erfüllen: Das Gewollte muß die Eigenschaften anwendbaren Rechts besitzen, sich also mit klaren Merkmalen und festen Grenzen ausdrücken lassen. Es muß praktikabel sein.[162] Schließlich kann selbst eine gewaltsame Revolution den Bewußtseinswandel nicht ersetzen, der für Schmoller jeder gesellschaftlichen Verbesserung vorausgeht.[163]

Schmoller führt mehrere Beispiele reformbedürftiger rechtlicher Institutionen an: Die Forderung nach einer progressiven Einkommensteuer kann erst „auf Teilnahme rechnen",[164] wenn sich die Forderung in Zahlen konkretisiert, die das durchschnittliche Rechtsgefühl akzeptiert. Auch die Forderung nach größerer Verantwortlichkeit der Unternehmer für die bei ihnen Beschäftigten muß konkretisiert werden, zum Beispiel dadurch, daß sie für Arbeitsunfälle in einem genau zu definierenden Rahmen haften müssen. Zum Armenrecht führt Schmoller aus:

„Unser Armenrecht ist das wichtigste Stück Socialismus, das unsere Gesellschaftsordnung in sich birgt; es ist ein Stück Socialismus, das wir zur Zeit nicht entbehren können, weil wir nichts Besseres an die Stelle zu setzen, der unabweislichen Forderung der Gerechtigkeit, jeden Volksgenossen vor dem Hungertod zu schützen, bis jetzt nichts anderes, durch vollkommenere Institutionen nachzukommen wissen. Die Schattenseite aber dieses Armenrechts ist die vollständige Unmöglichkeit, eine formell und materiell gerechte Handhabung durchzuführen: Willkür, Zufall, äußerliche Schablone herrschen darin, und daher wirkt die Armenunterstützung vielfach auch psychologisch so ungünstig, erzieht zur Faulheit und niedrigen Gesinnung. So lange unsere Verwaltungsorgane nicht eine ganz andere Vollkommenheit erreichen, so lange nicht die for-

---

162) Vgl. SCHMOLLER, Gustav, a.a.O., S. 235f.

163) Vgl. SCHMOLLER, Gustav, a.a.O., S. 241.

164) Die Wahl dieser Floskel statt z.B. „Die progressive Einkommensteuer kann erst dann eingeführt werden, wenn..." ist bemerkenswert.

malen Möglichkeiten der Ausführung ganz andere sind, würden die meisten socialistischen Experimente nur die Folgen unseres Armenwesens über breite Teile unserer ganzen Volkswirtschaft ausdehnen."[165]

4. Die Institutionen des modernen Unternehmens

Nach Schmoller bestimmen drei Arten von Institutionen das volkswirtschaftliche Zusammenwirken: Familie, Gebietskörperschaften und Unternehmen.[166] Etwas ausführlicher soll hier geschildert werden, welche Probleme und Reformmöglichkeiten Schmoller innerhalb der im 19. Jahrhundert neu entstehenden Einrichtung des Großunternehmens sieht.[167] Schon kleine Gruppen von Menschen zu gemeinsamem Leben und Arbeiten zu verbinden sei nicht einfach. Es zu erreichen, daß viele Hunderte oder Tausende ohne allzu große Reibungsverluste zusammenwirken, bezeichnet Schmoller als „sociales Kunstwerk". Schmoller hebt verschiedene Konflikte hervor: Einerseits steige das Selbstwertgefühl der Arbeiter und ihr Bedürfnis nach persönlicher Freiheit, andererseits erfordere der damalige Großbetrieb Disziplin und Kontrolle. Die Institution des Großbetriebes entwickele Traditionen und Interessen, die mit den Absichten und Gefühlen des „zufälligen" Eigentümers kollidieren können. Dabei steht für Schmoller das Gesamtinteresse des Betriebes *über* den Interessen des Eigentümers.[168]

In seinem *Grundriß* untersucht Schmoller drei Problemkreise:

a) Soll der Großbetrieb in individuellem Eigentum verbleiben oder in anderen Eigentumsformen organisiert werden?

---

165) SCHMOLLER, Gustav, Die Gerechtigkeit in der Volkswirtschaft, in: SCHMOLLER, Gustav, Zur Social- und Gewerbepolitik der Gegenwart, Leipzig 1890, S. 236f.

166) Vgl. SCHMOLLER, Gustav, Grundriß der Allgemeinen Volkswirtschaftslehre, 1. Teil, 1. - 3. Aufl., Leipzig 1900, S. 453.

167) Schmollers Arbeiten zur Geschichte der Unternehmung hält Brinkmann für besonders hervorhebenswert. Vgl. BRINKMANN, Carl, Gustav Schmoller, in: Handwörterbuch der Sozialwissenschaften (HdSW), Bd. 9, 1956, S. 136.

168) Vgl. SCHMOLLER, Gustav, Grundriß der Allgemeinen Volkswirtschaftslehre, 1. Teil, 1. - 3. Aufl., Leipzig 1900, S. 434f.

b) Welche Rolle kann die neu entstehende Ebene der mittleren Angestellten zwischen Direktoren und Arbeiterschaft spielen?

c) Wie können die Rechte der Arbeiterschaft so geordnet werden, daß die bestehenden Konflikte entschärft werden, und nicht die Existenz der Unternehmen und der Gesellschaft insgesamt gefährden?

Allen drei Fragen soll im weiteren etwas ausführlicher nachgegangen werden, wobei Schmollers Auffassungen auch moderne wirtschaftswissenschaftliche Ansätze gegenübergestellt werden.

a) Die Organisationsformen für größere Betriebe

Zur ersten Frage, ob Großbetriebe in individuellem Eigentum verbleiben sollen, argumentiert Schmoller, daß der Eigentümer eines Einzelunternehmens zwar motiviert und flexibel handeln könne. Seine Persönlichkeit begründe ein besonderes Vertrauensverhältnis zu den kreditgebenden Banken und anderen Geschäftspartnern. Je größer das Unternehmen wird, desto mehr überwiegen für ihn aber die Nachteile des Einzelunternehmers: Der einzelne Eigentümer kann ein großes Unternehmen nicht mehr überschauen. Mit seinem Tod ist zu häufig auch das Endes der Institution verbunden. So wachsen mit der Größe des Unternehmens die Anreize, es in „kollektive Hände" zu überführen, worunter Schmoller nicht Verstaatlichung oder Sozialisierung versteht. Vielmehr nennt er als mögliche Formen für die Überführung in „kollektive Hände" unter anderem die Aktiengesellschaft, die Genossenschaft und das Kartell.[169]

aa) Die Aktiengesellschaft

Schmoller sieht die Aktiengesellschaft in günstigem Licht, in günstigerem jedenfalls als die – wie er schreibt – individualistische Zeitströmung nach 1750. Die Mißwirtschaft, die damals in manchen der alten Handelscompagnien als Vorläufer der modernen Aktiengesellschaften herrschte, habe die negative Einstellung gegenüber Kapitalgesellschaften unterstützt. Im Zuge der französische Revolution seien 1793 sogar alle Aktiengesellschaften verboten worden. Erst

169) Vgl. SCHMOLLER, Gustav, a.a.O., S. 435ff.

um die Mitte des 19. Jahrhunderts sieht Schmoller einen Umschwung zugunsten der Aktiengesellschaft: Neue Techniken, neue Verkehrs- und Krediteinrichtungen bedurften nun großer Kapitalmengen, die nur durch Aktiengesellschaften aufzubringen waren. Verschiedene Staaten schufen Gesetze, um die Rechtsverhältnisse der Aktiengesellschaften einheitlich zu regeln: Die Haftung des Aktionärs ist auf das eingebrachte Kapital beschränkt, die Organe der Gesellschaft haben definierte Rechte und Pflichten, außerdem muß die Öffentlichkeit in gewissem Umfang über die Geschäfte informiert werden. Die staatliche Konzessionierung von Aktiengesellschaften ist Ende des 19. Jahrhunderts nur noch für bestimmte Bereiche üblich, zum Beispiel für Eisenbahnen, Notenbanken und Versicherungen.

Wie die Öffentlichkeit zu Zeiten der alten Compagnien beschäftigt auch Schmoller noch das Problem, wie die Geschäftsleitung von den zahlreichen Möglichkeiten abgehalten werden kann, sich zum Schaden der Aktiengesellschaft am eigenen materiellen Vorteil zu orientieren. Eine Kontrollinstanz sieht er in den großen Banken, die sich auch mit der Gründung neuer Aktiengesellschaften befassen.[170] Weiter hofft Schmoller darauf, daß die Wirtschaftspublizistik eine sachlich informierende Rolle einnimmt, und schließlich auch der Staat eine kompetente Unternehmensaufsicht einrichtet: „Viel kann auch eine gesunde kaufmännische Presse und die ganze Öffentlichkeit, eine richtig geleitete Börsenspekulation thun, welche die Aktien je nach der Qualität der guten oder schlechten Leitung wertet, sowie eine Staatsverwaltung und Rechtsprechung, welche die Mißstände bekämpft und bestraft."[171] Leider konnte die deutsche Presse im 19. Jahrhundert ihre Informationsaufgaben häufig noch nicht ausreichend erfüllen. Einerseits mussten Wirtschaftsredaktionen, die die Geschäftspolitik der Aktiengesellschaften fachkundig beurteilen konnten, erst aufgebaut werden. Andererseits waren viele Zeitungen aber auch wirtschaftlich von Anzeigenaufträgen abhängig, die sie von den vielen während des Grün-

170) Vgl. SCHMOLLER, Gustav, Grundriß der Allgemeinen Volkswirtschaftslehre, 1. Teil, 1. - 3. Aufl., Leipzig 1900, S. 441ff.

171) SCHMOLLER, Gustav, a.a.O., S. 443.

derbooms gegründeten Aktiengesellschaften erhielten. Im weiteren wird darauf noch näher einzugehen sein.[172]

Schmoller glaubt noch, daß Aktiengesellschaften am besten arbeiten, wenn sich das Gros der Aktien in den Händen weniger, geschäftskundiger Aktionäre befindet, die an der Leitung des Unternehmens mitwirken. Aktiengesellschaften haben jedoch, wie Schmoller selbst betont, gegenüber anderen Unternehmensformen den besonderen Vorteil, große Kapitalmengen aufbringen zu können. Diesen Vorteil nutzen nun allerdings Publikumsgesellschaften wesentlich besser aus, als die von Schmoller bevorzugte Gesellschaft aus einem kleinen Kreis mit der Branche vertrauter Inhaber. Die moderne Institutionenökonomik sieht ähnlich wie Schmoller die Gefahr, daß unter einer Vielzahl beteiligter Aktionäre etliche über Unternehmensfragen mitentscheiden könnten, ohne sich zuvor der Mühe zu unterziehen, sich hinreichend zu informieren. Ein in dieser Weise seine Aufgaben mißachtender Aktionär könnte darauf hoffen, daß etwaige Verluste aus einer Fehlentscheidung von vielen anderen und nur zu einem kleinen Teil von ihm selbst zu tragen wären. Dies sei jedoch in der Unternehmensverfassung der Aktiengesellschaft berücksichtigt, indem die Aktionäre die alltägliche Entscheidungsgewalt an kleinere Gremien delegierten. Sie behielten allerdings die Möglichkeit, sich zu „Stimmblocks" zusammenzuschließen, um ein aus ihrer Sicht unfähiges Management abzulösen. Daß Aktien frei gehandelt werden könnten, erhöhe das Risiko für das Management, ausgetauscht zu werden, wenn es *in- oder außerhalb* des augenblicklichen Aktionärskreises für untauglich gehalten werde. In diesem Fall würde der Aktienkurs sinken und Aktienkäufer wie Altaktionäre könnten versuchen, die Führungsspitze des Unternehmens neu zu besetzen. Diese Argumentation der modernen Institutionenökonomik paßt zu Schmollers Auffassung, eine wohlinformierte Öffentlichkeit und eine „richtig geleitete Börsenspekulation" könne zur Kontrolle der Aktiengesellschaften beitragen. Die eben geschilderten Vorkehrungen halten Alchian und Demsetz insgesamt für ausreichend, um auch die Unternehmensform der modernen Publikumsgesellschaft vor einer dauerhaften „Ausbeutung" durch ein unfähiges oder unwilliges Management zu schützen.[173] Hinzu kommt die

---

172) Siehe Abschnitt C.II.1. b)cc) Wirtschaftspresse und Öffentlichkeit.

173) Vgl. DEMSETZ, Harold; ALCHIAN, Armen A., Production, Information Costs, and Economic Organization, in: American Economic Review, Bd. 62, 1972, S. 788.

Möglichkeit, die Interessen von Managern und Aktionären dadurch anzunähern, daß die Manager teilweise in Aktien oder Aktienoptionen entlohnt werden. Darüber hinaus untersucht die heutige Institutionenökonomik auch die Frage, ob die Möglichkeit von Insidergeschäften durch das Management tatsächlich zu Interessenkollisionen zwischen Unternehmensleitung und Aktionären führen muß, was wesentlich über Schmollers Analyse hinausführt.[174]

Trotz seines eben diskutierten Einwandes schreibt Schmoller zumindest den größeren Aktiengesellschaften schon damals eine halböffentliche Rolle zu. Ihre Bedeutung sei mit der von großen Stadt- oder Kreisverwaltungen zu vergleichen. Überhaupt näherten sich große Aktiengesellschaften kommunalen oder staatlichen Verwaltungen an. Die Unternehmensleitungen würden sich ihrer gesellschaftlichen Pflichten immer bewußter und die Arbeiter seien häufig besser entlohnt als in anderen Unternehmen. Haben sich die Kommunen oder der Staat am Kapital beteiligt, gerät die Aktiengesellschaft für Schmoller noch mehr zum Mischform zwischen öffentlicher, dem Gemeinwohl verpflichteter Verwaltung und kommerzieller Unternehmung. Schmoller begrüßt diese Entwicklung, wie er auch insgesamt den Beitrag der Aktiengesellschaft zur wirtschaftlichen Entwicklung herausstellt: Es wurde bereits erwähnt, daß nur mit ihrer Hilfe soviel Kapital aufgebracht werden konnte, wie dies die neue Technik des 19. Jahrhunderts verlangte. Aber auch in ihrer unbeschränkten Dauer und in ihrer Fähigkeit, auch kleine Kapitalien anzulocken sowie das Risiko zu teilen, sieht Schmoller Vorteile. Er spricht davon, daß die Aktiengesellschaften ein neues, höheres Element in die Volkswirtschaft eingeführt hätten.[175]

bb) Die Genossenschaft

Die Genossenschaft ist für Schmoller die Form, in der die mittleren und unteren Klassen sich zu gemeinsamen Unternehmungen zusammenschließen. Sie sei dort entstanden, wo man sich von der Modernisierung bedroht gefühlt habe, aber gleichzeitig der Erwerbstrieb noch durch ein stärkeres Gemeinschaftsge-

174) Vgl. ALCHIAN, Armen A.; WOODWARD, Susan, Reflections on the Theory of the Firm, in: Journal of Institutional and Theoretical Economics (JITE), Bd. 143, 1987, S. 122f.

175) Vgl. SCHMOLLER, Gustav, a.a.O., S. 441ff.

fühl gemildert blieb. Der „alte Mittelstand" habe wählen müssen, ob er mit den hergebrachten Betriebsformen untergehe, oder ob er sich technisch sowie kaufmännisch modernisiert und in Genossenschaften zusammenschließe. Auch heute noch wird soziologisch zwischen „altem" und „neuem Mittelstand" unterschieden. Zumindest teilweise dürften mit dem „alten Mittelstand" damals wie heute sogar die gleichen Gruppen gemeint sein, nämlich zum Beispiel manche Handwerker, Bauern und Winzer. Ähnlich wie im „alten Mittelstand" seien innerhalb der Arbeiterklasse vielerlei Vereine als Vorstufe zu den Genossenschaften entstanden.

Die Mitglieder einer Genossenschaft tragen – wie Schmoller beschreibt – häufig mittels Teilzahlung und Sparzwang eine kleinere Kapitalsumme zusammen, um mittels gemeinsamer Geschäfte ihre persönliche wirtschaftliche Situation zu verbessern. Meistens haben Genossenschaften nur lokale Bedeutung. Ein wichtiger Unterschied zur Aktiengesellschaft ist, daß Kapital und Mitgliederzahl beliebig erweiterbar sind. Der Schwerpunkt liege nicht beim Zusammenschluß des Kapitals, sondern in der Vereinigung der Personen. Laut Schmoller waren Konkurse oder Veruntreuungen durch Vorstände und Angestellte bei Genossenschaften wesentlich seltener als bei Aktiengesellschaften. Er erwähnt unter anderem Konsumvereine, Vorschuß- und Darlehenskassen, Verwertungs- und Baugenossenschaften. Gegenwärtig nicht mehr verbreitet sind Magazingenossenschaften, die für städtische Handwerker, zum Beispiel Tischler, den Absatz übernehmen. Auch genossenschaftliche Mühlen und Bäckereien sind heute wenig anzutreffen. Molkerei- und Winzergenossenschaften hingegen, von denen bereits Schmoller feststellt, daß sie sich am besten entwickeln, konnten bis zur Gegenwart fortbestehen.

Die meisten Genossenschaften seien nicht Ersatz für andere Organisationsformen, sondern lediglich Hilfsorgane. Die Normen, die zunächst ohne gesetzliche Fixierung auch auf die Organisation genossenschaftlicher Einrichtungen angewendet wurden, stammten teils von der offenen Handelsgesellschaft, teils von der Aktiengesellschaft. Der Geist der Genossenschaften sei jedoch ein anderer als in der übrigen Wirtschaft: Innerhalb der Genossenschaft sei der „Kampf ums Dasein" aufgehoben. Dies komme am besten in der solidarischen Haftung jedes Genossen für das Geschäft zum Ausdruck, wenngleich seit 1889 auch Genossenschaften mit beschränkter Haftung möglich sind. Solidarisch wirtschaften könne man vor allem dann, wenn eine überschaubare Zahl von Mitgliedern lokal begrenzt zusammenlebt. Als kollektive Organisationsform für große Unternehmen im engeren Sinne ist die Genossenschaft also nach Ansicht Schmollers weniger gut geeignet. Er hält Genossenschaften für eigentlich konservative Institutionen, die jedoch modern wirtschafteten und die soziale Kluft zwischen den Großunternehmen und den unteren Klassen ausfüllen könnten.[176] In der liberalen Arbeiterpolitik des 19. Jahrhunderts spielten Genossenschaften eine wichtige Rolle.[177]

Aus Sicht der modernen Institutionenökonomik kann man die Genossenschaft von anderen Unternehmen vor allem dadurch unterscheiden, daß in ihr nicht zwischen dem die Unternehmung leitenden Eigentümer und anderen Mitarbeitern ohne Eigentum unterschieden wird. In der Unternehmung, die vom Eigentümer geleitet wird, fließt der Gewinn ausschließlich an ihn und bietet ihm einen Anreiz, seine Managementaufgaben nicht zu vernachlässigen. In der Idealform einer Genossenschaft hingegen sind alle Mitarbeitenden gleichzeitig auch Miteigentümer. Der Gewinn wird also nach Köpfen oder nach einem anderen, näher zu bestimmenden Schlüssel auf alle Teammitglieder aufgeteilt. Da dem Genossenschaftsleiter nur ein Teil des Gesamtgewinns zufließt, vermindert sich für ihn der Anreiz seine „Aufsichts- und Kontrollaufgaben" pflichtgemäß wahrzunehmen. Wenn die daraus entstehenden Verluste – so kann man mit der modernen Institutionenökonmie folgern – durch die Produktionssteigerungen überkompensiert werden, zu der die Gewinnbeteiligung alle Arbeitskräfte anreizt, dann hat die Genossenschaft einen Wettbewerbsvorteil. Nach Alchian und Demsetz ist dies unter anderem bei kleineren Teams möglich, wenn die „Aufsicht" über das Verhalten der einzelnen Teammitglieder besonders effizient von den jeweils anderen Teammitgliedern statt von einem zentralisierten Management wahrgenommen werden kann.[178] Solche theoretischen Überlegungen können Schmollers Behauptung stützen, Genossenschaften eigneten sich besonders für eine überschaubare Zahl von Mitgliedern, die eng zusammenlebten.

176) Vgl. SCHMOLLER, Gustav, a.a.O., S. 444ff.

177) Siehe Abschnitt C.II.2. b)cc) Liberale Arbeiterpolitik.

178) Vgl. DEMSETZ, Harold; ALCHIAN, Armen A., a.a.O., S. 785f.

cc) Das Kartell

Während sich kleinere Unternehmen zum Beispiel in Zünften oder Innungen organisiert hatten, schlossen sich in der Form des Kartells insbesondere große Unternehmen, häufig Aktiengesellschaften zusammen. Im letzten Viertel des 19. Jahrhunderts formierte sich auch die deutsche Industrie innerhalb zahlreicher Kartelle oder ähnlicher Zusammenschlüsse. Schmoller führt dies unter anderem auf die nach 1873 über längere Zeit anhaltende Krise zurück. Beginnt in einer industriellen Branche die Kartellierung, so müssten Lieferanten oder weiterverarbeitende Unternehmen nachziehen, um entsprechende Gegenmacht zu gewinnen. Zusätzlich erleichtert ist die Kartellbildung nach Schmoller in Schutzzolländern. „Alte Freihändler" und der „kleinbürgerliche Radikalismus" lehnten Kartelle ab, sähen nur ihrer negativen, wettbewerbsbeschränkenden Wirkungen. Sozialisten und Sozialreformer, ein Teil der konservativen Politiker sowie alle Vertreter des großen Kapitals zählt er in einer seltsamen Koalition als Kartellbefürworter auf. Schmoller räumt ein, daß Kartelle zu monopolistischen Machtmißbrauch verleiten können, sieht aber auch positive Wirkungen. Manche Kartelle hätten zu großen Verkehrs- und Organisationsfortschritten geführt oder mittels gemeinsamer Forschungseinrichtungen den technischen Wandel beschleunigt: „Die Kartelle sind eine Erscheinung, die mit Notwendigkeit aus derselben Tendenz erwuchs, welche den maschinellen Großbetrieb, den heutigen Verkehr, die Kreditentwickelung und Spekulation schuf."[179]

Schmoller empfiehlt, Kartelle staatlichem Einfluß und öffentlicher Kontrolle zu unterwerfen. An ihrer Leitung sollten Vertreter der Allgemeinheit, später vielleicht auch Arbeiter teilhaben. Die bisherige kartellbeschränkende Gesetzgebung hält Schmoller für zu schwach. Gelänge es tatsächlich, die Kartelle den volkswirtschaftlichen Interessen zu unterwerfen, so könnten „... sie als die richtigen Organe einer höheren Form der vergesellschafteten Volkswirtschaft, als die berufenen centralen Steuerungsorgane der Produktion gelten (...)."[180] Schmoller erinnert daran, daß neben der Kartellierung auch andere Entwicklungen eine insgesamt zentralistische Tendenz der Volkswirtschaft belegen: Das

179) SCHMOLLER, Gustav, a.a.O., S. 452.

180) SCHMOLLER, Gustav, ebd.

Verkehrswesen wird ausgebaut und vereinheitlicht, die Genossenschaften breiten sich aus, die großen Banken gewinnen an Einfluß und auch die wirtschaftlichen Aktivitäten von Staat und Gemeinde vermehren sich stark.[181]

Aus heutiger Sicht zeigt die mikoökonomische Theorie, daß das Preiskartell zu ineffizienten Ergebnissen führt: Das Kartell würde die zum vereinbarten Kartellpreis absetzbare Gesamtmenge nur dann zu minimalen Kosten produzieren, wenn die beteiligten Unternehmen sie so unter sich aufteilten, daß sich die Grenzkosten aller Unternehmen entsprächen. In einem reinen Preiskartell findet die Mengenaufteilung stattdessen jedoch weitgehend zufällig statt.[182] Der Wettbewerbspolitik wird die Aufgabe zugesprochen, die mit den Absprachen zwischen den Kartellteilnehmern einhergehenden Einschränkungen des Wettbewerbs zu verhindern.[183] Nach den gegenwärtigen Gesetzen sind Kartelle auch in Deutschland grundsätzlich verboten.[184] Allerdings können bestimmte Kartelle vom Verbot freigestellt werden; zum Beispiel solche, die sich auf die einheitliche Anwendung technischer Normen oder Geschäftsbedingungen (soweit diese weder Preise noch Preisbestandteile berühren) erstrecken.[185] Hier spiegelt sich Schmollers Einschätzung, daß Kartelle zu verkehrlichen und organisatorischen Fortschritten beitragen können. Insgesamt bleibt aber festzuhalten, daß seiner Forderung nach staatlicher Reglementierung zwar nachgekommen wurde, daß dies jedoch in einer von seinen Vorstellungen erheblich abweichenden Weise geschah. Kartelle wurden nicht unter öffentliche Leitung gestellt, sondern in Anbetracht ihrer wettbewerbsbeschränkenden Wirkungen – von den eben angedeuteten Ausnahmen abgesehen – verboten.

Die oben als erste gestellte Frage, ob Großunternehmen in individuellen Händen verbleiben sollten, beantwortet Schmoller in recht differenzierter Weise: In *formaler* Hinsicht stellt er einerseits die unternehmerischen Organisationsfor-

---

181) Vgl. SCHMOLLER, Gustav, a.a.O., S. 448ff.

182) Vgl. DEMMLER, Horst, Einführung in die Volkswirtschaftslehre, 6. Aufl., München, Wien, 1997, S. 257.

183) Vgl. DEMMLER, Horst, a.a.O., S. 263.

184) §1 des Gesetzes gegen Wettbewerbsbeschränkungen (GWB) in der Fassung vom 26.8.1998.

185) §2 GWB in der Fassung vom 26.8.1998.

men Aktiengesellschaft, Genossenschaft und Kartell dar, indem er vergangene gesellschaftliche Entwicklungen zu analysieren versucht, und daraus zukünftige Tendenzen ableiten möchte. Andererseits durchmischt er dies auch mit empfehlenden, normativen Aussagen. Es ist somit leider nicht immer möglich, klar zu unterscheiden, ob Schmoller eine Weiterentwicklung prognostizieren möchte, oder ob er eine Empfehlung abgibt. *Inhaltlich* kann man folgern, daß Schmoller mit seiner günstigen Einschätzung der Aktiengesellschaft in groben Zügen recht behalten hat. Vielleicht wird die steuernde Rolle, die er fälschlicherweise den Kartellen für die Zukunft eingeräumt hat, tatsächlich von den großen Publikums-Aktiengesellschaften und Konglomeraten wahrgenommen.

Ähnlich wie später John M. Clark lehnte es auch Schmoller ab, in einem theoretischen Modell wie dem der vollständigen Konkurrenz eine Zielvorstellung staatlicher Wirtschaftspolitik zu sehen. Wie Clark versuchte auch Schmoller stattdessen, die in der Realität zu beobachtenden Marktverhältnisse zu analysieren und daraus praktisch umsetzbare wirtschaftspolitische Leitvorstellungen zu entwickeln. Allerdings unterschied Clark zunächst zahlreiche unterschiedliche Faktoren (von der *Stärke der Produktdifferenzierung* bis zur *Flexibilität der Produktionskapazität*), die seiner Meinung nach das Wettbewerbsverhalten auf einem Markt prägen. Durch Kombinationen verschiedener Merkmalsausprägungen erhielt er sodann bestimmte Markttypen, wobei er sich jedoch auf jene Kombinationen beschränkte, die er für realitiätsnah hielt.[186] Clarks Analyse, die zur wettbewerbspolitischen Leitvorstellung des funktionsfähigen Wettbewerbs geführt hat, erscheint somit als wesentlich differenzierter und aussagekräftiger, als die frühere, eher beschreibende Darstellung Schmollers.

---

186) Vgl. CLARK, John M., Zum Begriff eines funktionsfähigen Wettbewerbs, in: HERDZINA, Klaus (Hg.), Wettbewerbstheorie, Köln, 1975, S. 145ff., KANTZENBACH, Erhard, KALLFASS, Hermann H., Das Konzept des funktionsfähigen Wettbewerbs – workable competition – , in: COX, Helmut; JENS, Uwe; MARKERT, Kurt (Hg.), Handbuch des Wettbewerbs, München, 1981, S. 106ff.

b) Die im modernen Unternehmen neu entstehende Schicht mittlerer Angestellter

Die zweite eingangs gestellte Frage lautete, welche Rolle die neu entstehende Ebene der mittleren Angestellten zwischen Direktoren und Arbeiterschaft spielen kann. Schmoller stellt fest, daß die Zahl der mittleren Angestellten in den Großbetrieben, die er in Anlehnung an die staatliche Bürokratie als Beamte bezeichnet, rasch zunimmt. In Genossenschaften und Aktiengesellschaften nehmen sie seiner Beobachtung nach eine noch bedeutendere Rolle ein als in anderen privaten Großunternehmen. Die Sozialdemokratie würde sich auf jenen Angestelltenapparat berufen, wenn sie behauptete, daß die kapitalbesitzenden Eigentümer der Unternehmen entbehrlich seien. Die Angestellten werden laut Schmoller nicht nur durch das augenblickliche Gehalt motiviert. Vielmehr treten als Anreize die Aussicht auf steigende Einkommen und die Altersversorgung, aber auch das Interesse am Geschäft und anderes mehr hinzu.

Die Unterschiede zwischen der hier entstehenden Bürokratie im Großunternehmen und jener im Staatsapparat würden abnehmen. Um der Neigung entgegenzuwirken, sich für ein festes Gehalt weniger zu engagieren, aber auch um Unterschlagungen und Untreue zu verhindern, müsse ein Kontrollsystem aufgebaut werde. Auch könne es innerhalb der Hierarchie zu ineffektiven Strukturen und Verhaltensweisen kommen, wie sie zum Beispiel mit Intrigen oder der Unterstützung unfähiger Verwandter verbunden seien. In diesem Sinne sei die Einrichtung einer bürokratischen Unternehmensverwaltung mit erheblichen Kosten verbunden. In Bereichen oder Branchen, wo diese Kosten die Erträge übersteigen würden, die durch die geschäftlichen und technischen Vorteile der Großunternehmen entstehen, könne die Entwicklung zu ihnen dauerhaft blockiert sein.[187] Dieser Zusammenhang wirkt dem von Schmoller zuvor beschriebenen Konzentrationsprozeß entgegen. Vergleichbare Überlegungen stellt die neue Institutionenökonomik an, worauf nachfolgend noch einzugehen sein wird.[188]

187) Vgl. SCHMOLLER, Gustav, a.a.O., S. 436f.

188) Siehe Abschnitt B.IV.4. d)

c) Die Rechte der Arbeiter im Großbetrieb

Die letzte der zu Beginn des Kapitels gestellten Fragen zum Großunternehmen lautete, wie die Rechte der Arbeiter so geordnet werden können, daß die bestehenden Konflikte entschärft werden, und nicht die Existenz der Unternehmen und der Gesellschaft insgesamt bedrohen. Das ehemals patriarchalische Verhältnis zwischen Unternehmertum und Arbeiterschaft wurde nach Schmoller häufig durch ein rein geschäftliches Vertragsverhältnis abgelöst. Gleichzeitig hat sich der Bildungsstand und das Selbstbewußtsein der Arbeiterschaft erhöht. Trotzdem lehnt Schmoller die Auffassung ab, die nun entstehende Situation im Großbetrieb sei durch den freien Arbeitsvertrag und die privatrechtliche Gleichheit von Unternehmertum und Arbeiterschaft ausreichend zu charakterisieren.

Von großen Unternehmen sei das wirtschaftliche und moralische Wohl ganzer Regionen abhängig. Wie weiter oben bereits angedeutet, glaubt Schmoller, daß sich die Unternehmen zu halböffentlichen Institutionen wandeln und in Form von Aktiengesellschaften oder Genossenschaften, aber auch unter dem Einfluß der Arbeiterschutzgesetze einen „gemeindeartigen" Charakter gewinnen. Bescheidene Anfänge von Arbeitervertretungen in den Großbetrieben seien bereits entstanden. Arbeiterausschüsse und Ältestenkollegien würden mit den Unternehmern zum Beispiel über Arbeitsordnungen und Lohnformen verhandeln, aber auch soziale Gemeinschaftseinrichtungen verwalten.

Schmoller schlägt vor, die Idee einer friedlichen konstitutionellen Verfassung, wie sie in der Gemeinde und im Staat bereits angewendet werde, auf das Unternehmen zu übertragen.[189] Denkt man an das deutsche Betriebsverfassungsgesetz und die Mitbestimmungsgesetze, dann hat Schmoller hier künftige Entwicklungen richtig eingeschätzt.[190] Einschränkend muß vermerkt werden, daß

189) Vgl. SCHMOLLER, Gustav, a.a.O., S. 437ff.

190) Aus Sicht der Betriebswirtschaftslehre geht Dieter Schneider auf Parallelen zwischen Schmollers Lehre und der heutigen Mitbestimmung in Deutschland ein, vgl. SCHNEIDER, Dieter, Schmoller und die Lehre von der Unternehmensverfassung vor der Betriebswirtschaftslehre, in: BACKHAUS, Jürgen G.(Hg.), Gustav von Schmoller und die Probleme von heute, Berlin, 1993, S. 243ff.

sich ähnliche Tendenzen in anderen Industrieländern nur in abgeschwächter Form nachweisen lassen.

d) Schmollers Sicht des Unternehmens im Vergleich zur modernen Institutionenökonomik

Bereits bei Schmollers Beschreibung von Aktiengesellschaft und Genossenschaft konnten Parallelen zwischen seiner Sichtweise und jener der modernen Institutionenökonomik aufgezeigt werden. Es zeigten sich jedoch auch bemerkenswerte Unterschiede: Schmollers skeptische Haltung gegenüber Aktiengesellschaften in weitgestreutem Besitz wird von Alchian und Demsetz nicht mehr geteilt.[191] Es wurde deutlich, daß sich diese Differenz zumindest teilweise auf eine gründlichere Analyse der Aktiengesellschaft durch die heutige Institutionenökonomik zurückführen läßt, die über die frühere Beschreibung Schmollers hinausgeht. Allerdings muß auch berücksichtigt werden, daß sich die Institution der Publikumsgesellschaft seit dem 19. Jahrhundert weiterentwickelte, um der nach Schmoller für die unzureichend informierten Aktionäre bestehenden Gefahr besser begegnen zu können, durch das Management „ausgebeutet" zu werden. Weniger Widersprüche ergaben sich bezüglich der Genossenschaft, wo Schmollers Beschreibung durch theoretische Überlegungen der neuen Institutionenökonomik im wesentlichen bestätigt und ergänzt werden konnte.

Wie oben beschrieben, stieß Schmoller bei seiner Beschäftigung mit der neu entstehenden Schicht mittlerer Angestellter, die innerhalb der Bürokratie der im 19. Jahrhundert entstehenden Großunternehmen wirken, auf eine „Wachstumsgrenze" dieser Unternehmen: Um Ineffizienzen in der Bürokratie zu vermeiden, sei der Aufbau eines Kontrollsystems nötig. Dort, wo die Kosten dieses Systems die mit den Größenvorteilen verbundenen Erträge überstiegen, könnten sich Großunternehmen nicht mehr weiter ausdehnen. Spiegelbildlich geht Ronald Coase davon aus, daß mit zunehmender Unternehmensgröße die zusätzlichen Erträge aus der Koordinationsfunktion sinken, die der Unternehmer im Vergleich zur Steuerung durch den Markt wahrnimmt. Es müsse schließlich der Punkt erreicht werden, wo die Organisation einer weiteren Transaktion *im*

191) Vgl. DEMSETZ, Harold; ALCHIAN, Armen A., a.a.O., S. 788.

Unternehmen gleich hohe Kosten verursacht wie deren Koordination durch den Markt oder deren Durchführung in einem anderen Unternehmen. Damit wäre die Größe eines Unternehmens determiniert.[192] Ähnlich sagen Alchian und Demsetz daß im Unternehmen (in ihrer Terminologie „im Team") produziert wird, wenn die damit möglichen Produktivitätsgewinne die Kosten für die Führung und Beaufsichtigung des Teams übersteigen. Andernfalls werde eine Vielzahl bilateraler Austauschbeziehungen zwischen Individuen bevorzugt, die über Märkte koordiniert werden.[193] Es kann zusammenfassend festgehalten werden, daß Schmollers Darstellung der Unternehmensformen zu einem guten Teil mit den Erkenntnissen der modernen Institutionenökonomik vereinbar ist. Allerdings ist bereits an dieser Stelle auf den Unterschied zwischen der eher beschreibenden Sichtweise Schmollers und der theoretischeren Analyse der heutigen Institutionenökonomik hinzuweisen. Im Kapitel E, das sich mit Schmollers Beitrag zur Weiterentwicklung der Wissenschaften beschäftigen wird, soll der Vergleich zwischen Schmollers Lehre und der heutigen Institutionenökonomik vertieft werden.

V. Von der Wissenschaft zur Politik

Nach der kurzen Darstellung seines wissenschaftlichen Denkens ist zusammenfassend zu fragen, welche besonderen Elemente in Schmollers Werk sein politisches Engagement begründen und erklären können.

Zu Beginn dieses Kapitels wurde festgestellt, daß der stetige Wandel, dem Staat, Wirtschaft und Gesellschaft insgesamt unterliegen, im Mittelpunkt des Erkenntnisinteresses der historischen Schule stand. Dabei analysierte sie auch, wie sich die Gesellschaft in Stände und Klassen differenziert hat, und in welcher Form nicht nur individuelle, sondern auch Gruppeninteressen den Wirt-

---

192) Vgl. COASE, Ronald H., The Nature of the Firm, in: Economica, Vol. IV, 1937, S. 386 –405, wieder abgedruckt in: STIGLER, George J., BOULDING, Kenneth E. (Hg.), Readings in Price Theory, 2. Aufl., London, 1956, S. 339ff. Dort beschreibt Coase auch weitere Bedingungen, die mit dieser Behauptung verbunden sind.

193) Vgl. Vgl. DEMSETZ, Harold; ALCHIAN, Armen A., a.a.O., S. 785f.

schaftsprozeß bestimmen. Dieser Sichtweise folgend, räumte die historische Schule dem Staat eine hervorgehobene Stellung ein. Ihm wurde die Aufgabe zugeschrieben, die Verteilungskämpfe unter Ständen und Klassen in geordnete Bahnen zu lenken; insbesondere sollte er für einen sozialen Ausgleich zwischen den Klassen sorgen und dabei vor allem die Schwachen schützen. Wenn die von Schmoller und den anderen Vertretern der historischen Schule untersuchte historische Entwicklung es aus ihrer Sicht erforderte, daß der Staat in veränderter Form in den Wirtschaftsprozeß eingreift, lag es nahe, daß sie sich aktiv an wirtschaftspolitischen Debatten beteiligten.

Auch aus der ausführlich diskutierten Einordnung Schmollers in den deutschen Idealismus des 19. Jahrhunderts ergeben sich Verbindungen zu seinem politischen Wirken. Im besonderen wurde auf seine Nähe zum metaphysischen Idealismus hingewiesen, der die Bedeutung der Ideen für die gesellschaftliche Entwicklung betont. Aus Sicht des metaphysischen Idealismus wird die Geschichte durch eine Abfolge unterschiedlicher künstlerischer, religiöser und auch philosophischer Konzeptionen oder Ideologien bestimmt. In Anlehnung daran lag für Schmoller der Fortschritt im steten Wechsel unterschiedlicher Theorien begründet. Durch seine Einmischung in die zeitgenössischen politischen Auseinandersetzungen konnte sich Schmoller an diesem Prozeß beteiligen und versuchen, zum fortschrittstiftenden Wechsel unter den Theorien beizutragen. Daß er dabei die öffentliche Diskussion dem geschlossenen Gespräch nur unter Fachkollegen vorzog, entsprach darüber hinaus dem von ihm ausdrücklich proklamierten Wissenschaftsziel, alle Menschen gleichmäßig zu überzeugen.

Die idealistischen Elemente in Schmollers Denken wie auch sein Interesse am institutionellen Wandel können zum Entschluß beigetragen haben, sich politisch zu betätigen; sie prägten jedenfalls die Richtung seiner politischen Einflußnahme. Doch auch umgekehrt kann festgestellt werden, daß sein politisches Interesse das wissenschaftliche Werk beeinflusste. Webers Forderung, politische und wissenschaftliche Aussagen zu trennen, wird von Schmollers Schriften keinesfalls eingelöst. Wie eng politische Interessen und wissenschaftliche Arbeit bei Schmoller verknüpft sind, dafür kann die angesprochene pauschale Zuordnung von Marxismus wie Neoklassik zu den „sensualistisch-materialistischen" Systemen als Beispiel dienen.[194] Beide von Schmoller abgelehnten volkswirtschaftliche Schulen konnte es so unter dem gemeinsamen Begriff des Materialismus subsumieren, dem er ebenso fern stand. Auch Schmoller bezog jedoch ansonsten die engen Bindungen zwischen Neoklassik und Liberalismus, der bekanntermaßen weit über materielle Erwägungen hinaus freiheitlichen Idealen folgte, in seine Überlegungen mit ein. Der Verdacht, daß an dieser Stelle eine differenziertere wissenschaftliche Analyse durch ein vereinfachendes, politisch motiviertes Freund-Feind-Schema verdrängt wurde, kann nicht gänzlich ausgeräumt werden.

Schmoller wurde im Sinne des praktischen Idealismus uneigennützig tätig, als er mit dem Verein für Socialpolitik dafür eintrat, die vorhandenen Institutionen so umzubauen, daß sie bestimmten Gerechtigkeitsvorstellungen besser entsprachen. Insbesondere in Schmollers ausführlicher Beschäftigung mit seiner „Lieblingsvorstellung" Gerechtigkeit[195] lag eine der Wurzeln der späteren „Werturteilsdebatte", die jedoch seine politischen Aktivitäten zunächst nicht berührte. Im vorangegangenen sollte des weiteren am Beispiel der Unternehmensformen gezeigt werden, in welcher Weise sich Schmoller mit den Institutionen seiner Zeit befasste. Im Streit um gesellschaftliche Institutionen war der von Schmoller maßgeblich mitgeprägte Verein für Sozialpolitik gleichzeitig Bühne und Partei. Der Verein wurde dadurch bedeutend, daß im neu entstandenen deutschen Kaiserreich viele Institutionen kritisch zu prüfen oder neu zu schaffen waren. Der historische Hintergrund der Vereinsgründung wird Gegenstand des nächsten Kapitels sein.

194) Siehe Abschnitt B.II.3.

195) Vgl. BRINKMANN, Carl, Gustav Schmoller, in: Handwörterbuch der Sozialwissenschaften (HdSW), Bd. 9, 1956, S. 135.

C. Schmollers Wirkungsfeld: Deutschland vor und nach der Reichsgründung 1871

Im vorigen Kapitel haben wir festgestellt, daß Schmollers wissenschaftliches Werk zur Erklärung seines politischen Engagements beitragen kann. Nun soll näher darauf eingegangen werden, in welcher Zeit Schmoller aktiv wurde. Epochen, in denen viel neu zu gestalten ist, fordern das politische Engagement heraus und nehmen es interessiert auf. Andererseits wird es auch historische Phasen geben, in denen die Institutionen eines Landes kaum reformbedürftig erscheinen, und sich die Bürger weniger intensiv am politischen Prozeß beteiligen. Dies begründet, warum politische Aktivitäten und deren öffentliche Beachtung im Zeitablauf *quantitativ* schwanken. Daneben bestimmen die besonderen Probleme jeder Epoche selbstverständlich auch die Inhalte der politischen Debatte. Somit prägt die Zeit die politischen Aktivitäten auch *qualitativ*. Schließlich können einzelne Geschichtsphasen auch durch einen bestimmten *Stil* der politischen Auseinandersetzung besonders gekennzeichnet sein.

I. Zur zeitlichen Einordnung Schmollers politischen Wirkens

Um Schmollers Wirken richtig einordnen zu können, ist es somit notwendig, sich mit Deutschland in der zweiten Hälfte des 19. Jahrhunderts, seinen Problemen und Chancen, näher zu beschäftigen. Schmoller (1838 - 1917)[196] promovierte 1860 in Tübingen.[197] Zwei Jahre später äußerte er sich als württembergi-

196) Gustav Schmoller wurde am 24. Juni 1838 in Heilbronn geboren und starb am 27. Juni 1917 in Bad Harzburg. Seit 1908 führte er den Adelstitel Gustav von Schmoller.

Ausführlicheres zur familiären Herkunft Schmollers kann man bei BRINKMANN, Carl, Gustav Schmoller und die Volkswirtschaftslehre, Stuttgart, 1937, S. 12ff. nachlesen.

197) Das Thema der Dissertation lautet „Die nationalökonomischen Ansichten in Deutschland während der Reformation", vgl. BRINKMANN, Carl, Gustav Schmoller, in: Handwörterbuch der Sozialwissenschaften (HdSW), Bd. 9, 1956, S. 135.

scher Finanzreferendar in Heilbronn zur Zollpolitik. Er veröffentlichte - allerdings anonym - eine Broschüre in einem liberalen Frankfurter Verlag, deren Titel „Der französische Handelsvertrag und seine Gegner – Ein Wort der Verständigung von einem Süddeutschen" lautete. Darin lehnte er die Schutzzollpolitik Württembergs ab und begrüßte das preußisch-französische Handelsabkommen, das unter anderem vom freihändlerischen preußischen Regierungsbeamten Rudolf Delbrück ausgehandelt worden war.[198]

Dieser von der preußischen Regierung 1862 nach Zustimmung des Parlaments abgeschlossene Vertrag bezog sich wegen des schon bestehenden Abkommens zwischen Frankreich und Großbritannien mittelbar auch auf Großbritannien. Delbrücks Politik war es, Preußen eine wirtschaftliche Vormachtstellung im Deutschen Bund zu verschaffen. So schloß Preußen den Vertrag mit Frankreich eigenmächtig ab. Erst nachträglich forderte es die übrigen Mitglieder des Deutschen Zollvereins auf, sich anzuschließen.[199] Dem 1834 unter preußischer Führung gegründeten Zollverein waren bis dahin bereits viele mittel- und süddeutsche Staaten beigetreten. Fürst von Metternich sah in ihm ganz zutreffend einen Hebel, den Preußen nutzte, um seine Vormachtstellung auszubauen. Damit gefährdete der Zollverein das von Metternich auf dem Wiener Kongreß 1815 etablierte System des Gleichgewichts der Mächte.[200] Zollfragen hatten somit auch und gerade im 19. Jahrhundert eine gewisse außenpolitische Bedeutung.

In Württemberg überwog zu jener Zeit eine partikularistische Stimmung; die aufstrebende heimische Industrie sollte durch Zölle geschützt bleiben. Außerdem mußte man in der nach Westen orientierten preußischen Handelspolitik, die Österreich dauerhaft vom Zollverein ausschloß, einen weiteren Schritt hin zu jener „kleindeutschen" Lösung sehen, die Württemberg damals ablehnte.

---

198) Vgl. BRINKMANN, Carl, Gustav Schmoller und die Volkswirtschaftslehre, Stuttgart, 1937, S. 44ff.

199) Vgl. ZORN, Wolfgang, Wirtschafts- und sozialgeschichtliche Zusammenhänge der deutschen Reichsgründungszeit (1850 - 1879), in: WEHLER, Hans-Ulrich (Hg.), Moderne deutsche Sozialgeschichte, Köln, Berlin, 1966, S. 256ff.

200) Vgl. SCHULZE, Hagen, Die Geburt der deutschen Nation, in: BOOCKMANN, Hartmut; SCHILLING, Heinz; SCHULZE, Hagen; STÜRMER, Michael (Hg.), Mitten in Europa – Deutsche Geschichte, Gütersloh, 1984, S. 256f.

Sowohl die wirtschaftlichen als auch die politischen Interessen Württembergs schienen also zunächst gegen die Zollpolitik Preußens zu sprechen.[201] Im Deutschen Handelstag, eine seit 1861 bestehende gesamtdeutsche Interessenvertretung von Handel und Gewerbe, stimmten folgerichtig alle Württemberger Vertreter gegen den Vertrag.[202] So wird verständlich, warum Schmoller als württembergischer Beamter seine Schrift anonym veröffentlicht hat.

Nachdem rasch bekannt geworden war, daß Schmoller hinter dem anonymen Plädoyer zugunsten der preußischen Zollpolitik steckte, mußte man einerseits um seine Zukunft im württembergischen Staatsdienst fürchten, wie dies zum Beispiel sein Vater tat.[203] Andererseits nahm seine Karriere in Preußen wohl genau hier ihren Anfang: Carl Brinkmann jedenfalls bringt Schmollers baldige Berufung an die preußische Universität in Halle, wo er von 1864 an lehrte, mit seiner zollpolitischen Haltung in Zusammenhang.[204]

In der nachfolgenden Graphik sind einige Lebensdaten Schmollers gemeinsam mit wichtigen Geschehnissen im Verein für Socialpolitik dargestellt:

201) Vgl. BRINKMANN, Carl, a.a.O., S. 44f.

202) Vgl. ZORN, Wolfgang, a.a.O., S. 258f.

203) Vgl. BRINKMANN, Carl, a.a.O., S. 44.

204) Vgl. BRINKMANN, Carl, Gustav Schmoller, in: Handwörterbuch der Sozialwissenschaften (HdSW), Bd. 9, 1956, S. 135.

24.6.1838 Geburt in Heilbronn	
1860 Promotion in Tübingen	
1862 Württembergischer Finanzreferendar in Heilbronn, Anonyme Schrift zur Zollpolitik	
1864 – 1872 Professor in Halle	**13.6.1872** Erste vorbereitende Besprechung zur Vereinsgründung in Halle
1872 – 1882 Professor in Straßburg, ab **1882** Professor in Berlin	**6./7.10.1872** Erste öffentliche Tagung in Eisenach
	12./13.10.1873 Zweite öffentliche Tagung in Eisenach, offizielle Vereinsgründung
	21./22.4.1879 Frankfurter Tagung zur Zollpolitik

Ausgewählte Daten aus Schmollers Lebenslauf und der Geschichte des Vereins für Socialpolitik

Obwohl Schmollers wirtschafts- und sozialpolitisches Engagement erst später, im 1873 gegründeten Verein für Socialpolitik, einen nicht mehr zu übersehenden Teil seines Wirkens einnimmt, soll, um den zeitgeschichtlichen Zusammenhang herzustellen, trotzdem mit der Schilderung der Jahrzehnte vor der Reichsgründung 1871 begonnen werden. Sein Einfluß im Verein für Socialpolitik wird danach im Kapitel D dargestellt werden.

II. Vor der Reichsgründung

Die deutschen Regierungen verfolgten in den 50er Jahren eine Politik der Reaktion: Überall sollte der konservative und bürokratische Obrigkeitsstaat wieder etabliert werden. Um dies zu erreichen, wollten die Regierungen liberale und verwandte politische Tendenzen zurückdrängen, die zur Revolution 1848 beigetragen hatten. Der Deutsche Bund gab vor, wie die Reaktion abzulaufen hatte: Das „monarchische Prinzip" sollte nach den Änderungen der Revolutionsjahre wieder gelten, und zwar zum Beispiel beim Budgetrecht, beim Wahlverfahren und bei der Pressefreiheit. Ein eigens eingerichteter Ausschuß des Bundes, der „Reaktionsausschuß" hatte dies zu überwachen, und konnte durch Mahnungen, Weisungen oder die Entsendung von Kommissaren in die Politik der einzelnen Länder eingreifen. Darüber hinaus erließ der Bund 1854 ein Presse- und Vereinsgesetz, das für das gesamte Gebiet galt. Obwohl die meisten Staaten die Verfassungsänderungen von 1848 zurücknahmen, war das Ausmaß der Reaktion doch unterschiedlich. In Württemberg hatte die Regierung zwar noch 1850 einen Verfassungsentwurf mit liberalen Zugeständnissen vorgelegt. Als aber der Entwurf von der Kammer abgelehnt wurde, hielt sich die Regierung wieder an die Verfassung von 1819 und ging „...über Staatsstreich und Neuwahlen zur Reaktion über."[205]

Nach seinem Ruf an die Universität Halle im Jahre 1864 wirkte Schmoller in Preußen. Aus diesem Grund, aber auch weil Preußen in jenen Jahren einen prägenden Einfluß auf die übrigen, wesentlich kleineren deutschen Staaten ausübte,[206] soll näher auf die Verhältnisse dort eingegangen werden. Um der Bedeutung Preußens gerecht zu werden, muß man sich sein späteres Hinwirken auf die Reichsgründung und seine Rolle im Kaiserreich selbst vergegenwärtigen.

---

205) NIPPERDEY, Thomas, Deutsche Geschichte 1800 - 1866 - Bürgerwelt und starker Staat, München, 1983, S. 675.

206) Allenfalls Österreich mag eine Preußen vergleichbare Stellung eingenommen haben.

1. Preußen während der Reaktionsjahre

a) Das staatliche Machtgefüge

aa) Die Regierungszeit Friedrich-Wilhelm IV. bis 1858

In Preußen wurde im Mai 1849 das Drei-Klassen-Wahlrecht eingeführt: Die Wähler wurden nach der Höhe ihrer Steuerzahlungen in drei Gruppen sortiert. Bei den ersten Wahlen gehörten 4,7 % der Wähler der ersten Klasse, 12,6 % der zweiten und 82,7 % der dritten Klasse an. Jede Klasse bestimmte ein Drittel der Wahlmänner, die dann das Parlament bestimmten. Obschon *allgemein*, war dieses Wahlrecht also keineswegs *gleich*.[207]

Golo Mann glaubt, daß das Drei-Klassen-Wahlrecht, noch mehr aber die allgemeine politische Entmutigung, für den reaktionären und unterwürfigen Charakter des preußischen Parlaments, jener Zeit verantwortlich war.[208] Neben dem durch dieses Wahlrecht bestimmte *Abgeordnetenhaus* gab es in Preußen eine erste Kammer, die 1854 von König Friedrich Wilhelm IV. in das *Herrenhaus* verwandelt wurde: Es bestand ganz überwiegend aus erblichen Mitgliedern und aus auf Lebenszeit vom König ernannten Adligen (Pairsschub), insbesondere aus Repräsentanten des adligen Grundbesitzes. Ganz entgegen dem ursprünglichen Wunsch des Königs, der das Herrenhaus nach dem Vorbild des englischen Oberhauses ausschließlich mit Mitgliedern des hohen Adels füllen wollte, konnte sich hier ein Teil des junkerlichen niederen Adels, also der Rittergutsbesitzer, eine bedeutende Vertretung schaffen. Er bildete das stärkste Element des Hauses. Bürgerliche Rittergutsbesitzer waren hingegen ausgeschlossen. Der schwache bürgerliche Teil des Hauses wurde von den Abgesandten der Magistrate größerer Städte gebildet. Außerdem durften die preußischen Universitäten je einen Professor entsenden. Schmoller war später, näm-

207) Zum preußischen Abgeordneten- und Herrenhaus im weiteren: NIPPERDEY, Thomas, Deutsche Geschichte 1800 - 1866 - Bürgerwelt und starker Staat, München, 1983, S. 674ff.

208) Vgl. MANN, Golo, Deutsche Geschichte des 19. und 20. Jahrhunderts, Frankfurt, 1992, S. 260.

lich ab 1899 Vertreter der Berliner Universität im Preußischen Herrenhaus.[209] Heinrich Heffter bezeichnet als reaktionärstes Moment der Schöpfung des Königs „...die krasse Einseitigkeit dieser Adelsvertretung"[210].

Zwischen Krone, Herren- und Abgeordnetenhaus sollte die Macht geteilt sein. Tatsächlich konnten die Junker, also die alteingesessenen Rittergutsbesitzer den größten Einfluß ausüben. Sie wußten, daß die Industrialisierung gegen sie arbeitete. Das, was ihnen an wirtschaftlicher Macht fehlte, versuchten sie durch politische Einflußnahme jeder Art zu ersetzen. Große Teile Deutschlands und sogar Preußens, wie zum Beispiel das Rheinland, waren ihnen fremd. Golo Mann beschreibt die Junkerklasse als egoistisch, als „...eine regional beschränkte Klasse ohne Weitblick, die doch, um nur sich selber zu erhalten, das Ganze beherrschen möchte."[211] Den hohen deutschen Adel schätzt Golo Mann anders ein. Der Besitz der hohen Adligen sei in ganz Deutschland verteilt gewesen, so daß sie je nachdem die Staatsangehörigkeit dieses oder jenes deutschen Landes annehmen konnten. Ihre Stellung habe deshalb *gesamtdeutschen* Charakter gehabt. Im Bürgertum galt dies in ähnlicher Form für die Professoren, die wie ja auch Schmoller von Universität zu Universität wechselten.

Die Konservativen besaßen im Abgeordnetenhaus eine überwältigende Mehrheit. Daneben waren dort noch gemäßigte Liberale und eine besondere katholische Fraktion[212] vertreten. Die Verteilung der Parlamenstsmandate sagt aber wenig über die wahren Machtverhältnisse im Lande aus. Der Machtkampf wurde statt zwischen den Parteien eher zwischen den Cliquen ausgefochten, auf die der König hörte. Neben dem Junkertum konnte hier auch die Bürokratie Einfluß nehmen. Erzreaktionäre standen halbwegs Liberale gegenüber, nur-

---

209) Bereits seit 1884 war er Mitglied im Preußischen Staatsrat, 1908 wurde er in den erblichen Adelsstand erhoben. Vgl. PRIDDAT, Birger P., Die andere Ökonomie - Eine neue Einschätzung von Gustav Schmollers Versuch einer „ethisch-historischen" Nationalökonomie im 19. Jahrhundert, Marburg, 1995, S. 28.

210) HEFFTER, Heinrich, Der nachmärzliche Liberalismus: die Reaktion der fünfziger Jahre, in: WEHLER, Hans-Ulrich (Hg.), Moderne deutsche Sozialgeschichte, Köln, Berlin, 1966, S. 188f.

211) MANN, Golo, Deutsche Geschichte des 19. und 20. Jahrhunderts, Frankfurt, 1992, S. 262.

212) Das spätere "Zentrum".

preußisch Orientierte mussten sich mit preußisch-deutsch Gesinnten auseinandersetzen.[213] Zwar hatte Preußen im Gegensatz zu Österreich noch eine Verfassung,[214] doch übte die Führungsschicht nach Meinung Heinrich Heffters ihre Macht in „bewußt verfassungswidrigem Geist" aus. Insbesondere die Bürokratie trage die Verantwortung dafür, daß im Rahmen eines Scheinkonstitutionalismus in Wahrheit die alte absolutistische Tradition der Hohenzollern fortgeführt worden sei.[215]

Die Monarchie besitzt wieder die Staatsgewalt. Der König herrscht über Exekutive, Militär und auswärtige Politik. Auch der preußische Polizeistaat und insbesondere das neugeschaffene Disziplinarrecht, dem die Beamten unterworfen sind, werden effizient gegen die Opposition eingesetzt. Der König kann die Kammern nicht nur berufen, sondern auch deren Zusammensetzung beeinflussen. Verschiedene Privilegien des Adels bleiben bestehen und kommen im Herrenhaus sogar zu neuem Ausdruck. Andererseits gibt es eine Verfassung, gibt es Grundrechte und Gewaltenteilung sowie eine Volksvertretung, die allerdings durch das Drei-Klassen-Wahlrecht gebildet wird.[216]

bb) Kommunalverfassung und Gebietsstruktur

Kennzeichnend für die preußische Politik der fünfziger Jahre ist die *kommunalpolitische Reaktion*: Die konservative Parlamentsmehrheit beschloß 1851, die mo-

---

213) Vgl. MANN, Golo, a.a.O., S. 262f.

214) Nach heftigen Auseinandersetzungen im Abgeordnetenhaus blieb auch in der revidierten Verfassung Preußens von 1850 die *Wissenschaftsfreiheit* garantiert. Nach Siemann war die Norm damit zwar „auf dem Papier" gesichert, es habe jedoch noch zehn Jahre gedauert, bis sie sich in der Realität behaupten konnte. Vgl. SIEMANN, Wolfram, Gesellschaft im Aufbruch, Deutschland 1849 - 1871, Frankfurt, 1990, S. 153.

215) Vgl. HEFFTER, Heinrich, Der nachmärzliche Liberalismus: die Reaktion der fünziger Jahre, in: WEHLER, Hans-Ulrich (Hg.), Moderne deutsche Sozialgeschichte, Köln, Berlin, 1966, S. 190.

Im Gegensatz zu HEFFTER spricht NIPPERDEY lediglich davon, der preußische Konstitutionalismus sei „(...) manchmal bis an den Rand eines Scheinkostititutionalismus deformiert (worden)", NIPPERDEY, Thomas, Deutsche Geschichte 1800 - 1866 - Bürgerwelt und starker Staat, München, 1983, S. 681.

216) Vgl. NIPPERDEY, Thomas, a.a.O., S. 681.

dernen Selbstverwaltungsgesetze umfassend zu revidieren, die erst im Jahr zuvor eingeführt worden waren. Der neue ebenfalls konservative preußische Innenminister Westphalen nahm diesen Beschluß als Startschuß der kommunalpolitischen Reaktion, die er bereitwillig zu seiner Sache machte.[217] Noch 1851 wurden entgegen den gültigen Gesetzen die vormärzlichen Kreis- und Provinzialstände wieder einberufen. In den beiden darauffolgenden Jahren wurde die Durchführung der liberalen Selbstverwaltungsgesetze zunächst ausgesetzt und schließlich samt deren Verankerung in der Verfassung förmlich aufgehoben.

Bemerkenswert ist, daß die kommunalpolitische Reaktion für die verschiedenen Landesteile Preußens unterschiedliche Regelungen schuf: Eine Städteordnung für die östlichen Provinzen,[218] später je eine Städte- und eine Landgemeindeordnung für das Rheinland und Westfalen. Für die ländlichen Gemeinden im Osten blieb lediglich eine Restauration der vormärzlichen Verhältnisse übrig. Hier bestand nun also die „gutsherrliche Ortsobrigkeit" fort: Die Rittergutsbesitzer übten die ländliche Polizeigewalt aus und ernannten die dörflichen Schulzen und Schöffen. Noch 1850 war zwar beschlossen worden, die Grundsteuerfreiheit der Rittergutsbesitzer aufzuheben, faktisch blieb sie aber bestehen. Lediglich das feudale Vorrecht der Patrimonialgerichtsbarkeit blieb abgeschafft. So entstand eine Art von Arbeitsteilung zwischen der feudalen Restauration auf dem Lande und der bürokratischen Reaktion in den Städten, die dort die obrigkeitsstaatliche Aufsicht zu Lasten der Selbstverwaltung stärkte. Der Landadel sah in den Städten den Ausgangspunkt der Revolution. So bestritt Bismarck 1852, daß in den großen Städten „das wahre preußische

---

217) Zur preußischen Kommunalverfassung im weiteren vgl. HEFFTER, Heinrich, Der nachmärzliche Liberalismus: die Reaktion der fünfziger Jahre, in: WEHLER, Hans-Ulrich (Hg.), Moderne deutsche Sozialgeschichte, Köln, Berlin, 1966, S. 181ff.

218) Nach einem Gesetz von 1853 wurden die neuvorpommerschen Städte aus der Städteordnung für die östlichen Provinzen ausgesondert. Mit jeder Stadt Neuvorpommerns wurden eigene Rezesse vereinbart (Rezeß: Vergleich, schriftlich niedergelegtes Verhandlungsergebnis). Es herrschte die überkommene Bürgergemeinde des Hausbesitzes und Gewerbebetriebs. Dieses altdeutsche Verfassungsrecht hat sich hier und in Mecklenburg bis 1918 gehalten.

HEFFTER führt diese individuelle Regelung darauf zurück, daß die konservativen Kreise um König Friedrich Wilhelm IV. hier "... an einer schmalen Stelle des preußischen Städtewesens noch den vollen Schimmer historischer Romantik leuchten (sahen)", HEFFTER, Heinrich, a.a.O., S. 184.

Volks" zu finden sei, „...letzteres wird vielmehr, wenn die großen Städte sich wieder einmal erheben sollten, sie zum Gehorsam zu bringen wissen, und sollte es sie vom Erdboden tilgen."[219] Bereits während der Märzrevolution 1848 hatte der Gutsbesitzer Bismarck den Plan, „seine" Bauern, an die er Waffen ausgegeben hatte, gegen die Hauptstadt in Marsch zu setzen. Dieses Vorhaben hat er allerdings nicht ausgeführt.[220]

Neben dem Gegensatz zwischen *Stadt und Land* drückt sich in den regional voneinander abweichenden kommunalen Ordnungen auch die Differenz zwischen *Westen und Osten* aus. Thadden stellt die *westlisch-städtisch* geprägten Rheinlande den *östlich-ländlich* strukturierten ostelbischen Provinzen gegenüber. Dieser Gegensatz akzentuiert den Konflikt, der in jedem sich industrialisierenden Land zwischen Gebieten, die den industriellen und politischen Fortschritt tragen, und solchen, die in agrarischen Traditionen verharren, ausgetragen wird, für Preußen auf ganz besondere Weise.[221]

Die zusammenwirkende liberale und katholische Opposition hatte versucht, wenigstens im Rheinland und in Westfalen den Kommunen einen größeren Spielraum zu erhalten. Auch die Gleichstellung von Stadt und Land sollte verteidigt werden. Wie bereits geschildert, ist dies nicht gänzlich gelungen: Obgleich der Typ der Gemeindeverfassung im Westen flächendeckend erhalten blieb, wurde auch hier ein nach Stadt und Land unterscheidendes Kommunalrecht eingeführt.

„Gerade im Gegensatz zur strengen gesamtstaatlichen Gleichmäßigkeit der liberalen Reformgesetze gehörte es ja zum politischen System der Reaktion, gewisse provinziale Unterschiede zu berücksichtigen, sogar zu betonen; sie wollte nicht etwa die Westprovinzen, die in der Tat so stark ihrer wirtschaftlich-

219) BISMARCK, Otto Fürst von, Die gesammelten Werke, X, 1928, S. 132.

220) Vgl. CRAIG, Gordon A., Das Ende Preußens – Acht Porträts, München, 1989, S. 50.

221) Vgl. THADDEN, Rudolf von, Fragen an Preußen – Zur Geschichte eines aufgehobenen Staates, München, 1981, S. 37.

sozialen Struktur und ihrer geschichtlichen Tradition nach vom ostelbischen Preußen abwichen, völlig den altpreußischen Einrichtungen unterwerfen."[222]

Dabei ist zu berücksichtigen, daß Preußen trotz zahlreicher Gebietsgewinne nach wie vor nicht über ein geschlossenes Territorium verfügte. Die schwierige geographische Situation des Landes, insbesondere die räumliche Trennung einzelner Landesteile, mußte die Politik der preußischen Könige beeinflussen. Bis hin zu Friedrich-Wilhelm IV. hatten sie sich gegen ein gesamtstaatliches Parlament ausgesprochen, weil – wie sie argumentierten – eine repräsentative Volksvertretung die heterogenen Landesteile in Zerreißproben führen könnte. Liberale dachten aber genau umgekehrt: Die mangelnde territoriale Geschlossenheit Preußens erfordere es geradezu, das Land durch eine gemeinsame Volksvertretung zu integrieren. Darüber hinaus kann die Annexionspolitik Preußens mit seinem heterogenen Territorium begründet werden. Auch das Bemühen der preußischen Politik um die deutsche Einheit wird durch seine geographische Gestalt verständlicher.[223]

b) Die wirtschaftliche Entwicklung

aa) Die Industrialisierung des Westens

Der Gegensatz zwischen Osten und Westen, der im Streit um die unterschiedlichen Kommunalverfassungen und in den schließlich zustande gekommenen Verfassungen selbst seinen Ausdruck fand, kann sicherlich zum Teil auf divergierende politische Traditionen zurückgeführt werden. Doch spielte auch die unterschiedliche Wirtschaftsstruktur der einzelnen Landesteile eine Rolle. Der wirtschaftliche Gegensatz wurde sogar durch auseinander strebende Entwick-

---

222) HEFFTER, Heinrich, Der nachmärzliche Liberalismus: die Reaktion der fünziger Jahre, in: WEHLER, Hans-Ulrich (Hg.), Moderne deutsche Sozialgeschichte, Köln, Berlin, 1966, S. 185f.

223) Vgl. THADDEN, Rudolf von, Fragen an Preußen – Zur Geschichte eines aufgehobenen Staates, München, 1981, S. 32f. Im Vergleich dazu mag das geringere Interesse Bayerns am deutschen Nationalstaat auch mit seiner recht geschlossenen Landesgestalt zusammenhängen.

lungen weiter verschärft. Die Provinzen Rheinland und Westfalen erlebten nach der Jahrhundertmitte eine stürmische Phase der Industrialisierung. Über die genaue Datierung der industriellen Revolution wird in der Literatur seit geraumer Zeit diskutiert. Man ist sich jedoch weitgehend darüber einig, daß Deutschland nach einer längeren Anlaufphase spätestens um die Jahrhundertmitte in das Industriezeitalter eintrat.[224]

Eine wichtige Voraussetzung für die Entwicklung des Handwerks und der Industrie war die Gewerbefreiheit, die zuerst 1798 von den Franzosen auf linksrheinischem Gebiet verkündet worden war. Preußen hatte sie 1806 übernommen. Gesellen, denen die Zunftordnung vorher die selbständige Ausübung ihres Gewerbes verwehrte, konnten nun Meister werden. Dies führte schließlich auch in Preußen zur Überfüllung des Handwerks. Viele Handwerker, insbesondere aber deren Hilfskräfte, verdienten so wenig, daß sie ihre Existenz nur durch Abwanderung in die Industrie sichern konnten. Häufig schickten sie

---

224) Vgl. SIEMANN, Wolfram, Gesellschaft im Aufbruch – Deutschland 1849 - 1871, Frankfurt, 1990, S. 97, FISCHER, Wolfram, Deutschland 1850 – 1914, in: Handbuch der Europäischen Wirtschafts- und Sozialgeschichte, Bd. 5, Stuttgart, 1985, S. 360f, BORCHARDT, Knut, Die Industrielle Revolution in Deutschland 1750 – 1914, in: CIPOLLA, Carlo M.; BORCHARDT, Knut, Europäische Wirtschaftsgeschichte, Bd. 4: Die Entwicklung der industriellen Gesellschaften, Stuttgart, New York, 1985, S. 135f.

Michael Stürmer datiert die Industrialisierung insgesamt etwas anders: Ins „industrielle Massenzeitalter" sei Deutschland erst zwischen 1885 und 1895 eingetreten, nachdem der „erste Siegeszug der Industriellen Revolution" bereits einige Jahrzehnte vergangen war. Erst jetzt habe nämlich die Industrie die Landwirtschaft nach den statistischen Größen Beschäftigtenzahl, Investitionen und Produktionswert überholt. Vgl. STÜRMER, Michael, Das ruhelose Reich, Deutschland 1866 - 1918, Berlin, 1983, S. 68.

Horst Kern sieht den Beginn der industriellen Revolution in den fünziger Jahren. Der Umbruch zur „kapitalistischen Industriegesellschaft" habe sich jedoch erst im letzten Viertel des 19. Jahrhundert ereignet. Vgl. KERN, Horst, Empirische Sozialforschung: Ursprünge, Ansätze, Entwicklungslinien, München, 1982, S. 83f.

Knut Borchardt diskutiert darüber, warum der Ausdruck „Industrielle Revolution" speziell innerhalb der deutschen Geschichtsschreibung eher selten zur Charakterisierung einer Epoche benutzt wird: Unter anderem sei die Industrialisierung in Deutschland der in anderen europäischen Staaten gefolgt, auch seien ständische Gesellschaftsstrukturen hier allmählicher verschwunden als anderswo. Historiker folgen wohl auch der politischen Entwicklung, wenn sie das 19. Jahrhundert in Deutschland nicht mit dem Begriff der „Revolution" in Verbindung bringen. Borchardt selbst benutzt diesen Begriff jedoch. Vgl. BORCHARDT, Knut, a.a.O., S. 135.

auch Frauen und Kinder in die neu entstehenden Fabriken, um aus zusätzlichen Einkommensquellen schöpfen zu können. Zwar verloren einzelne Sparten des Handwerks an Bedeutung, wie z.B. der Textilsektor und die Lederverarbeitung. Andere hingegen lebten auf. So kam der Holzverarbeitung und darüber hinaus generell dem Bauhandwerk die mit Bevölkerungswachstum und Strukturwandel verbundene rege Bautätigkeit zugute. Bäcker, Metzger und Gastwirte profitierten von der Verstädterung.[225] Weiter entstanden im Lauf der Industrialisierung völlig neue Handwerkszweige, wie z.B. Gas- und Elektroinstallateure.[226]

Während das Handwerk für das lokale Umfeld produzierte, versorgte das aus den Manufakturen hervorgehende Großgewerbe und die Industrie den überregionalen Markt. Ein Teil ihrer Erzeugnisse wurde exportiert. Dampfmaschinen, die in den 30er Jahren bereits in der Textilindustrie sowie in den Bergwerken des Rheinlands eingesetzt wurden, signalisieren für Kellenbenz den anlaufenden Industrialisierungsprozeß.[227] In der Hüttenindustrie habe dagegen Mechanisierung und Technisierung damals gerade erst zaghaft begonnen. Gleichzeitig wurden die ersten Eisenbahnen gebaut.

In den vierziger und insbesondere in den fünfziger Jahren nahmen die Investitionen in Eisenbahn und Bergbau dann stark zu und zogen nun auch die Eisen- und Maschinenbauindustrie vollends mit. Die Dampfmaschine verbreitete sich nun schnell.[228] Die Zahl der Fabrikarbeiter nahm innerhalb weniger Jahrzehnte dramatisch zu. Ein Strom von Einwanderern ergoß sich in die innerhalb weniger Jahrzehnte neu entstandenen Städte des Ruhrgebietes. Der stärkste Antrieb der wirtschaftlichen Entwicklung ging weiterhin vom Eisenbahnbau und dem

---

225) Vgl. KELLENBENZ, Hermann, Deutsche Wirtschaftsgeschichte, Band II, München, 1981, S. 75f.

226) Vgl. dazu auch im folgenden die Ausführungen zur Gesellschaftsstruktur, insbesondere zum Bürgertum.

227) Zu den technischen Voraussetzungen der Industrialisierung siehe LILLEY, Samuel, Technischer Fortschritt und die Industrielle Revolution, in: CIPOLLA, Carlo M.; BORCHARDT, Knut, Europäische Wirtschaftsgeschichte, Bd. 3: Die industrielle Revolution, Stuttgart, New York, 1985, S. 119ff.

228) Vgl. KELLENBENZ, Hermann, a.a.O., S. 76ff.

damit eng verknüpften Ausbau der Schwerindustrie aus. Fast drei Viertel des bis 1870 für preußische Aktiengesellschaften aufgebrachten Kapitals wurde in Eisenbahngesellschaften investiert. Das Wachstum der Städte und die sich steigernden Ansprüche führten daneben aber auch zu einem stetigen Wachstum der Konsumgüterindustrien.[229]

bb) Die Finanzierung der wirtschaftlichen Entwicklung

Die Eisenbahn und andere Innovationen förderten den Glauben an Fortschritt und Prosperität sowie den Wunsch, sich am Erfolg wirtschaftlicher Unternehmungen zu beteiligen. Obwohl manche Publizisten lautstark gegen Spekulation, gar gegen die „Vergötterung der Aktie" zu Felde zogen, beteiligten sich bereits in den fünfziger Jahren weite Teile des Bürgertums an Aktiengesellschaften.[230] Das so zur Verfügung gestellte Kapital machte die industrielle Expansion jener Jahre erst möglich. Für den deutlichen Abstand, mit dem Deutschland der englischen Industrialisierung folgte, wurde mitunter Kapitalmangel verantwortlich gemacht. Insbesondere die rasche und erfolgreiche Verbreitung von Aktien spricht dagegen, daß Finanzierungsprobleme ein generelles Entwicklungshindernis darstellten.[231]

Die Aktiengesellschaft wurde innerhalb kurzer Zeit zur führenden Unternehmensform für große Industriebetriebe in Preußen, insbesondere aber im Rheinland und in Westfalen.[232] Bis 1850 waren in Preußen immerhin schon 102 Aktiengesellschaften gegründet worden. In nur sieben Jahren bis 1857 kamen annähernd drei mal so viele, nämlich 295 Neugründungen hinzu. Nicht nur Montangesellschaften mit ihrem Schwerpunkt im Ruhrgebiet entstanden; daneben wurden unter anderem auch Versicherungen und Banken in Form der Aktiengesellschaft gegründet. In einem solchen euphorischen *Gründer-Klima* konnten

229) Vgl. ZUNKEL, Friedrich, Die Entfesselung des neuen Wirtschaftsgeistes 1850 – 1875, in: BORN, Karl Erich (Hg.), Moderne deutsche Wirtschaftsgeschichte, Köln, Berlin, 1966, S. 42.

230) Vgl. ZUNKEL, Friedrich, a.a.O., S. 45f.

231) Vgl. KELLENBENZ, Hermann, a.a.O., S. 79ff.

232) Vgl. dazu auch Schmollers Überlegungen zur Aktiengesellschaft, Abschnitt B.IV.4. a)aa).

Täuschungsmanöver und Betrügereien nicht ausbleiben. Die Gründung von Bergbau- und Hüttengesellschaften war nicht selten von ihnen begleitet.[233]

Mit dem Aufschwung der Aktiengesellschaften wuchs auch die Bedeutung von Börsen und Banken. Überhaupt scheint die Industrialisierung untrennbar mit der Entwicklung des Bankensektors verknüpft zu sein.[234] Während der Kapitalmarkt in der ersten Hälfte des Jahrhunderts noch von privaten Geldverleihern und Privatbankiers beherrscht worden war, entstanden nun in schneller Folge große Kreditinstitute, die nicht nur – wie bereits erwähnt – selbst Aktiengesellschaften waren, sondern auch als Geschäftspartner den Bedürfnissen großer Aktiengesellschaften entsprachen.[235]

Die rasche Industrialisierung war auf eine ihr gemäße Geldversorgung angewiesen. Dies wird insbesondere in der raschen Vermehrung der umlaufenden Banknoten deutlich: Hatten die durchschnittlich umlaufenden Banknoten der *Preußischen Bank* 1850 noch einen Wert von etwa 18 Millionen Taler, so waren es 1873 schon Banknoten im Wert von mehr als 290 Millionen Taler. Der Nennbetrag der umlaufenden Geldscheine hatte sich also in 23 Jahren versechzehnfacht.[236] Da nach Kellenbenz die Papiergeldemissionen bis Anfang der fünfziger Jahre den Geldbedarf nicht ausreichend decken konnten, mag hierin auch ein gewisser Nachholbedarf enthalten sein.[237]

---

233) Vgl. ZUNKEL, Friedrich, a.a.O., S. 43ff.

234) Vgl. GILLE, Bertrand, Bankwesen und Industrialisierung in Europa 1730 – 1914, in: CIPOLLA, Carlo M.; BORCHARDT, Knut, Europäische Wirtschaftsgeschichte, Bd. 3: Die industrielle Revolution, Stuttgart, New York, 1985, S. 165.

235) Vgl. KELLENBENZ, Hermann, a.a.O., S. 80f.

236) Vgl. ZUNKEL, Friedrich, a.a.O., S. 43.

237) Über Preußen hinaus konstatiert Kellenbenz ein weiteres geldwirtschaftliches Problem: „Im Gebiet des Deutschen Bundes kursierten als Erbe der Verhältnisse des Heiligen Römischen Reichs Deutscher Nation zu viele und verschiedenartige Münzen auf dem Markt, und das erschwerte die Geschäftsbeziehungen erheblich. Eine gewisse Bereinigung der Vielfalt des Münzgeldes brachte die Münzkonvention von 1837. Um die Schwierigkeiten, die das Münzgeld mit sich brachte, zu umgehen griffen Kaufleute und Fabrikanten lieber zu Schuldscheinen und Wechseln, die vielfach wie offizielles Geld kursierten." KELLENBENZ, Hermann, a.a.O., S. 80.

cc) Wirtschaftspresse und Öffentlichkeit

Auch die Zeitungen hatten ihren Anteil am Veränderungsprozeß: In den fünfziger Jahren wurden an Börsenplätzen und Industriestandorten spezielle Börsen- und Wirtschaftszeitungen gegründet. Die politischen Tageszeitungen waren bereits zuvor um spezielle Wirtschaftsteile mit Kursnotierungen erweitert worden. Diese Medien trugen erheblich dazu bei, Industrie und Börse populär zu machen. Manche Wirtschaftszeitungen waren im Besitz von industriellen Unternehmern, andere standen bestimmten Bankhäusern nahe. Darüber hinaus waren viele andere rheinisch-westfälische Tageszeitungen persönlich oder durch Kapitalbeteiligungen mit der Industrie verbunden.[238] Beobachter bemängelten, daß die Presse sich in die Werbung für Aktienemissionen einspannen ließe, statt diese kritisch zu prüfen. Zeitungen konnten auch mit dem Anzeigengeschäft unter Druck gesetzt werden, da deren Einnahmen aus aufwendigen Emissionsprospekten oder -anzeigen alles andere als unbedeutend waren. Schließlich wurden Zeitungen auch ganz direkt mit Aktien bestochen. Nach Zunkel setzte sich die „Korrumpierung vieler Zeitungen" in den nächsten Jahrzehnten fort und erreichte während der Gründerjahre ihren Höhepunkt.[239]

Die Zeitungen konnten – gemessen an heutigen Maßstäben – ihre Aufgabe als kritischer Begleiter von Wirtschaft und Politik offensichtlich nicht ausreichend wahrnehmen. Die große öffentliche Wirkung, die die Wissenschaft – zum Beispiel Schmollers historische Schule, später dann auch der Verein für Socialpolitik – damals hatte, kann also zum Teil auch mit der mangelnden Glaubwürdigkeit anderer Teile der Öffentlichkeit erklärt werden.

---

238) Zunkel nennt die Westfälische Zeitung, die Essener Zeitung, die Rhein- und Ruhrzeitung und die Kölnische Zeitung, vgl. ZUNKEL, Friedrich, a.a.O., S. 47.

239) Vgl. ZUNKEL, Friedrich, a.a.O., S. 47f.

Anschauliche Beispiele für die Abhängigkeiten zwischen Aktienemittenten und Zeitungen während der Gründerjahre sind bei Else Condrad nachzulesen. Vgl. CONRAD, Else, Der Verein für Sozialpolitik und seine Wirksamkeit auf dem Gebiet der gewerblichen Arbeiterfrage, Jena, 1906, S. 22f.

c) Bevölkerungsentwicklung und soziale Struktur

aa) Internes Bevölkerungswachstum und Wanderung

Ende des 17. Jahrhunderts lebten auf etwa *110 000 km²* preußischem Territorium *1,5 Millionen* Menschen. Am Ende der Regierungszeit Friedrich des Großen rund einhundert Jahre später war die Fläche auf *195 000 km²* angestiegen und die Bevölkerungszahl auf *5,5 Millionen* gewachsen. Bis 1871 wuchs das Territorium Preußens dann auf *350 000 km²* und die Einwohnerzahl auf fast *25 Millionen.*[240] Das Bevölkerungswachstum war zwar zum Teil auf die Gebietsgewinne[241] und daneben auf Einwanderungswellen zurückzuführen, resultierte aber auch aus internem Wachstum, das mit der wirtschaftlichen Entwicklung einherging.[242] Das interne Bevölkerungswachstum Europas insgesamt war bis zur Mitte des 18. Jahrhunderts sehr gering geblieben. Zu diesem Zeitpunkt gab es einen auffallenden Bruch der Entwicklung, denn nun setzte sich schnell ein neuer Trend mit einer rasch steigenden Wachstumsrate durch.[243]

---

240) Die Bundesrepublik Deutschland besitzt heute ein Territorium von etwa 357 000 km².

241) Vgl. hierzu auch DEMANDT, Alexander (Hg.), Deutschlands Grenzen in der Geschichte, 3. Aufl., München, 1993.

242) Vgl. THADDEN, Rudolf von, Fragen an Preußen – Zur Geschichte eines aufgehobenen Staates, München, 1981, S. 42ff.

243) Vgl. ARMENGAUD, André, Die Bevölkerung Europas von 1700 – 1914, in: CIPOLLA, Carlo M.; BORCHARDT, Knut, Europäische Wirtschaftsgeschichte, Bd. 3: Die industrielle Revolution, Stuttgart, New York, 1985, S. 15.

Hier findet man weitere Angaben zur Bevölkerungsentwicklung und Bevölkerungsstruktur in Europa ab 1700.

	Einwohner pro Quadratkilometer		
	1841	1871	1910
Preußische Provinzen			
Provinz Ostpreußen	36	49	56
Provinz Pommern	34	48	57
Provinz Rheinland	97	133	264
Provinz Sachsen	65	83	122
Provinz Westfalen	69	88	204
Königreich Preußen gesamt	54[244]	71	115
Andere Bundesstaaten			
Königreich Bayern	57	64	91
Königreich Sachsen	115	171	321
Hessen	97	111	167
Mecklenburg-Schwerin	38	43	49
Deutscher Bund / Deutsches Reich	60	76	120

Einwohnerdichte in ausgewählten preußischen Provinzen und Bundesstaaten[245]

Insbesondere nach 1850 erlebte Preußen einen stürmischen Bevölkerungsanstieg. Die durchschnittliche jährliche Wachstumsrate lag in der zweiten Hälfte des 19. Jahrhunderts deutlich über 1 %. Eine weit darüber liegende Rate verzeichnete natürlich die Hauptstadt Berlin. Doch auch die Provinzen Rheinland und Westfalen profitierten überdurchschnittlich von der Bevölkerungszunahme.[246]

Preußens Bevölkerungswachstum fügt sich durchaus in die damalige Entwicklung Deutschlands und Europas ein, wenngleich die Wachstumsraten so-

244) In den Grenzen von 1841.

245) Vgl. FISCHER, Wolfram, Deutschland 1850 – 1914, in: Handbuch der Europäischen Wirtschafts- und Sozialgeschichte, Bd. 5, Stuttgart, 1985, S. 363.

246) Vgl. FISCHER, Wolfram, Deutschland 1850 – 1914, in: Handbuch der Europäischen Wirtschafts- und Sozialgeschichte, Bd. 5, Stuttgart, 1985, S. 363.

In diesem Band des Handbuches findet man detaillierte Angaben zur Bevölkerungsentwicklung und Bevölkerungsstruktur in der zweiten Hälfte des 19. Jahrhunderts, auch für ganz Europa.

wohl in Deutschland insgesamt[247] als auch in Europa etwas unter den preußischen Werten lagen. Nicht mit der stürmischen Entwicklung Schritt halten konnten Frankreich wegen seines unterdurchschnittlichen natürlichen Wachstums und insbesondere Irland: Nach der Hungersnot in den 40er Jahren wanderte ein erheblicher Teil der Bevölkerung aus. Während 1850 noch 6,7 Millionen Menschen in Irland lebten, waren es 1910 nur noch 4,4 Millionen.[248]

Neben der Höhe des Geburtenüberschusses beeinflußt natürlich der Wanderungssaldo, also die Differenz zwischen Ein- und Auswanderung, die Bevölkerungsentwicklung. Die *Auswanderung* schwankte stark. Regelrechte Auswanderungswellen gab es insbesondere zwischen 1852 und 1854, als über eine halbe Million Menschen Deutschland verließen, und 1872/73 sowie zwischen 1880 und 1892 mit einer durchschnittlichen jährlichen Auswanderung von jeweils mehr als 100 000 Menschen.

Die gleichzeitig nach Deutschland stattfindende *Einwanderung* ist statistisch leider weniger gut dokumentiert. Während die Volkszählung von 1871 207 000 Ausländer verzeichnete, waren es 1910 bereits 1,26 Millionen. Im gleichen Zeitraum wuchs die Gesamtbevölkerung von 41 Millionen auf 65 Millionen an. Die meisten Zuwanderer kamen aus dem östlichen Mitteleuropa, ein kleinerer Teil aus Südeuropa, vor allem aus Italien. Hinzuzurechnen sind noch Saisonarbeiter, die in der Erntezeit auf ostelbischen Gütern, im Baugewerbe und zunehmend auch in der Industrie beschäftigt waren.[249] Solche Zahlen für Deutschland insgesamt erlauben sicher auch Rückschlüsse über die Entwicklung in Preußen, welches ja den wesentlichen Teil des Deutschen Reiches bildete. Thadden weist darauf hin, daß ein Staat wie der preußische, dessen Gebiet und Bevölkerung so dramatisch wächst, erhebliche Integrationsprobleme zu lösen hat. Er stellt die Frage, was die neu hinzukommenden Menschen an den Staat binden konnte, wenn das Verhältnis zwischen ihnen und der jeweils vorhergehenden Generation „eingesessener" Preußen stets etwa 2 : 1 betrug.[250] Auch in

247) Vgl. FISCHER, Wolfram, a.a.O.

248) Vgl. FISCHER, Wolfram, Wirtschaft und Gesellschaft Europas 1850 - 1914, in: Handbuch der Europäischen Wirtschafts- und Sozialgeschichte, Bd. 5, Stuttgart, 1985, S. 11ff.

249) Vgl. FISCHER, Wolfram, a.a.O., S.368f.

250) Vgl. THADDEN, Rudolf v., a.a.O., S. 43.

ihrer sozialen Struktur wandelte sich die Bevölkerung drastisch. Neben Landbevölkerung, Bürgertum und Adel trat die immer zahlreicher werdende Arbeiterschaft.

bb) Die Landbevölkerung

Die Lebensverhältnisse innerhalb der Landbevölkerung hatten sich nach 1848 nochmals spürbar gewandelt: Dort wo - wie im östlichen Preußen - Gutsbetriebe dominierten, traten an die Stelle ehemals höriger Bauern fest ansässige Landarbeiterfamilien, die Lohnarbeit leisteten. Gesindearbeit, von Mägden und Knechten geleistet, die auf dem Hof lebten, in Naturalien entlohnt wurden, und denen die Heirat verwehrt blieb, verlor ihren Charakter als lebenslange Tätigkeit. Sie wurde zur Zwischenstation zwischen der Volksschule und der Gründung eines Arbeiterhaushalts. Der Betrieb des Kleinbauern[251] wurde zum Familienbetrieb, indem die Ehefrau eine bedeutende Rolle spielte. Nicht selten wurde die bäuerliche Wirtschaft mit Heimarbeit oder einem handwerklichen Gewerbe verbunden. Militante Bauernproteste wurden nach 1848 selten; wohl nicht nur, weil sich die ländlichen Lebensverhältnisse wandelten, sondern auch weil sich inzwischen die „Ventile" der Abwanderung in die städtische Arbeiterschaft und der Auswanderung geöffnet hatten.[252]

cc) Das Bürgertum

Damals, wie übrigens auch heute noch, scheint das Bürgertum die heterogenste Schicht zu sein. Für die Zeit zwischen 1848 und 1871 faßt Siemann die Bürger in drei unterschiedlichen Gruppen zusammen:

---

251) Solche Kleinbetriebe waren insbesondere in Regionen außerhalb Preußens anzutreffen, in denen die Realteilung praktiziert wurde.

252) Vgl. SIEMANN, Wolfram, Gesellschaft im Aufbruch, Deutschland 1849 - 1871, Frankfurt, 1990, S. 160ff.

- **Gewerblich-städtisches Bürgertum:** Wie bereits oben angedeutet,[253] wurde das Handwerk in jenen Jahren von einer Krise erfaßt, die aber keineswegs zu dessen Untergang führte, wie dies seine Standesvertreter oder auch Karl Marx prophezeiten. Zwar erlebte das „alte Handwerk", zum Beispiel die Schuhmacherei, damals einen durchaus dramatischen Niedergang, andere Handwerkszweige wie Bäcker und Metzger aber expandierten, indem sie sich dem städtischen Massenbedarf zuwandten.[254] Auf vielerlei verschiedene Weisen konnten sich Handwerker an den Strukturwandel anpassen: So gelang im stark wachsenden Baugewerbe der Übergang zum „kleinkapitalistischen" Unternehmen, wie wir es bis heute kennen. Steigende Belegschaftszahlen und zunehmende Technisierung belegten, daß sich das Handwerk hier erfolgreich in die Industriegesellschaft hinein entwickelte. Nicht vergessen werden sollte, daß in jener Zeit auch völlig neue Gewerbe entstanden: Gas- und Elektroinstallateure, Landmaschinenmechaniker, die später zu Automechanikern wurden, und andere mehr.
  Trotz allem bleibt festzuhalten, daß das Handwerk einem hohen Anpassungsdruck ausgesetzt war, der teilweise auch mit sozialem Abstieg einherging. Nicht nur Interessenvertreter, sondern auch Schmoller und andere Ökonomen der historischen Schule verlangten hier das Naheliegende, nämlich daß der Staat Strukturen und Institutionen im Sinn der Benachteiligten umzugestalten habe.
- **Bildungs- und beamtetes Bürgertum:** Von den negativen Wirkungen der ökonomischen Umstrukturierung blieb diese Gruppe weitgehend verschont. Um die immer zahlreicher werdenden kommunalen und staatlichen Aufgaben bewältigen zu können, mußte die Zahl der Beamten wachsen. Neben sie trat eine neue Klasse der Angestellten: Ingenieure und Chemiker, technisches und kaufmännisches Personal in den privaten Unternehmen („Betriebsbeamte").
- **Wirtschaftsbürgertum:** Bis zur Jahrhundertmitte hatten der Adel, aber auch Akademiker und hohe Beamte auf Industrielle und Kaufleute eher herabgeblickt. Mit dem Durchbruch des Kapitalismus, den Siemann in

253) Vergleiche die vorausgehenden Ausführungen zum Industrialisierungsprozeß.

254) Vgl. zum Strukturwandel im Handwerk auch KELLENBENZ, Hermann, Deutsche Wirtschaftsgeschichte, Band II, München, 1981, S. 75f.

> den fünfziger Jahren datiert, ändert sich das unvermittelt. Das Wirtschaftsbürgertum, die eigentliche *Bourgeoisie*, bestehend aus wohlhabend gewordenen Kaufleuten und Industriellen, war zwar quantitativ nur ein kleiner Teil des Bürgertums, schien es aber nunmehr stärker als seine anderen Gruppen zu repräsentieren. Die *Bourgeoisie* sonderte sich demonstrativ von den anderen Teilen des Bürgertums ab, beispielsweise durch repräsentative Geschäftshäuser oder in Parks eingebettete Villen.

Siemann bestreitet, daß sich das Bürgertum in jener Zeit zu einer homogeneren, den Staat prägenden Schicht vereinigt hätte. Er zeigt vielmehr jene Prozesse auf, die die Gruppen und Grüppchen innerhalb des Bürgertums voneinander entfernen. Während die Differenz zwischen Bürgertum und Adel eher geringer wird, sieht er die Kluft zwischen Kleinbürgertum und neu entstehender Arbeiterschaft wachsen. In den fünfziger Jahren habe sich die frühliberale Vorstellung, daß sich alle einst Abseitsstehenden in eine neue und allgemeine bürgerliche Gesellschaft würden integrieren lassen, als Utopie erwiesen. Im Gegenteil sei der Anteil der „Nichtbürgerlichen", also des Proletariats an der Bevölkerung gewachsen. Das Bürgertum konnte keinesfalls für alle sprechen. Wo dies noch immer beansprucht wurde, sei es geschehen, um die Durchsetzung von Gruppeninteressen ideologisch zu verschleiern.[255]

Folgt man dieser Analyse des Bürgertums, wird noch verständlicher, warum die Wirtschaftswissenschaft jener Zeit den Ausgleich von materiellem Wohlstand und gesellschaftlichen Interessen als wichtiges Ziel ansah, und dazu auch umfassende institutionelle Veränderungen vorschlug.

dd) Der Adel

Die Aristokratie war, wie oben bereits angedeutet, in Preußen keineswegs so funktionslos geworden wie anderswo. Die ostelbische Gutsherrrschaft, die es in dieser Form nirgends sonst in Deutschland gab, zeichnete sich dadurch aus, daß der Adel seine Ländereien selbst bewirtschaftete und nicht etwa verpachte-

255) Vgl. SIEMANN, Wolfram, a.a.O., S. 152ff.

te. So konnte er sein Selbstbewußtsein nach wie vor aus der traditionellen Rolle des aktiven Gutsbesitzers schöpfen. Darüber hinaus stand dem Adel die hergebrachte Offizierslaufbahn offen. Das aus der Zeit Friedrich des Großen stammende „Dienstethos" war nach Thadden ein kennzeichnendes Element im Verhältnis zwischen Adel und Staat.[256] Auch dem Bürgertum bot der Preußische Staat Karrieremöglichkeiten, nämlich innerhalb der Beamtenschaft. Daß dem Bürgertum somit neben Handel und Gewerbe ein weiteres aussichtsreiches Betätigungsfeld offenstand, führte jedoch gerade nicht zu zusätzlichem bürgerlichem Selbstbewußtsein gegenüber dem Staat. Vielmehr entstand neben dem *adligen* Dienstethos eine Art von staats*bürgerlicher* Dienstbereitschaft. Beide Klassen dürften sich in Preußen näher gestanden haben als in manchen anderen europäischen Staaten. Zwischen „staatlich vereinnahmtem Adel und domestiziertem Bürgertum"[257] hatte es die Arbeiterbewegung nicht leicht, ihren Platz zu finden.

ee) Die Arbeiterschaft

Die neu entstehende Arbeiterklasse, man sprach etwa ab 1840 auch vom „Proletariat",[258] konnte sich also - wie oben gezeigt wird - weder an einer erfolgreichen Emanzipation des Bürgertums orientieren noch gar auf staatskritische Strömungen im Adel stützen. Sie mußten vielmehr damit rechnen, daß sich notfalls Adel und Bürgertum gegenseitig beistanden.[259]

Nach Siemann sammelten sich fünf unterschiedliche Gruppen in der neuen, die alte Gesellschaftsstruktur sprengenden Arbeiterklasse:

- Nicht ständig beschäftigte Menschen (Tagelöhner),
- Städtisches Gesinde und Dienstboten,

256) Dies steht in gewissem Gegensatz zum oben gezeichneten Bild der ostelbischen Junker als egoistische Standesvertreter.

257) THADDEN, Rudolf v., a.a.O., S. 49.

258) Vgl. SIEMANN, Wolfram, a.a.O., S. 163.

259) Vgl. THADDEN, Rudolf v., a.a.O., S.45ff.

- Handwerker, die in den Fabriken ein neues Betätigungsfeld fanden und dort schließlich zu Facharbeitern neuen Typs wurden,[260]
- Heimarbeiter, die ebenfalls in die Fabriken abwanderten und
- Städtische Arme.

Zur Klassenbildung trug bei, daß die oben genannten Gruppen nun ähnliche Erfahrungen als Lohnabhängige sammelten. Herkunftsunterschiede wurden durch Fabrikdisziplin und Fabrikordnungen eingeebnet. Es entstanden Arbeiterfamilien und das zugehörige soziale Milieu entstand gleich mit. Arbeiterwohnungen, in denen man eng zusammenlebte, sogar die Betten teilen mußte, erzeugten einen Mangel an Privatsphäre. Selbst wenn sie das Bürgertum nicht in sozialer und politischer Hinsicht ausgeschlossen hätte, hier konnte ihre Lebensweise nur „unbürgerlich" sein.[261] Noch ist die Zugehörigkeit zur Arbeiterklasse nicht vererbt, noch ist die Fabrikarbeit, gar die Arbeit im Großunternehmen nicht dominierend. Beides wird später dazu beitragen, die Klassengesellschaft weiter zu festigen.[262]

Über die soziale Situation der Arbeiterschaft im 19. Jahrhundert ist sicherlich auch heute noch einiges allgemein bekannt.[263] Deshalb sollen im weiteren kurze Anmerkungen genügen: Die Arbeitseinkommen waren seit den zwanziger Jahren leicht rückläufig. Dabei konnten sich immer weniger Familien mit Nahrungsmitteln aus eigener Produktion versorgen; immer mehr waren also vom Agrarmarkt abhängig und mußten mindestens zwei Drittel ihres Einkommens allein für Lebensmittel ausgeben. Die übliche Wochenarbeitszeit erreichte um die Jahrhundertmitte herum ihr Maximum von 90 Stunden, hinzu kamen häufig lange Anmarschwege zum Arbeitsplatz. Die Arbeitsbedingungen waren oft

---

260) Manche Unternehmer, z.B. Borsig förderten gezielt diese Gruppe. Sie näherte sich dem Kleinbügertum an.

261) Vgl. SIEMANN, Wolfram, ebd.

262) Vgl. NIPPERDEY, Thomas, Deutsche Geschichte 1800 - 1866 - Bürgerwelt und starker Staat, München, 1983, S. 736.

263) Vgl. dazu ausführlicher SAALFELD, Diedrich, Die sozialökonomischen Lebensbedingungen der Unterschichten Deutschlands im 19. Jahrhundert, in: KAUFHOLD, Karl Heinrich; RIEMANN, Friedrich (Hg.), Theorie und Empirie in Wirtschaftspolitik und Wirtschaftsgeschichte, Festschrift für Wilhelm Abel zum 80. Geburtstag, Göttingen, 1984, S. 189ff.

gesundheitsschädlich. Kinderarbeit war weit verbreitet. In Preußen war zwar schon am 9. März 1839 ein erstes Gesetz zur Einschränkung der Kinderarbeit erlassen worden, welches Kinder unter 9 Jahren von der Fabrikarbeit ausschloß und die Arbeitszeit von Kindern zwischen 9 und 16 Jahren auf 10 Stunden pro Tag (incl. 1 1/2 Stunden Pause) beschränkte. Selbst dieses Gesetz mit seinen bescheidenen Anforderungen wurde jedoch kaum eingehalten.[264]

Gerade auch im Umkreis der Städte, in ihrem Übergangsbereich zum Land wurde der Wandel der Lebensverhältnisse sichtbar: Ortsfremde Arbeitskräfte zogen zu, andererseits pendelten Einheimische nun zur Arbeit in die Städte. Hier entstanden neue Arbeits- und Verdienstchancen, die das materielle Leben durchaus verbessern konnten. Auch die Arbeitsteilung in der Familie änderte sich: Der lange Arbeitstag in der Fabrik ließ den Männern keine Zeit mehr sich um Haus- und Landwirtschaft zu kümmern. Dies und die Kindererziehung blieb nun allein deren Ehefrauen überlassen, was diese nicht selten überforderte.[265]

Es ist offensichtlich, wie wichtig die desolaten sozialen Verhältnisse des Proletariats für Schmollers Werk sind und wie sehr sie seine politischen Aktivitäten motivierten. Dabei ist zu beachten, daß sich das in viele Widersprüche verstrickte Preußen eher an einer Politik der sozialen Integration orientierte, während es Emanzipationsbewegungen mißtraute. Hier liegt sicher einer der Wurzeln der Bismarckschen Sozialpolitik. Von einer solchen Ausgangslage konnten aber auch Schmollers sozialpolitische Aktivitäten profitieren.

---

264) Mit diesem Gesetz sollte hauptsächlich die Tauglichkeit der Rekruten verbessert werden, nachdem ein Bericht des Generals von Horn aus dem Jahre 1828 auf deren abnehmende Gesundheit hingewiesen hatte.

Vgl. HENNING, Friedrich-Wilhelm, Die Industrialisierung in Deutschland 1800 bis 1914, Paderborn, 4. Aufl., 1978, S. 193ff.

265) Vgl. SIEMANN, Wolfram, a.a.O., S. 170.

d) Preußen im Wandel

Einerseits wendet sich Preußen in den fünfziger Jahren – wie das übrige Deutschland auch – von demokratischen Entwicklungen ab, orientiert sich also in der *politischen* Sphäre an Vergangenem. Andererseits schlägt es auf *ökonomischem* Gebiet entschieden den Weg zur modernen Industriegesellschaft ein. Trotz beträchtlicher Auswanderungsströme wächst die Bevölkerung drastisch an. Die soziale Schichtung ist starken Wandlungen unterworfen. Eine neue Klasse, die Arbeiterschaft, gewinnt an Bedeutung, ist aber nicht in das soziale Leben integriert. Kennzeichnend für die in der Phase der Industrialisierung befindliche Wirtschaft ist darüber hinaus, daß sie nun viel mehr als zuvor Konjunkturzyklen unterworfen ist.[266]

Das Territorium Preußens ist keineswegs gleichmäßig der Industrialisierung ausgesetzt: Preußens „Doppelgestalt" mit dem „städtischen", von der Industrialisierung geprägten Westen und dem „ländlichen", agrarisch orientierten Osten sorgt für Spannungen, die nicht nur zerstörerisch, sondern auch fruchtbar wirken können. Für Rudolf von Thadden ist die ungleiche Entwicklung des Landes sogar ein wichtiger Faktor im deutschen Einigungsprozeß insgesamt, der unter Preußens Führung ja noch weitere, sehr unterschiedlich entwickelte Territorien integrieren muß. Dabei reicht die Heterogenität Preußens weit über die unterschiedliche wirtschaftliche Entwicklung seiner Landesteile hinaus: Aristokratische und ständische Hierarchien widersprechen moderner staatlicher Organisation; die Bewahrung der feudalen Ordnung steht der Mobilisierung machtpolitischer Ressourcen nach Außen im Wege.[267]

Auf längere Sicht können die hergebrachten politischen und gesellschaftlichen Institutionen den ökonomischen Wandel nicht überdauern. Wie die Institutionen sinnvoll umzugestalten sind, darüber entsteht, trotz der zunächst reaktio-

266) Vgl. ZUNKEL, Friedrich, Die Entfesselung des neuen Wirtschaftsgeistes 1850 – 1875, in: BORN, Karl Erich (Hg.), Moderne deutsche Wirtschaftsgeschichte, Köln, Berlin, 1966, S. 43ff.

267) Vgl. GALL, Lothar, Bismarck – Preußen, Deutschland und Europa, in: Deutsches Historisches Museum (Hg.), Bismarck – Preußen, Deutschland und Europa (Ausstellungskatalog), Berlin, 2. Aufl., Sept. 1990, S. 27.

nären Politik, eine große gesellschaftliche Kontroverse, an der sich Liberale, Sozialisten und Konservative verschiedenster Färbung beteiligen. In diesen Zusammenhang ist auch Schmoller und der Verein für Socialpolitik einzuordnen.

2. Preußens „Neue Ära"

a) Das Ende der Reaktion

Nachdem die Geisteskrankheit Friedrich-Wilhelm IV. nicht mehr zu verbergen war, wurde sein Bruder Wilhelm I. 1857 zunächst mit der Vertretung des Königs beauftragt. Ab Oktober 1858 wurde er dann mit dem Titel eines Prinzregenten sein Nachfolger.[268] Welche Hoffnungen mit diesem Regierungswechsel verbunden waren, drückt sich im zeitgenössischen Schlagwort von der „Neuen Ära" aus, die nun angebrochen habe. Tatsächlich leistete Wilhelm I., anders als dies das Testament seines Vorgängers vorsah, den Eid auf die Verfassung. Auch sprach er sich dagegen aus, die Verfassung durch erzwungene Interpretationen zu verfälschen. Die Phase der Reaktion war beendet, was sich zunächst im von Wilhelm I. neu berufenen konservativ-liberalen Kabinett zeigte. Bismarck wurde von Berlin nach Petersburg „verbannt". Die noch 1858 stattfindenden Wahlen zur Abgeordnetenkammer wurden nicht mehr staatlich beeinflußt, die Mehrheit ging von den Konservativen auf die vorsichtigen und verständigungswilligen Altliberalen über. Nach wie vor nahmen jedoch radikalere Kräfte an der Wahl nicht teil. Zunächst kam es auch nicht zu den nötigen Reformen. 1860 scheiterten einige Reformvorhaben, beispielsweise zum Eherecht und zur Kreisordnung, vor allem am Herrenhaus. Das Ende der junkerlichen Grundsteuerfreiheit konnte gerade eben noch durch einen Pairsschub im Herrenhaus durchgesetzt werden.

---

268) Zur "Neuen Ära" im weiteren vgl. MANN, Golo, Deutsche Geschichte des 19. und 20. Jahrhunderts, Frankfurt, 1992, S. 293ff. und NIPPERDEY, Thomas, Deutsche Geschichte 1800 - 1866 - Bürgerwelt und starker Staat, München, 1983, S. 697ff.

Entsprechend den von Wilhelm I. proklamierten Werten, zeigte sich Preußen innerhalb Deutschlands nun als Hüter des Rechts: Vom reaktionären kurhessischen Regime fordert es die Wiederherstellung seiner Verfassung von 1831. Im Verein mit anderen deutschen Regierungen der „Neuen Ära" und nach heftigem Druck konnte man sich damit auch durchsetzen.

b) Das Parteienspektrum

Die „Neue Ära" lenkt den Blick auf weitreichende Umgestaltungsprozesse innerhalb der zu neuem Leben erwachenden politischen Parteien. Nachfolgend werden die verschiedenen Strömungen kurz vorgestellt und analysiert. Dabei soll auch jeweils Schmollers Verhältnis zu den unterschiedlichen Parteien untersucht werden, um ihn und den Verein für Socialpolitik in das Parteienspektrum einordnen zu können.

aa) Die Liberalen

Der mangelnde Fortgang der aus ihrer Sicht notwendigen Reformen veranlaßte einen Teil der Liberalen eine neue Partei zu gründen, die Fortschrittspartei. Der Name war von Werner Siemens vorgeschlagen worden. Mit Hermann Schulze-Delitzsch war zwar auch mindestens ein Liberaler stark sozialer Prägung unter den Gründungsmitgliedern, doch war die Partei insgesamt bürgerlich und weit von den Sozialisten entfernt. Die Parteimitglieder wollten unter anderem durchsetzen, daß die reaktionäre Beamtenschaft die Verfassung endlich ernst nimmt. Die Steuerlast sollte besser verteilt und das staatliche Budget genauer kontrolliert werden. Auch forderte die Partei eine Reform des Herrenhauses, das bisher, wie bereits angesprochen, liberale Reformen durch sein Veto verhindern konnte. Unter den Bedingungen des Drei-Klassen-Wahlrechts konnte die Fortschrittspartei seit 1862 zusammen mit dem ihr nahestehenden linken Zentrum Parlamentsmehrheiten bilden. Daraus kann man folgern, daß sie einen guten Teil des Bürgertums repräsentierte.

Die Fortschrittspartei wollte die Interessen des Nationalvereins in Preußen vertreten. Dieser 1859 gegründete Verein kämpft für einen deutschen Nationalstaat. Seinen Sitz mußte der Nationalverein in Coburg-Gotha nehmen, da kein größerer deutscher Staat bereit war, ihn zu dulden. Dies galt auch für Preußen. Trotzdem hofften seine Anhänger darauf, daß eine deutsche Einigung von Preußen ausgehen könnte.[269]

Der preußische Sieg über Österreich 1866 veränderte später die Stimmung zugunsten der Konservativen, die Fortschrittspartei mußte Stimmenverluste hinnehmen. Darüber hinaus schlossen sich ihr die Liberalen in den von Preußen annektierten Gebieten nicht an, sondern gründeten die nach Michael Stürmer „rechts der Mitte" anzusiedelnde und Bismarck näher stehende Nationalliberale Partei. Der Liberalismus war und blieb parteipolitisch gespalten und über verschiedene Fragen uneins. Das Verhältnis zu Bismarck und seinem autoritären Regierungsstil markierte nur eine der Trennungslinien.[270]

Natürlich blieb es ein zentrales Ziel, den deutschen Nationalstaat durchzusetzen. Mit voranschreitender Industrialisierung wurde die Aufmerksamkeit der Liberalen jedoch mehr und mehr auf die Gestaltung der Wirtschafts- und Gesellschaftsordnung gelenkt.[271] Durch den vorangegangenen Wirtschaftsaufschwung waren die materiellen Interessengegensätze zwischen Groß- und Kleinbürgertum, die den Liberalismus 1848 noch behindert hatten, eher entschärft, wenn nicht gar überwunden worden.

Nach Auffassung von Thomas Nipperdey waren die Verfechter des uneingeschränkten Freihandels nach Außen und möglichst unreglementierter Märkte im Inneren im Kongreß deutscher Volkswirte zwar nach wie vor nicht für die ganze liberale Führungsschicht repräsentativ, gaben nun aber doch die insgesamt gewünschte Entwicklungsrichtung an. Im weiteren schränkt Nipperdey dieses Urteil jedoch ein: „Je mehr freilich der Staat selbst die Grundsätze libe-

269) Vgl. MANN, Golo, Deutsche Geschichte des 19. und 20. Jahrhunderts, Frankfurt, 1992, S. 300ff.

270) Vgl. STÜRMER, Michael, Das ruhelose Reich - Deutschland 1866 - 1918, Berlin, 1983, S. 146f.

271) Weiter zeichneten sich die Liberalen durch ihre antiklerikale bzw. antikatholische Haltung aus. Im Konflikt mit der katholischen Kirche befanden sie sich häufig auf der Seite des Obrigkeitsstaats, was andererseits ihren Kampf um Freiheitsrechte *gegenüber* jenem Staat beeinträchtigte. Vgl. NIPPERDEY, Thomas, a.a.O., S. 727.

raler Wirtschaftspolitik übernahm, desto schwächer wurden die spezifischen ökonomischen Gründe und Motive, eine Liberalisierung des ganzen Systems zu fordern."[272] Die Mehrheit der Liberalen wollte nach Auffassung von Thomas Nipperdey wirtschaftliche Interessen in eine freiheitliche Staatsordnung einbinden: Nicht nur Marktinteressen, sondern auch die marktunabhängige Moral sollten im staatlichen Leben ihre Rolle spielen.[273]

So gesehen gab es auch Strömungen innerhalb des sich politisch artikulierenden Liberalismus, auf die Schmoller sich beziehen konnte. Besonders hervorzuheben ist, daß Nipperdey hier nicht Ränder oder Flügel der liberalen Bewegung schildert, sondern deren Mehrheitsmeinung darstellen möchte. Sich auf liberale Zeitströmungen stützen zu können, ist für Schmoller und den Verein für Socialpolitik deshalb von so großer Bedeutung, weil der Liberalismus zweifellos die vorwärtstreibende und richtungsweisende Kraft des 19. Jahrhunderts ist. Eine weitere Verwandtschaft zwischen der liberalen Bewegung, wie sie sich schon vor der Reichsgründung zeigt, und dem später gegründeten Verein für Socialpolitik liegt in der politischen Strategie: Insbesondere, aber nicht nur der rechte Teil der Liberalen verfolgte eine Politik der Kooperation. Das „System" sollte durch Reformen schrittweise verändert werden. Linke Tendenzen, eine Verbindung mit den Massen einzugehen und über deren Mobilisierung die Konfrontation zu suchen, waren innerhalb der Liberalen nicht mehrheitsfähig.[274]

bb) Die Konservativen

Hauptgegner der Liberalen waren die Konservativen. Dies gilt zumindest dann, wenn man sich darauf beschränkt, das bürgerliche Spektrum zu betrachten. Trotz eines radikalen Flügels, der an Verfassungsrevision, Staatsstreich und Wiedereinführung des Ständesystems denkt, hat sich die Mehrheit der Konservativen im Laufe der Zeit mit dem konstitutionellen System arrangiert. Insbesondere in seiner spezifisch preußischen Ausprägung begünstigte es ja auch die Konservativen, zum Beispiel über deren privilegierte Stellung im Herrenhaus.

272) NIPPERDEY, Thomas, a.a.O., S. 728.

273) Vgl. NIPPERDEY, Thomas, ebd.

Einige Theoretiker und Publizisten der Konservativen[275] bemerkten, wie wichtig es in der modernen Politik geworden war, sich auf die sozialen Kräfteverhältnisse und deren Verschiebungen zu beziehen. Auch wenn man noch nicht in Massengesellschaft und Massendemokratie angekommen war, so mußte man doch schon wirtschaftliche und soziale Wandlungen ins politische Kalkül einbeziehen. Man fand auch noch ausreichend einflußreiche soziale Gruppen, die konservativ orientiert waren, und deren Unterstützung zu gewinnen war: Insbesondere Bauern und Handwerker sowie die Kirchen mit ihren zahlreichen Gläubigen. Als Verbündete der Konservativen kamen prinzipiell alle Gegner des liberalen, städtischen Bürgertums, alle Feinde von Modernisierung und Marktgesellschaft in Frage. Als die „Neue Ära" und mit ihr die Liberalen am einflußreichsten waren, gründete Hermann Wagener die preußischen Volksvereine, um die populären Kräfte der Konservativen zu sammeln.[276]

In den kommenden Jahrzehnten prägte jedoch niemand mehr als Bismarck den Konservatismus in Deutschland. Nach einem hartnäckigen Konflikt mit dem Landtag um das Militärbudget berief ihn der König im September 1862 als preußischen Gesandten in Paris ab und ernannte ihn zum Staatsminister.[277] Er verkörperte nun eine ganz andere Art des Konservatismus als seinerzeit zum Beispiel der romantische Friedrich-Wilhelm IV. Bismarck hat den Konservatismus entscheidend modernisiert. Statt „Ideenpolitik" zu betreiben, hat er seine Handlungen anti-idealistisch auf Realitäten und Interessen ausgerichtet. Er vermied den Fehler anderer Konservativer, die Massengesellschaft schlicht zu ignorieren. Vielmehr nutzte er deren Kräfte für seine zweifelsohne konservativen Ziele: Staat und Regierung sollten gestärkt, der Liberalismus „eingehegt" werden.[278] Auch die nationale Bewegung unterstützte er später nicht um ihrer selbst willen, sondern als Bundesgenosse preußischer Interessen.[279]

---

274) Vgl. NIPPERDEY, Thomas, a.a.O., S. 729f.

275) Thomas Nipperdey nennt Wilhelm Heinrich Riehl, Lorenz Stein, Hermann Wagener, vgl. NIPPERDEY, Thomas, a.a.O., S. 732

276) Vgl. NIPPERDEY, Thomas, a.a.O., S. 732f.

277) Vgl. MANN, Golo, a.a.O., S. 315.

278) Vgl. NIPPERDEY, Thomas, a.a.O., S. 733f.

279) Vgl. MANN; Golo, a.a.O:, S. 328f.

Auch wenn sich Schmoller und Bismarck persönlich nicht nahestanden, und Schmollers Karriere durch Bismarck auch nicht gefördert wurde, so ist seine Haltung zu Bismarck gleichwohl nicht ohne Bewunderung. Wenn Bismarck sich spöttisch über die seiner Ansicht nach zu abstrakten nationalökonomischen Theorien äußerte, fühlte sich Schmoller davon nicht betroffen, vielmehr unterstützte er Bismarcks Kritik.[280] 1866 war Schmoller an einer altliberalen Zusammenkunft in Halle beteiligt, die, wie er selbst sagt, als erste Versammlung aus Preußens liberalem Spektrum Bismarcks Außenpolitik zustimmte.[281] Bismarcks Konservatismus gewann während seiner Regierungszeit pragmatischere Züge. Schmoller hoffte darauf, den Bismarckschen Realitätssinn nutzen zu können, um sozialpolitische Interessen zu verfolgen.[282] Wie sich später herausstellen wird, war diese Hoffnung nicht unberechtigt. Außerdem sah Schmoller in der preußischen Monarchie und insbesondere in ihrer Beamtenschaft eine neutrale Instanz im Klassenkampf. Er erwartete deshalb, daß die Monarchie soziale Reformen erfolgreich durchführen könne und auch durchführen werde. Schmollers Glaube daran, daß die konstitutionelle Monarchie auch nach der Industrialisierung funktionsfähig bleiben wird und sogar in seinem Sinne dabei helfen könne, die Gesellschaft zu modernisieren, verband ihn mit den Konservativen.[283]

---

280) Vgl. LINDENLAUB, Dieter, Richtungskämpfe im Verein für Sozialpolitik, Wiesbaden, 1967, S. 142.

281) Vgl. SCHMOLLER, Gustav, Rede während der Sechsten Generalversammlung des Vereins für Socialpolitik am 21. und 22.4.1879 in Frankfurt/Main, zitiert nach dem Protokoll, veröffentlicht in den Schriften des Vereins für Socialpolitik, Bd. 16, 1879, S. 19, ebenfalls abgedruckt unter dem Titel SCHMOLLER, Gustav, Der Übergang Deutschlands zum Schutzzollsystem, in SCHMOLLER, Gustav, Zur Social- und Gewerbepolitik der Gegenwart, Leipzig 1890, S. 167.

282) Vgl. TIECK, Klaus-Peter, Gustav Schmollers Neuausrichtung der Nationalökonomie – Historische Institutionenlehre in sozialpolitischer Absicht?, in: SCHIERA, Pierangelo; TENBRUCK, Friedrich (Hg.), Gustav Schmoller in seiner Zeit: Die Entstehung der Sozialwissenschaften in Deutschland und Italien, Bologna, Berlin, 1988, S. 417.

283) Schmollers positives Verhältnis zur preußischen Bürokratie wird – vielleicht etwas polemisch – von Fritz K. Ringer hervorgehoben. Dort findet man auch eine kurze vergleichende Darstellung der politischen Auffassungen Gustav Schmollers, Adolph Wagners und Lujo Brentanos. Vgl. RINGER, Fritz K., Die Gelehrten – Der Niedergang der deutschen Mandarine 1890 – 1933, München, 1987, S. 138f.

cc) Liberale Arbeiterpolitik

Mit der „Neuen Ära" kommen Arbeiterbildungsvereine auf, die insbesondere bei den handwerklich geschulten Arbeitern auf Interesse stießen. Gebildete Arbeiter, so glaubten die Liberalen, könne man in die bürgerliche Gesellschaft integrieren. Dies passte ins liberale Weltbild, nach dem nur Aufklärung, Wissenschaft und Rationalität individuelle und gesellschaftliche Probleme lösen könnten. Arbeiterbildung entsprach somit einem liberalen Konzept der Arbeiterpolitik, dessen entschiedenster Vertreter Hermann Schulze-Delitzsch war. Neben der Schaffung von Bildungsmöglichkeiten repräsentierte nichts besser die liberale Arbeiterpolitik als die von ihm propagierte Idee der Genossenschaft. Die ihnen zugedachte Aufgabe, den monopolistischen Unternehmen etwas entgegenzusetzen, konnten sie jedoch nicht einmal ansatzweise erfüllen. Trotzdem waren sie in weiten Kreisen populär, wohl weil sie an viele verbreitete bürgerlichen Werte jener Epoche, wie zum Beispiel Selbsthilfe, Selbstverantwortung und Sparideologie anknüpfen konnten. Aber natürlich wurden Genossenschaften auch mit der Tugend der Solidarität assoziiert, einer Tugend die in der Marktgesellschaft zu verschwinden schien.

Somit entsprachen sie, wie Nipperdey schreibt, einem tiefen sozialen Bedürfnis: „Genossenschaft oder Assoziation, das war geradezu ein Zauberwort der Zeit (...)."[284] Um die mit Krankheit, Alter oder Arbeitslosigkeit verbundenen Risiken zu mildern, schlug man genossenschaftlich organisierte Hilfs- und Unterstützungskassen vor. Die Lohnhöhe betrachtete man hingegen als das kleinere Problem. Entsprechend waren die liberalen Genossenschaften auch nicht als Modell für Gewerkschaften gedacht, was auch der bei den Liberalen vorherrschenden Auffassung entsprach, daß die Lohnhöhe durch ganz andere ökonomischen Faktoren und sicher nicht durch Streiks bestimmt werde. Dessen ungeachtet traten die meisten Liberalen dafür ein, daß der Staat nicht durch Assoziationverbote in die Arbeitsverhältnisse eingreifen sollte. Das liberale Konzept insgesamt richtete sich an die gehobene Arbeiterschaft, an Arbeiter die der Handwerkerschaft entstammten. Hier fand es große Resonanz.

284) NIPPERDEY, Thomas, a.a.O., S. 737.

dd) Arbeiterbewegung und Arbeiterparteien

Die Liberalen wollten mit ihrer Arbeiterpolitik harmonisieren. Sie spielten die Interessengegensätze zwischen Unternehmern und Arbeiterschaft herunter. Trotzdem konnten sie nicht verhindern, daß nun, nach dem Ende der Reaktionsjahre sich erneut eine eigenständige Arbeiterbewegung bildete. Zunächst hatten liberal-demokratische Richtung und Arbeiterbewegung das Ziel der nationalen Einheit gemein. Viele Arbeiterführer glaubten sogar, daß das Ziel der nationalen Einheit Vorrang vor der sozialen Emanzipation haben müsse – zumindest in zeitlicher Hinsicht.

Ab 1862 wurde innerhalb der Arbeiterschaft über einen offenen Bruch mit den Liberalen diskutiert. Ferdinand Lassalle verfaßte eine Abhandlung, die diesen Bruch begründen sollte.[285] Für Nipperdey trägt dieser Text programmatische Züge. Seiner Meinung nach sind insbesondere drei Aspekte bemerkenswert:

1. Lassalle sei im Gegensatz zu Marx Voluntarist. Er vertraue nicht auf eine Eigenbewegung der Gesellschaft, die „automatisch" zum Ende der Geschichte führe. Vielmehr ruft er die Arbeiterschaft zur bewußten und willentlichen Verwirklichung ihrer Interessen auf.
2. Lassalle vertraue dem Staat. Damit befinde er sich wiederum im Gegensatz zur marxistischen Ideologie, die das „Absterben" des Staates im Zuge der geschichtlichen Fortentwicklung erwarte.[286] Ist der Staat erst auf demokratischer Grundlage organisiert, werde er die Eigentumsverhältnisse ändern und für Solidarität sorgen. Der Staat ist für Lassalle „...das eigentliche Instrument des Sozialismus"[287] Nipperdey sieht hier totalitäre Tendenzen, nicht nur im Verhältnis zum Staat, sondern auch im Verhältnis zur eigenen Partei. Nicht nur zum Marxismus entstehen somit ideologische Differenzen, bedeutender ist der Bruch

285) Das „Offene Antwortschreiben an das Zentralkomitee zur Berufung eines Allgemeinen Deutschen Arbeiterkongresses zu Leipzig" vom März 1863, vgl. RAMM, Thilo, Ferdiand Lassalle, in: Handwörterbuch der Sozialwissenschaften (HdSW), Bd. 6, 1959, S. 527.

286) Die marxistische Praxis des 20. Jahrhunderts sah bekanntlich – entgegen aller Bekundungen – ganz anders aus.

287) NIPPERDEY, Thomas, a.a.O., S. 743.

mit dem liberalen Individualismus, dessen Konzept des „Nachtwächterstaates" von Lassalle verspottet wird.[288]

3. Lassalle verbinde das Ziel der Demokratie (in seinem Sinne verstanden als Herrschaft der arbeitenden Mehrheit) eng mit dem Ziel der Nation. Das eine führe zur Selbstbestimmung nach Innen, das andere zur Selbstbestimmung nach Außen.

Lassalle folgerte aus seinen programmatischen Überlegungen, daß sich die Arbeiterschaft von der liberalen Fortschrittspartei trennen müsse; selbst ein *Bündnis* mit den Liberalen käme künftig nicht mehr in Frage. Vielmehr seien gerade sie als Feinde der Arbeiterbewegung anzusehen. Am 23. Mai 1863 wurde der Allgemeine Deutsche Arbeiter Verein (ADAV) gegründet, deren erster Präsident Lassalle wurde. Der ADAV agitierte für ein demokratisches Wahlrecht, nahm an Wahlkämpfen teil, blieb aber auch zwischen den Wahlen aktiv. Erstmals gab es mit ihm eine modern organisierte Partei, die ausschließlich die Interessen der Arbeiterschaft vertreten wollte.

In den sechziger Jahren bestimmte der Konkurrenzkampf liberaler und lassalleanischer Organisationen die politische Diskussion innerhalb der Arbeiterschaft. Die Arbeiterschaft war zwischen dem liberalen Sozialreformer Schulze-Delitzsch und Lassalle, zwischen „Selbsthilfe" und „Staatshilfe" - so lauteten die verkürzenden Schlagworte - gespalten. Auch Lassalles Tod 1864 änderte daran nichts. Die Arbeiter im liberalen Lager blieben vielerlei Einflüssen ausgesetzt: Einerseits mußten sie sich gegenüber den Lassalleanern profilieren, um im Konkurrenzkampf bestehen zu können. Andererseits schwanden die liberalen Hoffnungen, einen demokratisch orientierten deutschen Nationalstaat zu etablieren. Stattdessen zeichnete sich bereits die „preußische Lösung" ab.

Schließlich formierten sich die bis dahin liberal-demokratischen Arbeitervereine zu einer neuen Partei, der durch Bebel und Liebknecht 1868/69 gegründeten Sozialdemokratischen Arbeiterpartei. Man übernahm die radikale marxistische Ideologie, was wenig zur vorherigen moderaten, eher pragmatischen Haltung

288) MANN bezeichet Lassalle zwar zunächst als „gelehrigen Schüler" von Marx; über Lassalles politische Aktivitäten habe sich Marx jedoch „befremdet", ja sogar „angewidert" gezeigt. Vgl. MANN, Golo, a.a.O., S. 334 und 336.

zu passen schien. Nipperdey erklärt dies mit dem anhaltenden Konkurrenzdruck der Lassalleaner, mit dem Einfluß von Überläufern, aber auch mit dem Wunsch, sich von den bisher verbündeten Liberalen künftig entschieden abzugrenzen.[289] Der lassalleanische Arbeiterverein verbündete sich nach heftigen Auseinandersetzungen mit dieser marxistischen Strömung: 1875 entstand auf der Grundlage eines gemeinsamen Programmes die Sozialistische Arbeiterpartei Deutschlands, die spätere SPD.[290]

Schmollers Verhältnis zum Marxismus haben wir bereits geschildert: Er gestand ihm in der wissenschaftlichen Diskussion einige Verdienste zu. Für seine politische Haltung war aber etwas anderes entscheidend, nämlich seine Furcht vor radikalen Brüchen: Schmoller warnte davor, sozialistische Utopien zu verwirklichen. Seine Vorhersage, ein solcher Versuch würde die Kultur eines Landes lang anhaltend zerstören, müssen wir heute als eingetroffen ansehen.[291]

c) Schmollers Position innerhalb des Parteienspektrums

Im Kapitel B haben wir einerseits Schmollers geistesgeschichtliche Nähe zum Idealismus untersucht und andererseits seine Gegnerschaft zu Neoklassik und Marxismus analysiert, die er in polemisch vereinfachender Weise gleichermaßen dem Materialismus zuordnete. In der zeitgenössischen politischen Auseinandersetzung wurden neoklassische Positionen insbesondere innerhalb des breiten liberalen Spektrums vertreten. Wie bereits dargestellt wurde, konnte man mit den Zielen des uneingeschränkten Freihandels nach außen und der möglichst unreglementierten Märkte im Inneren die von den Liberalen insgesamt gewünschte Entwicklungsrichtung angeben. Außerdem setzten sich die Liberalen allerdings auch für eine freiheitliche Staatsordnung ein, in der marktunabhängige moralische Grundsätze gelten sollten. Besonders deutlich in der liberalen Arbeiterpolitik ergaben sich so zahlreiche Berührungspunkte zu den

---

289) Zu Arbeiterbewegung und Arbeiterparteien insgesamt vgl. NIPPERDEY, Thomas, a.a.O., S. 735ff.

290) Vgl. RAMM, Thilo, Ferdiand Lassalle, in: Handwörterbuch der Sozialwissenschaften (HdSW), Bd. 6, 1959, S. 527.

291) Siehe Abschnitt B.II.3.

Mitgliedern des Vereins für Socialpolitik. In der zeitgenössischen Politik erscheint die Distanz zwischen Schmoller und den Liberalen folglich wesentlich kleiner, als dies seine erbitterten wissenschaftlichen Auseinandersetzungen mit den Neoklassikern vermuten ließen. Deutlicher bleibt hingegen Schmollers theoretische Gegnerschaft zum Marxismus in seiner politischen Ablehnung der Sozialdemokratie fortbestehen, weshalb seine Benennung als „Kathedersozialist" tatsächlich recht irreführend erscheinen muß.

Interessant erscheint die noch verbleibende Frage, wie sich Schmollers Verhältnis zum politischen Konservatismus mit seinen wissenschaftlichen Positionen verknüpfen lässt. Eine Brücke zwischen Konservatismus und Idealismus kann über den schillernden Begriff der Romantik hergestellt werden. Die romantische Weltsicht, die sich von der Gegenwart abwendete und Vergangenes idealisierte, bildete eine der Wurzeln des Historismus.[292] Von der geistesgeschichtlichen *Idealisierung* der Vergangenheit durch die Romantik lassen sich Beziehungen zum politischen Konservatismus knüpfen.[293] Deutlich werden sie zum Beispiel in der Person des preußischen Königs Friedrich Wilhelm IV., den man als romantischen Konservativen bezeichnen kann.[294] Allerdings ist der Begriff der Romantik so unscharf,[295] daß wir hier in den Bereich der Spekulation geraten.

292) Vgl. SCHMÖLDERS, Günter, Geschichte der Volkswirtschaftslehre, Wiesbaden, 1961, S. 72. Auch Harald Winkel findet Anknüpfungspunkte, selbstverständlich aber auch Differenzen zwischen Romantik und historischer Schule. Vgl. WINKEL, Harald, Die deutsche Nationalökonomie im 19. Jahrhundert, Darmstadt, 1977, S. 85f.

293) Eine ausführliche Darstellung politischer Folgerungen aus der romantischen Weltsicht findet man bei KRAUS, Hans-Christof, Politisches Denken der deutschen Spätromantik, in: HEIDENREICH, Bernd (Hg.), Politische Theorien des 19. Jahrhunderts, I. Konservativismus, Wiesbaden, 1999, S. 27ff.

294) „Seine Ideen sind die des Romantikers, der mit seinem Zeitalter zerfallen ist. Mit der liebevollen Zustimmung des Volkes möchte er wohl regieren; aber es soll sich diese Zustimmung auf mittelalterliche Weise ausdrücken (...)", MANN, Golo, a.a.O., S. 146

295) „Wir sind jedoch nicht in der Lage, eine einigermaßen erschöpfende und eindeutige Definition des Begriffs „Romantik" zu geben, und müssen uns im wesentlichen darauf verlassen, daß jedermann ohnehin weiß, worum es sich handelt, wobei wir einen gewissen Trost darin erblicken dürfen, daß es niemandem – weder Anhängern noch Angreifern, weder Zeitgenossen noch Nachgeborenen – gelungen ist, das Wesen des Romantikers klar zu umschreiben. Vielleicht aber gehört gerade dies zu seinem Begriff." FRIEDELL, Egon, Kulturgeschichte der Neuzeit, Bd. 2, 10. Aufl., München, 1993, S. 954.

Offensichtlich erklärte die historische Schule die Ordnung des menschlichen Zusammenlebens zunächst als Ergebnis geschichtlicher Abläufe, wobei sie die individuellen Entwicklungen einzelner Staaten oder Regionen betonte, und allgemeinen Aussagen über abstrakte „Konstruktionsprinzipien" von Gesellschaften eher mißtraute. Dies sind wichtige Merkmale konservativen Denkens.[296] Im Unterschied zu einem romantisch geprägten Konservatismus verlangten die Vertreter der historischen Schule im Verein für Socialpolitik aber keineswegs eine schlichte Rückwendung von Staat und Gesellschaft hin zu Vergangenem. Dies gilt auch für Schmoller, der jedoch eine größere Nähe zu den Konservativen, zur Monarchie und zum preußischen Beamtentum aufweist als andere Anhänger der historischen Schule. Zwar sprach auch Schmoller davon, daß im 19. Jahrhundert der „Verfassungsstaat" den „Beamtenstaat" abgelöst habe. Gleichzeitig bekundete er aber, welch positive Rolle die fortlebenden Beamtentraditionen im modernen deutschen Staat spielten.[297] Schmollers staatsnahe Haltung wird besonders deutlich, wenn man sie mit jener des weitaus liberaleren Lujo Brentanos vergleicht. Sozialpolitik ist für Schmoller staatliche, in seinem Sinne auch monarchische Fürsorge für jene Untertanen, die in einer bloßen Marktgesellschaft keine Chance hätten. Brentano hingegen möchte die sozialen Probleme eher durch Selbsthilfe lösen. Nur wenn der Markt vollständig versagte, sollte der Staat direkt eingreifen.[298] Zur Bestimmung Schmollers Position bleibt festzuhalten, daß die konservativen Elemente in seiner politischen Haltung durchaus mit der idealistischen Prägung seines wissenschaftlichen Werks harmonieren.

Sieht man somit Schmollers politische Anschauungen vor dem Hintergrund seiner theoretischen Aussagen, wird deutlich, in welcher Form er zwischen konservativen und liberalen Vorstellungen schwankte. Damit bewegte er sich

296) Vgl. GÖHLER, Gerhard, Konservatismus im 19. Jahrhundert – ein Überblick, in: HEIDENREICH, Bernd (Hg.), Politische Theorien des 19. Jahrhunderts, I. Konservativismus, Wiesbaden, 1999, S. 21f.

297) Vgl. SCHMOLLER, Gustav, Der deutsche Beamtenstaat vom 16. – 18. Jahrhundert, Rede gehalten auf dem deutschen Historikertag in Leipzig am 29. März 1894, abgedruckt in: Schmollers Jahrbuch, 18. Jg., 1894, S. 714.

298) Vgl. WINKEL, Harald, Die deutsche Nationalökonomie im 19. Jahrhundert, Darmstadt, 1977, S. 106.

im gleichen Bereich wie die große Mehrheit des Bürgertums im Kaiserreich insgesamt. Durch die Unschärfe und Flexibilität seiner politischen Haltung, auf die im weiteren noch näher einzugehen sein wird,[299] konnte er so ein breites zeitgenössisches Meinungsspektrum widerspiegeln, was zu seiner öffentlichen Wirkung beigetragen haben wird. Möchte man Schmoller in den engeren Rahmen der historischen Schule einordnen, muß er allerdings eher der konservativen als der liberalen Seite zugeordnet werden.

3. Der Beginn der Ära Bismarcks

a) Heeresreform und Verfassung

Das preußischen Heer war in mancherlei Hinsicht reformbedürftig. Alleine schon die gewachsenen Armeen Frankreichs und Rußlands, an die das preußische Militär aus der Sicht des Königs bislang nur unzureichend angepaßt worden war, sprachen dafür, jetzt endlich zu reagieren. Nur mit einer adäquaten Armee würde Preußen seine Rolle als europäischen Macht spielen können.[300] Am Problem der Heeresmodernisierung entzündete sich der „Verfassungskonflikt". Im Dezember 1859 hatte der König General Roon zum Kriegsminister ernannt. Das von Roon erarbeitete Reformkonzept sah unter anderem vor, die Präsenzstärke von 150 000 auf 220 000 Mann zu erhöhen. Außerdem sollte die Position der ganz überwiegend adligen Berufsoffiziere gestärkt werden. Trotz der vorgesehenen Verlängerung der Dienstzeit auf drei Jahre wies das Konzept somit eine Tendenz zurück vom (demokratischen) Volksheer zur (vordemokratischen) Berufsarmee auf: Der Konflikt zwischen König und Regierung einerseits und dem inzwischen liberal dominierten Parlament andererseits war unausweichlich.

---

299) Siehe Kapitel D.

300) Zum Zustand der preußischen Armee im Detail vgl. MANN, Golo, a.a.O., S. 308ff., NIPPERDEY, Thomas, a.a.O., S. 749ff.

Die liberale Parlamentsmehrheit hatte zwar 1860 und 1861 „provisorisch" und vorab Mittel für die Reform bewilligt, hoffte aber auf einen späteren Kompromiß. So konnte die Auseinandersetzung über Jahre weitergetragen und zu einem dramatischen Prinzipenstreit verschärft werden. Die konservative Umgebung des Königs legte seine militärische „Kommandogewalt" immer extensiver aus, und wollte dem Parlament schließlich jede Mitsprache über Truppenstärke und Organisation verweigern. Nach dieser Doktrin handelte die Regierung dann auch schon: Das Heer wurde ohne Zustimmung des Parlaments reorganisiert und erweitert. Die Reformdiskussion mündete schließlich in der Grundsatzfrage „Königsheer oder Parlamentsheer".[301]

Als bei den Wahlen im Dezember 1861 die konservative Seite dezimiert und der liberale Teil des Parlaments, auch durch die neu hinzugekommene Fortschrittspartei, gestärkt wird, möchten manche im konservativen Umfeld des Königs eine Militärdiktatur errichten. Stattdessen aber löst der König im März 1862 das Parlament auf und ersetzt die Regierung der „Neuen Ära" durch eine konservative. Nach den Neuwahlen beherrschen weiterhin die Liberalen das Parlament. Sie beabsichtigten, das Militärbudget und damit den Haushalt insgesamt abzulehnen. Die Regierung hielt es einerseits für sinnlos, das Parlament nochmals aufzulösen, mochte andererseits aber auch nicht ohne Budget regieren. Im September 1862 steht Wilhelm I. kurz davor, abzudanken, als Bismarck die Krise nutzt und von Paris, wo er inzwischen als Gesandter tätig ist, nach Berlin zurückkehrt. Am 22. September ernennt ihn der König zum Ministerpräsidenten. Bismarck regierte nun ohne Budget. Beamte wurden obrigkeitsstaatlich überwacht. Die Pressefreiheit sollte durch ein später gescheitertes Gesetz eingeschränkt werden. Zwischen Regierung und Parlament entwickelte sich „eine Art Stellungskrieg."[302]

Golo Mann versucht den Ernst, mit dem die preußische Öffentlichkeit den Verfassungskonflikt diskutierte, und die Bedeutung, die im auch noch in den folgenden Jahrzehnten zugesprochen wurde, zu erklären: „Europa besaß in der zweiten Hälfte des 19. Jahrhunderts einen starken Fonds von Rechtlichkeit und

301) Vgl. NIPPERDEY, Thomas, a.a.O., S. 754.

302) NIPPERDEY, Thomas, a.a.O., S. 763.

Mäßigung; manches, was damals als unerhört empfunden wurde, erscheint im Rückblick, von einer verwilderten Zeit hergesehen, als harmlos."[303]

Die demokratischen Institutionen bildeten sich damals erst aus. Staat und Gesellschaft mußten neue Spielregeln entwickeln und lernen, nach ihnen zu handeln. Der Staat sollte sich vom feudalen Obrigkeitsstaat zu einem vom Bürgertum getragenen Verfassungsstaat wandeln. Es ist also verständlich, warum die bürgerliche Öffentlichkeit so empfindlich auf jenen gleichsam exemplarischen Konflikt zwischen Regierung und Parlament reagierte. Gemildert wurde der Verfassungskonflikt allenfalls durch die recht große Übereinstimmung, die zwischen Bismarck und den Liberalen in wirtschafts- und zollpolitischen Fragen bestand. Außen-, und das hieß in jenen Jahren auch noch deutschlandpolitisch, bestand ohnehin wenig Dissens.

b) Vor der Reichsgründung

Nach Golo Mann haben Kräfte innerhalb Deutschlands die Bildung eines Nationalstaates wirkungsvoller behindert als die Mächte in der Nachbarschaft: Österreichs Interessen mußte ein deutscher Nationalstaat zuwiderlaufen, in welcher Form auch immer er zustandekäme. Aber auch Preußens Elite hatte ihn seither abgelehnt. Nur langsam sei es manchen preußischen Politikern, darunter auch Bismarck, gegenwärtig geworden, daß eine kleindeutsche Lösung womöglich unvermeidlich sei. Trotzdem sei auch Bismarcks Haltung noch von „alten Widerständen" beeinflußt gewesen.

„Seine Meisterleistung besteht nicht darin, daß er die deutsche Einheit schuf; die war seit fünfzig Jahren ersehnt und zerredet worden. Das ungeheuer Geschickte, Kühne, Widernatürliche seiner Leistung liegt darin, daß er die deutsche Einheit zuwege brachte ohne die Elemente, die man seit fünfzig Jahren mit ihr verbunden hatte: Parlamentsherrschaft, Demokratie, Demagogie. Das, was ein halbes Jahrhundert lang der Traum des Bürgertums gewesen war, wurde nun ohne, ja zeitweise gegen das Bürgertum gemacht; das Deutsche Reich wur-

---

303) MANN, Golo, a.a.O., S. 331.

de schließlich proklamiert unter Fürsten und Generälen, im Heerlager, in dem eine Bürgerdeputation sich grau und schüchtern ausnahm."[304]

Bismarck versuchte stets, aus seiner Sicht unvermeidliche Entwicklungen in für die Konservativen günstige Bahnen zu lenken. Er war sich bewußt, welchen Gefahren die neu konstituierte Mittelmacht Deutschland ausgesetzt sein würde; sicher auch welche Gefahr sie selbst für ihre Nachbarn bedeuten konnte. Ihm war klar, wie fragil nicht nur die inneren, sondern auch die äußeren Verhältnisse Deutschlands bleiben mußten. Als „Gegengewichte" zu Deutschland versuchte Bismarck – so beschreibt es Lothar Gall – Preußen *und* Europa auf die Waagschale zu bringen. Europa habe für Bismarck zunächst das ausbalancierte Machtgefüge des Wiener Kongresses bedeutet, aber darüber hinaus auch mehr und anderes: Neben den gemeinsamen kulturellen Wurzeln sah Bismarck auch die industrielle Revolution und den mit ihr verbundenen sozialen Wandel, die einen großen Teil des Kontinents gleichzeitig erfasst hatten, als etwas die europäischen Nationen verbindendes an.[305]

Nach Kriegen mit Dänemark und Österreich, begrenzten Konflikten, die nicht mit jenen Kriegen vergleichbar sind, die Europa im zwanzigsten Jahrhundert erlebte, und dem Krieg mit Frankreich setzte sich mit Bismarck mit seiner kleindeutschen Variante unter preußischer Vorherrschaft durch.[306] Der Krönung des preußischen Königs Wilhelm I. zum deutschen Kaiser am 18. Januar 1871 in Versailles folgten am 3. März 1871 die ersten Reichstagswahlen, die im Lande mit Glockenläuten, Kanonenschüssen und Fahnen gefeiert wurden.[307] Zuvor war der von Preußen dominierte Norddeutsche Bund entstanden, dessen

---

304) MANN, Golo, a.a.O., S. 346f.

305) Vgl. GALL, Lothar, Bismarck – Preußen, Deutschland und Europa, in: Deutsches Historisches Museum (Hg.), Bismarck – Preußen, Deutschland und Europa (Ausstellungskatalog), Berlin, 2. Aufl., Sept. 1990, S. 27f. Ähnlich argumentiert Christian Graf von Krockow, vgl. KROCKOW, Christian Graf von, Von deutschen Mythen – Rückblick und Ausblick, Stuttgart, 2. Aufl., 1995, S. 96.

306) Vgl. MANN, Golo, a.a.O., S. 344ff. Zur politischen Geschichte der Reichsgründung vgl. auch SCHOEPS, Hans-Joachim, Der Weg ins Deutsche Kaiserreich, Berlin, 1970.

307) Vgl. STÜRMER, Michael, Das ruhelose Reich – Deutschland 1866 – 1918, Berlin, 1983, S. 172f.

konstituierender Reichstag 1867 eine Verfassung ausgearbeitet hatte, die nun 1871 mit geringfügigen Änderungen zur Reichsverfassung werden konnte.[308]

III. Im neu gegründeten Deutschen Reich

Während der sechziger Jahre hatte die Politik die Zukunft gestalten können. Bismarck war, für jeden offensichtlich, die vorantreibende Kraft gewesen. Zwar blieb er noch für etwa zwanzig Jahre Reichskanzler, doch waren nun andere, nämlich insbesondere ökonomische Kräfte bestimmend. Nach Golo Mann vollzogen sich die großen Veränderungen – soweit er sie überhaupt zur Kenntnis nahm – gegen Bismarcks Willen.[309] Die bereits im vergangenen Kapitel geschilderten ökonomischen und sozialen Wandlungen traten in den Vordergrund.

„Hier fand nun, während der Jahrzehnte, die im täuschenden Rückblick als glückliche, unschuldige Friedensjahrzehnte erscheinen, eine Erweiterung nach innen statt, die man einer Explosion vergleichen mag: Bevölkerungsvermehrung, Entstehung großer Städte, soziale Umschichtung, Schrumpfung der Landwirtschaft, Abhängigwerden der Nation von Außenhandel und alle die unermeßlichen Folgen davon, im Felde der Politik, des Parteiwesens, der staatlichen, rechtlichen, militärischen Organisation, im Raume des Geistes, der Kultur, des Glaubens oder Unglaubens. Das ist das Eigentliche, der Kern, und ihm gegenüber wiegen die Ministerwechsel und Parteienränke leicht."[310]

---

308) Vgl. STÜRMER, Michael, a.a.O., S. 155f.

309) Vgl. MANN, Golo, a.a.O., S. 397f.

310) MANN, Golo, a.a.O., S. 397.

1. Eine „Große Depression"?

a) Gründerboom und Gründerkrach prägen die Finanzmärkte

Die Jahre zwischen 1849 und 1873 waren mit hohen Wachstumsraten einhergegangen und hatten die Industrialisierung weit vorangebracht. Nach 1873 nun wurden die Zuwächse erheblich kleiner. Die Phase zwischen 1873 und 1896 wird deshalb – nicht ganz unumstritten – auch als „Große Depression" charakterisiert. Die „Große Depression" war nicht nur in Deutschland zu spüren. Das Wachstum verlangsamte sich vielmehr international und dies wiederum zeigte, wie eng die Volkswirtschaften bereits verknüpft waren.[311]

Trotzdem wies der deutsche Konjunkturverlauf einige Besonderheiten auf: Hier begann die „Große Depression" mit dem *Gründerkrach* im Oktober 1873, einer dramatischen Talfahrt der Aktienkurse. Vor 1873 war das konjunkturelle Klima im Lande dramatisch überhitzt gewesen, man sprach von der *Gründerzeit* oder auch vom *Gründerboom.* Die Reichsgründung hatte in verschiedener, auch psychologischer Weise stimulierend gewirkt. Von den überraschend schnell aus Frankreich fließenden 4,2 Milliarden Goldmark Kriegskontribution wurden etwas mehr als die Hälfte sofort für öffentliche Aufträge ausgegeben bzw. für die umgehende Rückzahlung staatlicher Schulden verwendet. Die vorzeitige

311) Vgl. ROSENBERG, Hans, Grosse Depression und Bismarckzeit, Berlin, 1967, S. 25ff., STÜRMER, Michael, a.a.O., S. 82, KAUFHOLD, Karl Heinrich, Grundzüge der wirtschaftlichen, gesellschaftlichen und politischen Entwicklung des Deutschen Reiches von der Reichsgründung bis zum Ende der 1880er Jahre, in: SCHIERA, Pierangelo; TENBRUCK, Friedrich (Hg.), Gustav Schmoller in seiner Zeit: Die Entstehung der Sozialwissenschaften in Deutschland und Italien, Berlin, 1989, S. 112. Eine kurze Zusammenfassung der wirtschaftlichen Entwicklung findet man auch bei STÜRMER, Michael, Das industrielle Deutschland, in: BOOCKMANN, Hartmut; SCHILLING, Heinz; SCHULZE, Hagen; STÜRMER, Michael (Hg.), Mitten in Europa – Deutsche Geschichte, Gütersloh, 1984, S. 303ff.

Schuldentilung hatte privates Kapital freigesetzt, daß nun neue Anlagen suchte.[312]

Wo nun ein so großes und günstiges Kapitalangebot zur Verfügung stand, erschien die Gründung von Aktiengesellschaften noch verlockender als zuvor. Eine weitere Welle des Spekulationsfiebers wurde ausgelöst. Produktion und Preise stiegen stark an. So wuchs die Roheisenproduktion zwischen 1870 und 1873 um 61 % und die Roheisenpreise um 90 %. Insgesamt stieg der Preisindex für Kapitalgüter zwischen 1869 und 1873 um 54 %, der für Konsumgüter um 19 %. Die Spekulation auf weiter steigende Preise führte zu einer Überbewertung des Vermögens. Zudem waren Überkapazitäten in der Produktion entstanden. Um so heftiger war in Deutschland der Schock zu Beginn der Depressionsepoche zu spüren.[313]

Der Verein für Socialpolitik beschäftigte sich bereits auf seiner zweiten Versammlung am 12. und 13. Oktober 1873 in Eisenach, die zugleich seine offizielle Gründungsversammlung war, mit einem wichtigen Aspekt des Gründerkrachs, den damals weit verbreiteten betrügerischen Manipulationen bei Aktiengeschäften: Das Referat über Aktiengesellschaften bot Adolph Wagner viele Gelegenheiten, Details über die Methoden der *Gründungsschwindler* einzuflechten. In einem Korreferat beschäftigte sich der Berliner Justizrat Wiener mit Reformvorschlägen für das Aktienrecht.[314]

Selbstverständlich begünstigte der durch den Gründerkrach eingeleitete Stimmungsumschwung hin zu jener pessimistischen Weltsicht, die dann die „Große Depression" begleitete, die Anhänger der historischen Schule: Viele Zeitgenossen glaubten Widersprüche zwischen der wirtschaftsliberalen Theorie und der Realität zu entdecken. Ökonomen, die nicht nur auf die langfristig wirkenden

312) Else Conrad kritisiert dies als wirtschaftspolitischen Fehler. Vgl. CONRAD, Else, Der Verein für Sozialpolitik und seine Wirksamkeit auf dem Gebiet der gewerblichen Arbeiterfrage, Jena, 1906, S. 18f.

313) Vgl. NIPPERDEY, Thomas, Deutsche Geschichte 1866 - 1918, Band I - Arbeitswelt und Bürgergeist, München, 1990, S. 283f.

314) Vgl. BOESE, Franz, Geschichte des Vereins für Sozialpolitik 1872 - 1932, Berlin, 1939, S. 17. Siehe auch Kapitel D.

Kräfte des Marktes verweisen, sondern staatliche Eingriffe empfehlen, ja dringlich verlangen, gewinnen in Krisenzeiten an Gehör. Da die „Große Depression" nicht nur in Deutschland zu spüren war, wuchs auch der internationale Einfluß der historischen Schule. Dorfman zitiert Charles F. Dunbar aus Harvard, der 1876 feststellte, daß die deutsche Volkswirtschaftslehre nun die Führungsrolle von den englischen und französischen Ökonomen übernommen habe.[315]

b) In der realen Wirtschaft wächst der Lebensstandard

Die Krise beeinflußte die Finanzmärkte weit stärker als die *Quantität* der realen Produktion: Ende der siebziger Jahre begannen Beschäftigung und Reallohn wieder recht stetig anzusteigen, wobei die Reallöhne ungefähr der Produktivitätsentwicklung folgten. Insbesondere auch sinkende Nahrungsmittelpreise verbesserten allmählich das Leben der Arbeiterfamilien. War bis 1880 noch das alte Mißverhältnis zwischen wachsender Bevölkerung und unsteter heimischer Agrarproduktion spürbar gewesen, das die Preise hochgehalten und die Landbesitzer begünstigt hatte, so änderten sich die Marktverhältnisse nun, vor allem wegen des zunehmenden weltweiten Nahrungsmittelaustausches. Auch viele andere Dienstleistungen (z.B. der Post) und materielle Güter (z.B. Nähmaschinen und Fahrräder) wurden Dank Rationalisierung und Massenproduktion für breite Schichten langsam erschwinglich.

Die deflationäre Tendenz trug, wie Stürmer schreibt, zu einem „industriellen Reifungsprozeß" bei. Dies war nun allerdings eine Begleiterscheinung der „Großen Depression", die nicht nur die Finanzmärkte betraf, sondern auch die Art und Weise des Produzierens *qualitativ* änderte. Sinkende Gewinnspannen beschleunigten den Konzentrationsprozeß; es bildeten sich Konzerne und

315) Vgl. DORFMAN, Joseph, The Role of the German Historical School in American Economic Thought, in: The American Economic Review (Papers and Proceedings), Bd 45, 1955, S. 22. Vgl auch: REUTER, Norbert, Der Institutionalismus, Geschichte und Theorie der evolutionären Ökonomie, Marburg, 1994, S. 63.

Trusts, Kartelle und Syndikate. Die neu entstandenen Großbanken unterstützten diesen Prozeß.[316]

	Betriebe	*Beschäftigte*	*Produktionsmenge*
1871	1 477	31 600	4,5 Mio. t Erz
1913	328	42 300	28,0 Mio. t Erz

Der Konzentrationsprozeß am Beispiel des Erzbergbaus[317]

Wie bereits zitiert, behauptet Golo Mann, daß die weit verbreitete Anschauung, damals hätten „glückliche Friedenszeiten" geherrscht, eine Täuschung sei. Für die zu jener Zeit stattfindenden strukturellen Veränderungen benutzt er stattdessen die Metapher der *Explosion*. Wirtschaftsgeschichtlich werden die Jahre zwischen 1873 bis 1896 als „Große Depression" bezeichnet, eingeleitet durch den *Gründerkrach*. Tatsächlich scheint all dies den im Rückblick vieler Menschen „glücklichen Friedenszeiten" zu widersprechen.

Dieser Widerspruch kann erklärt werden: Die „Große Depression" war, wie eben festgestellt werden konnte, insbesondere auf den Finanzmärkten und in den Vorstandsetagen der Unternehmen zu spüren. Die Produktion hingegen wuchs, wenn auch langsamer als zuvor, weiter an. Die Realeinkommen der breiten Bevölkerung stiegen, wenn auch nicht unbedingt synchron zur zunehmenden Produktivität. Insbesondere nach 1880 wuchsen die Reallöhne. Rosenberg beziffert die Reallohnsteigerungen zwischen 1881 und 1896 auf immerhin 35%.[318] Rudolf von Gneist schildert 1894 recht anschaulich, wie differenziert bereits manche Zeitgenossen die Wirkungen der „Krise" empfunden haben: „Wie der landesübliche Kapitalzins in ungefähr einem Menschenalter von 5 auf 3 1/2 % herabgesunken, wie der Reingewinn der Industrieunternehmungen, der Banken, der Rhederei, der Bergwerksanlagen, ja selbst des Kleinhandels durchschnittlich wohl um 20 – 50 Prozent herabgesunken ist, so trifft das Schicksal nun auch den Grundbesitz, – anscheinend unabänderlich im Zusam-

316) Vgl. STÜRMER, Michael, Das ruhelose Reich – Deutschland 1866 – 1918, Berlin, 1983, S. 84ff.

317) Vgl. STÜRMER, Michael, a.a.O., S. 84.

318) Vgl. ROSENBERG, Hans, a.a.O., S. 47ff.

menhang mit der Massenproduktion, welche nur den Arbeitslohn langsam erhöht, den Kapital- und Unternehmergewinn aber stetig herabsetzt."[319]

Viele Menschen konnten also von Industrialisierung und internationalem Warenaustausch profitieren, wahrscheinlich zum ersten Mal, und erstmals in ihrer neuen, modernen Rolle als *Konsumenten*.

2. Politische Aufgaben nach der Reichsgründung

a) Die Überwindung der politischen und wirtschaftlichen Gegensätze

Das neugegründete Reich mußte insbesondere zwei Anforderungen gerecht werden: Zum einen waren die vielfältigen ökonomischen, sozialen und politischen Folgen der seit der Jahrhundertmitte vorangeschrittenen Industrialisierung zu bewältigen. Auch weil sich in Deutschland eine liberale Wirtschaftspolitik erst später als in anderen europäischen Ländern durchsetzen konnte, hatte dieser Prozeß verspätet begonnen, war dafür aber umso stürmischer und ungeordneter verlaufen.[320] Nun, seit den siebziger Jahren gingen geringere Wachstumsraten mit der Bildung von Großunternehmen, Konzernen und Kartellen einher. Zum anderen waren die in verschiedener Hinsicht unterschiedlich entwickelten Bundesstaaten einander anzunähern und in ein einheitliches Staatswesen zu integrieren.[321]

---

319) GNEIST, Rudolf von, Die nationale Rechtsidee von den Ständen und das preußische Dreiklassenwahlsystem, Berlin, 1894, S. 246.

320) Vgl. CONRAD, Else, Der Verein für Sozialpolitik und seine Wirksamkeit auf dem Gebiet der gewerblichen Arbeiterfrage, Jena, 1906, S. 12f.

321) Vgl. KAUFHOLD, Karl Heinrich, Grundzüge der wirtschaftlichen, gesellschaftlichen und politischen Entwicklung des Deutschen Reiches von der Reichsgründung bis zum Ende der 1880er Jahre, in: SCHIERA, Pierangelo; TENBRUCK, Friedrich (Hg.), Gustav Schmoller in seiner Zeit: Die Entstehung der Sozialwissenschaften in Deutschland und Italien, Berlin, 1989, S. 96f.

Mit der Reichsgründung war die Entwicklung zur Reichseinheit also keineswegs abgeschlossen, sie hatte vielmehr erst begonnen. Die politischen, wirtschaftlichen und sozialen Spannungen im Deutschen Reich lassen sich in verschiedene „Gegensätze" fassen:

- Einen Nord-Süd-Gegensatz mit dem Main als Trennungslinie, kurz zuvor durch die Gründung des Norddeutschen Bundes (1867) nochmals verschärft,
- den konfessionellen Gegensatz zwischen Katholiken und Protestanten,
- die unterschiedlichen landwirtschaftlichen Betriebsformen im Osten und im Westen sowie
- stark voneinander abweichende wirtschaftliche und gesellschaftliche Strukturen in den einzelnen Bundesstaaten.[322]

Die Politik mußte sowohl auf die stürmische Industrialisierung und die von ihr ausgelösten gesellschaftlichen und sozialen Verwerfungen reagieren, wie sie weiter oben für Preußen beschrieben und sicherlich auf Deutschland zu übertragen sind. Sie mußte andererseits die „innere Einheit" des neuen Staatsgebildes voranbringen und dazu beitragen, daß der neu entstandene staatliche Rahmen institutionell ausgefüllt wird.

b) Staatseingriffe in die sich wandelnden Märkte

Seit dem Beginn der Industrialisierung hatte der Einfluß der Politik generell abgenommen, während andererseits die Bedeutung ökonomischer Entscheidungen auf den Märkten gewachsen war. Die mit technischen und ökonomischen Wandlungen stets einhergehende Gefährdung von Besitzständen, die Auflösung traditioneller, zum Beispiel ständischer Ordnungen, auch die nach wie vor ungeklärte soziale Situation der Arbeiterschaft, schufen Unbehagen[323] und führten zum Wunsch, an die Stelle des ständigen Wechsels neue verläßliche Ordnungen und Sicherheiten zu setzen. In den ausgehenden Siebziger Jah-

---

322) Vgl. KAUFHOLD, a.a.O., S. 99.

323) Bezüglich der Reichsgründung schreibt Golo MANN, a.a.O., S. 397: „(...) erfüllte Wünsche sind in der Geschichte der Völker dasselbe, was sie im Leben des einzelnen sind, nämlich sie sind nicht so schön, wie sie, unerfüllt, sich ausnahmen."

ren nahmen die Forderungen von Handwerkern und Landwirten zu, der Staat möge zu ihren Gunsten ins Wirtschaftsgeschehen eingreifen.[324] Entgegen dieser konservativen Stimmung, die dort vorherrschte, wo man sich von der Moderne bedroht fühlte, blieb die Politik vorerst mehrheitlich vom liberalen Geist bestimmt.

Die Doktrin der sich selbst regulierenden Wirtschaft hatte nach Kaufhold auch ein entlastendes Moment: Im Umbruch der Reichsgründung und Industrialisierung minderte sie die Last der Politiker, Entscheidungen zu treffen und durchzusetzen. Liberale, die dieser Doktrin folgten, können ruhigen Gewissens einen Teil ihrer Verantwortung an die Gestaltungskräfte des Marktes delegieren.[325]

Nun ist die Politik jener Jahre durch den Gegensatz zwischen *konservativer* Modernisierungsangst und *liberaler* Untätigkeit keineswegs ausreichend beschrieben. Wie bereits berichtet, hatte es schon vor der Reichsgründung Kräfte gegeben, die auf *soziale Reformen* drängten. Der sozialreformerische Teil der Liberalen und natürlich auch die Arbeiterbewegung schöpften nun Hoffnung, ihre Ideen im neu einzurichtenden Staat verwirklichen zu können: „Das neubegründete Deutsche Reich schien Elan und Fortschrittlichkeit genug zu besitzen, um die Hoffnung auf weitgehende sozialreformerische Gesetze und Verfügungen berechtigt erscheinen zu lassen."[326]

Aus diesen beiden Quellen – der langjährigen Diskussionen innerhalb der Reformbewegungen und der spontanen Aufbruchstimmung nach der Reichsgründung – speist sich wohl auch der Entschluß Schmollers und der anderen Initiatoren, 1873 den Verein für Socialpolitik zu gründen.

---

324) Cohn bezeichnet dies als wirtschaftspolitische „Reaktion". Vgl. COHN, Gustav, Ethik und Reaktion in der Volkswirtschaft, in: Jahrbuch für Gesetzgebung, Verwaltung und Volkswirtschaft im Deutschen Reich, Neue Folge (Schmollers Jahrbuch), 24. Jg., 1900, S. 14f.

325) Vgl. KAUFHOLD, a.a.O., S. 96ff.

326) LINDENLAUB, Dieter, Richtungskämpfe im Verein für Sozialpolitik, Wiesbaden, 1967, Teil I, S. 2.

3. Die Stellung von Wissenschaft und Volkswirtschaftslehre in der Gesellschaft

a) Entspannung zwischen Wissenschaft und Politik

Der alte Gegensatz zwischen Hochschule und Staat war während der Reaktionsjahre nochmals aufgelebt; nicht wenige Professoren sind in jener Zeit wegen ihrer politischen Anschauungen juristisch verfolgt oder gar ihres Amtes enthoben worden. Die Wissenschaftsfreiheit war zwar in die revidierte preußische Verfassung von 1850 erneut aufgenommen worden, erst zehn Jahre später hatte sie sich jedoch nach Meinung von Siemann tatsächlich durchgesetzt.[327] Schmoller wurde 1864 Professor für Staatswissenschaften in Halle.[328] Man kann also davon ausgehen, daß er von Beginn an unabhängig von direkter politischer Einflußnahme arbeiten konnte.

Die Polarität zwischen „der Wissenschaft" einerseits und „dem Staat" andererseits schwand in dem Maße, in dem sich die Professoren in Disziplinen und Forschungsfelder aufteilten. Die Universitäten lösten sich zudem auch organisatorisch in vielerlei neue Formen auf, in Institute, Seminare, Kliniken und wissenschaftliche Gesellschaften. Auch der moderne Staat, der neue Aufgaben übernahm, wurde vielschichtiger und pluralistischer. Langsam verschwanden somit die starren Fronten zwischen der Macht und den „politischen" Professoren.[329] Die Wissenschaft geriet stattdessen „...unter den sich wandelnden gesellschaftlichen Bedingungen in den Sog des Pluralismus konkurrierender Kräfte."[330]

---

327) Vgl. SIEMANN, Wolfram, Gesellschaft im Aufbruch, Deutschland 1849 - 1871, Frankfurt, 1990, S. 153ff.

328) Vgl. PRIDDAT, Birger P., Die andere Ökonomie - Eine neue Einschätzung von Gustav Schmollers Versuch einer „ethisch-historischen" Nationalökonomie im 19. Jahrhundert, Marburg, 1995, S. 27.

329) Sicher hatte sich ein anderer Teil der Professorenschaft nie an einer öffentlichen Debatte beteiligt.

330) SIEMANN, Wolfram, a.a.O., S. 156.

b) Zum bisherigen Einfluß der Wissenschaft auf die wirtschaftliche Entwicklung

Schmollers Wirken wird in den nächsten Jahrzehnten den Einfluß der historischen Schule an deutschen Universitäten ausweiten und zu einem Höhepunkt führen. Es gab allerdings bereits zuvor bedeutende Anhänger dieser Schule, die sich ihre Lehrmeinungen nach einer kritischen Rezeption der klassischen Nationalökonomie gebildet hatten.[331] Zu Beginn des Jahrhunderts hingegen waren die Lehren von Adam Smith noch weitgehend unverändert verbreitet worden; zum Beispiel an der Königsberger Universität durch Christian Jakob Kraus (1753 - 1807) oder an der neugegründeten Universität in Berlin durch seinen Schüler J.G. Hofmann. Hermann Kellenbenz glaubt, daß Smith die politischen Gestalter der preußischen Reformzeit und des deutschen Zollvereins beeinflußte.[332]

Aus umfassenderer Sicht beschreibt Friedrich Zunkel den Einfluß der Wissenschaft auf die Mentalität des Unternehmertums und damit auch auf die wirtschaftliche und politische Entwicklung um die Jahrhundertmitte:

„Hand in Hand mit der sich in diesen Jahren vollziehenden endgültigen Hinwendung des gewerblichen Lebens zum modernen Industrialismus ging - diese Entwicklung bewirkend und selbst wieder von ihr vorangetrieben - die volle Ausbreitung und Entfaltung industriellen Unternehmungs- und Geschäftsgeistes in Rheinland-Westfalen. Es waren die von diesem Geist erfüllten Unternehmer, die jetzt eindeutig als aktive und aggressive Gestalter des Wirtschaftslebens führende Positionen der entstehenden industriellen Gesellschaft einnahmen. Nur dadurch, daß eine ständig wachsende Zahl von Männern den Erwerb um der Unternehmung, zum Teil auch allein um des Erwerbs willen betrieb, während das vordringlich von der Sorge um die Familie bestimmte bürgerliche Erwerbsmotiv zurücktrat, nur durch den diesem System des Wirtschaftens innewohnenden inneren Zwang, die Expansion des Kapitals, der Produktion und der Konsumtion immer weiter voranzutreiben, konnte ja ein derartiger indus-

331) Einen Überblick über die historische Schule gibt Abschnitt B.I.1.

332) Vgl. KELLENBENZ, Hermann, Deutsche Wirtschaftsgeschichte, Band II, München, 1981, S. 14.

trieller Aufschwung ermöglicht werden. Nur dadurch auch, daß die durch Manchesterlehre, wissenschaftlichen Positivismus und Materialismus und biologische Daseinskampftheorie geweckte Geisteshaltung, die immer mehr zur Anbetung der großen Quantität, des meßbaren Erfolgs und der äußerlichen Macht führte und die den materiellen Fortschritt mit der Ideologie einer Besserung der menschlichen Verhältnisse, einer Förderung des Menschengeistes und einer Veredelung der menschlichen Beziehungen verknüpfte, immer größere Verbreitung und Bedeutung gewann, wurden die geistig-seelischen Voraussetzungen für die industrielle Expansion geschaffen."[333]

Im folgenden wird noch zu untersuchen sein, welchen von Klassik und Neoklassik abweichenden Einfluß die historische Schule und im Rahmen dieser Arbeit insbesondere Schmoller auf die weitere politische, wirtschaftliche und gesellschaftliche Entwicklung nahm. Diese Frage ist auch deswegen besonders interessant, weil Schmoller sich nicht auf die Universität beschränkte, sondern sich darüber hinaus aktiv an der Politik beteiligte, insbesondere mittels des Vereins für Socialpolitik.

c) Die historische Schule im Rahmen des geisteswissenschaftlichen Historismus

Max Weber spricht davon, daß Schmoller den Universitäten zu einem einmaligen Einfluß auf die Öffentlichkeit verholfen habe.[334] Otto Brunner glaubt darüber hinaus, daß die historische Nationalökonomie um die Jahrhundertwende

333) ZUNKEL, Friedrich, Die Entfesselung des neuen Wirtschaftsgeistes 1850 - 1875, in: BORN, Karl Erich (Hg.), Moderne deutsche Wirtschaftsgeschichte, Köln, Berlin, 1966, S. 44.

334) Vgl. WEBERS Brief, in: Reden und Ansprachen zu Gustav Schmollers 70. Geburtstag, Altenburg, 1908, S. 67f., zitiert nach: HOMANN, Harald, Gustav Schmoller und die „empirische Sozialforschung", in: SCHIERA, Pierangelo; TENBRUCK, Friedrich (Hg.), Gustav Schmoller in seiner Zeit: Die Entstehung der Sozialwissenschaften in Deutschland und Italien, Bologna, Berlin, 1988, S. 329f.

vorübergehend eine „Schlüsselstellung" innerhalb der gesamten Geisteswissenschaften einnahm.[335]

Wie zu Beginn der Arbeit erwähnt, war die Volkswirtschaftslehre mit ihrer historischen Betrachtungsweise allerdings Teil einer geistesgeschichtlichen Strömung, die im 19. Jahrhundert alle Geisteswissenschaften erfasst hatte, und in diesem weiten Sinne als Historismus bezeichnet wird.[336] Natürlich profitierte vom Historismus insbesondere die Geschichtswissenschaft. Neben der historischen Schule der Volkswirtschaftslehre gab es zum Beispiel aber auch eine historische Rechtslehre. Die noch junge Kunstgeschichte wurde innerhalb dieser Zeitströmung populär. An den historistischen Bauten jener Epoche kann man die damalige Orientierung an vergangenen Stilen bis heute ablesen. Darüber hinaus war der historistische Einfluß zum Beispiel auch in der Rechtswissenschaft spürbar, wo Friedrich Karl von Savigny[337] eine historische Rechtsschule gründete.[338] Um die Reichsgründungszeit hatte der Historismus den größten Einfluß auf das öffentliche Bewußtsein, nach dem ersten Weltkrieg verlor er schnell an Bedeutung.[339]

Bei der Untersuchung der Frage, warum die historischen Geisteswissenschaften im Deutschland des 19. Jahrhunderts so erfolgreich waren, können Odo Marquards Überlegungen, welchen Platz die Geisteswissenschaften in der modernen Welt einnehmen, einen wesentlichen Beitrag leisten. Seiner Ansicht nach werden die Geisteswissenschaften durch die von den Naturwissenschaften vorangetriebene Industrialisierung keineswegs überflüssig; sie gewinnen im Gegenteil eine neue Funktion hinzu: Die Modernisierung verlangt den Menschen

---

335) Vgl. BRUNNER, Otto, Die alteuropäische „Ökonomik", in: Zeitschrift für Nationalökonomie, Bd. 13, 1950 – 1952, S. 137.

336) Zur Einbettung der historischen Schule in die Geistesgeschichte des 19. Jahrhunderts siehe auch BRINKMANN, Carl, Historische Schule, in: Handwörterbuch der Sozialwissenschaften (HdSW), Bd. 5, 1956, S. 121 und WINKEL, Harald, Die deutsche Nationalökonomie im 19. Jahrhundert, Darmstadt, 1977, S. 82f.

337) Friedrich Karl von Savigny (1779 – 1861) war von 1810 bis 1842 Professor in Berlin.

338) Vgl. KRUSE, Alfred, Geschichte der volkswirtschaftlichen Theorien, 4. Aufl., Berlin, 1959, S. 159.

339) Als weiterer Repräsentant der historischen Orientierung *außerhalb* der Volkswirtschaftslehre sei der Philosoph Wilhelm Dilthey genannt.

ab, sich vielfältig neu zu orientieren und umzugewöhnen. Dadurch verlieren sie traditionelle Bindungen und Wurzeln, also einen Teil ihrer Identität. Dies auszugleichen, ist nach Odo Marquard eine wesentliche Aufgabe der Geisteswissenschaften. Sie bewahren und erzählen „Geschichten" (und eben nicht nur die eine, weltweit nahezu austauschbare „Geschichte" des technischen Fortschritts), um die Vertrautheit der Menschen mit ihrer Umwelt zu erneuern. Die erst in der Moderne entstehende Idee der Denkmalspflege, auch die neugeschaffene Institution des Museums unterstützen Marquards Argumentation. Je schneller der technische Fortschritt ein Land erfaßt, desto wichtiger ist die bewahrende Aufgabe der Geisteswissenschaften. Wenn Odo Marquard davon spricht die Geisteswissenschaften „kompensierten" die mit dem technischen Fortschritt einhergehenden lebensweltlichen Verluste, meint er dies also keineswegs abwertend. Nur wenn die Geisteswissenschaften ihre Aufgabe wahrnehmen, ist eine Modernisierung ohne existenzielle Brüche überhaupt möglich.[340]

Die Überlegungen Marquards für heute lassen sich sicher auf die Verhältnisse im 19. Jahrhundert übertragen. Die stürmische Industrialisierung nach 1850 hat den Menschen, wie oben beschrieben, vielerlei Neuorientierungen abverlangt. Speziell in Deutschland kam hinzu, daß gleichzeitig auch die staatliche Ordnung umgebrochen wurde. Der geisteswissenschaftliche Historismus entsprach somit einem tiefen Bedürfnis nach Orientierung. Hier muß auch eines der Erfolgsgeheimnisse der historischen Schule der Nationalökonomie und damit auch Gustav Schmollers verborgen liegen. Nach Günter Schmölders war die historische Schule ein „Spiegel des allgemeinen Zeitgeistes."[341] Folgt man den eben angestellten Überlegungen, sollte man aber auch ihre aktive und verändernde Rolle nicht unbeachtet lassen. Betrachtet man die Geisteswissenschaften als Ganzes – eine begriffliche Abtrennung der Sozialwissenschaften bahnte sich damals erst vorsichtig an – kann man argumentieren, daß die historisch orien-

340) Vgl. MARQUARD, Odo, Apologie des Zufälligen – Philosophische Studien, Stuttgart, 1986, S. 102ff, MARQUARD, Odo, Skepsis und Zustimmung – Philosophische Studien, Stuttgart, 1994, S. 52ff. Vgl. auch ein Interview mit Odo Marquard, in: RÖTZER, Florian (Hg.), Denken, das an der Zeit ist, Frankfurt am Main, 1987, S. 193f.

341) SCHMÖLDERS, Günter, Historische Schule, in: Issing, Otmar (Hg.), Geschichte der Nationalökonomie, 2. Aufl., München, 1988, S. 110.

tierte Geisteswissenschaft jener Epoche sich ab 1871 nach ihrem Engagement in der nationalen Frage nun mit der sozialen Frage befasste:[342]

„Wie von 1815 bis 1870 die Aufgabe des politischen Neubaues im konstitutionellen und nationalen Sinn die besten Kräfte der Nation beschäftigte, so wenden sich heute die fähigsten Köpfe der großen Frage zu, die seit der Begründung des Reiches im Vordergrund unseres öffentlichen Lebens steht, der Frage einer sozialen Reform."[343]

In welcher Form sich der Verein für Socialpolitik und insbesondere Schmoller an der öffentlichen sozialpolitischen Diskussion beteiligt hat, soll im nächsten Kapitel untersucht werden.

342) Vgl. HOMANN, Harald, Gustav Schmoller und die „empirische Sozialforschung", in: SCHIERA, Pierangelo; TENBRUCK, Friedrich (Hg.), Gustav Schmoller in seiner Zeit: Die Entstehung der Sozialwissenschaften in Deutschland und Italien, Bologna, Berlin, 1988, S. 332.

343) HINTZE, O., Roschers politische Entwicklungstheorie, in: Schmollers Jahrbuch, Bd. 21, 1897, S. 768.

D. Die ersten Jahre des Vereins für Socialpolitik

Im Kapitel C wurde deutlich, wie umfassend sich Deutschland bis zur Reichsgründung verwandelt hatte: Politisch betrachtet war ein neues Staatswesen entstanden, dessen Institutionen noch zu gestalten waren. Wirtschaftlich war Deutschland spätestens seit der Jahrhundertwende auf dem Weg in die Industriegesellschaft, wie sich beispielhaft am rasch entstehenden Ruhrgebiet zeigte. Eine wachsende Bevölkerung mußte sich an die wirtschaftliche Entwicklung anpassen. Viele Menschen waren gezwungen, traditionelle Wirtschaftsformen und Lebeweisen auf dem Lande zu verlassen und innerhalb Preußens oder Deutschlands neue Beschäftigungen in den Städten zu suchen. Nicht wenige verließen Deutschland ganz. Natürlich konnten das manche auch als Chance sehen, sich von überkommenen, verkrusteten Verhältnissen zu lösen. Trotzdem war das Leben des städtischen Proletariats ungeordnet und erbärmlich, so daß manche den Staat auf eine Revolution zutreiben sahen. Liberale Auffassungen hatte die Wirtschaftspolitik in den letzten Jahrzehnten beherrscht. Sie hatten die Politiker „entlastet", indem sie ihre Untätigkeit rechtfertigte und stattdessen auf die Kräfte des Marktes verwiesen.

Schon dem ersten Eindruck nach scheint dies eine geeignete Ausgangslage für jene Sozialreformer gewesen zu sein, die den „Verein für Socialpolitik" gründeten. Mit ihm konnten sie versuchen, jenes „institutionelle Vakuum" zu füllen, daß die politische und wirtschaftliche Entwicklung bis dahin hinterlassen hatte.

I. Die Vereinsgründung

1. Zu den Gründungsmotiven

Bereits bei den mehr als ein Jahr dauernden Vorbereitungen zur Vereinsgründung, die dann schließlich am 13. Oktober 1873 stattfand, spielte Schmoller eine wesentliche Rolle.[344] Obwohl der Verein von Beginn an zweifellos von Schmoller und seinen akademischen Kollegen geprägt worden war, ging der erste Anstoß zu seiner Gründung jedoch nicht von einem Wissenschaftler, sondern von einem Journalisten aus. Der Chefredakteur des „Hamburgischen Correspondenten", Dr. Julius von Eckardt wandte sich im Mai 1872 an den nunmehr in Berlin lehrenden Professor Adolph Wagner und schlug ihm vor, die „...Gesinnungsgenossen – für welche eben damals die Bezeichnung Kathedersozialisten[345] aufgekommen war..."[346] in einer Vereinigung zusammenzufassen.[347]

---

344) Vgl. zur Vereinsgründung: BOESE, Franz, Geschichte des Vereins für Sozialpolitik 1872 – 1932, Berlin, 1939, S. 1ff., KESTEN-CONRAD, Else, Verein für Sozialpolitik, in: Handwörterbuch der Staatswissenschaften, Jena, 1911, Bd. 8, S. 144ff., LINDENLAUB, Dieter, Richtungskämpfe im Verein für Sozialpolitik, Wiesbaden, 1967, S. 1ff.

Boese war für lange Zeit Schriftführer des Vereins. Lindenlaub führt die „positive Herausstellung" Schmollers in Boeses Werk allerdings darauf zurück, daß er ein Schüler Schmollers gewesen sei. Vgl. LINDENLAUB, Dieter, a.a.O., S. 1, Fußnote 1.

345) Nach BOESE war dieser Name vom Liberalen Heinrich Bernhard Oppenheim erfunden worden, vgl. BOESE, Franz, a.a.O., S. 25, siehe auch KERN, Horst, Empirische Sozialforschung: Ursprünge, Ansätze, Entwicklungslinien, München, 1982, S. 85.

346) ECKARDT, Julius v., Lebenserinnerungen, Leipzig, 1910, S. 274.

347) Dies geht auch aus den Bemerkungen hervor, mit denen Schmoller seine Rede zur Eröffnung der Eisenacher Tagung am 6.10.1872 einleitetete. Die Eisenacher Tagung bereitete die Gründung des Vereins für Socialpolitik vor. Vgl. SCHMOLLER, Gustav, Rede zur Eröffnung der Besprechung über die sociale Frage in Eisenach, in: SCHMOLLER, Gustav, Zur Social- und Gewerbepolitik der Gegenwart, Reden und Aufsätze, Leipzig, 1890, S. 1. Bei BOESE ist die Rede nur unvollständig abgedruckt.

Daß man sich in der Form eines Vereines zusammenfand, jener neuen und damals modischen bürgerlichen Institution,[348] schien auf stillschweigende Übereinstimmung zu stoßen und wurde nicht weiter diskutiert. Schmoller und andere Gründungsmitglieder, die die historische Entwicklung gesellschaftlicher Institutionen erforschten, blieben der eigenen institutionellen Form gegenüber unaufmerksam. Wie selbstverständlich diese, das Bürgertum des 19. Jahrhunderts bis heute repräsentierende Organisationsform angenommen wurde, zeigt, in welchem Maße das Engagement der bürgerlichen Kultur jener Zeit entstammte und entsprach.

Eckardt wollte den ebenfalls in Berlin lehrenden „Ökonomisten", unter anderem C. Braun, H.B. Oppenheim, L. Bamberger, Faucher und Prince-Smith, etwas entgegenstellen.[349] Die Vereinsgründer teilten wohl alle die Einschätzung, daß um die Mitte des 19. Jahrhunderts die Fortentwicklung der Klassik auch in Deutschland zur herrschenden Lehrmeinung geworden war. Nicht ohne Polemik bezeichneten sie eine Richtung der damaligen Neoklassik auch als „Manchestertum" oder „Manchesterliberalismus". Der Name der Manchesterschule geht auf eine Interessengruppe zurück, die zwischen 1820 und 1850 an der Handelskammer in Manchester wirkte. Unter Führung von Richard Cobden und John Bright trat sie für den Freihandel auch mit Agrarprodukten ein, um steigende Getreidepreise zu verhindern. Nach Lindenlaub war der „Manchesterliberalismus" bei seiner Rezeption in Deutschland allerdings von einer Außenwirtschaftslehre zu einer „überspitzten", alle Teile der Volkswirtschaft umspannenden Theorie ausgebaut worden. Die Wirtschaft sei getrennt von Staat und Gesellschaft analysiert und als isoliert funktionierendes System verstanden worden. Adam Smith folgend sei man davon überzeugt gewesen, daß die völlig ungehinderte Durchsetzung individueller Interessen letztlich zu einem harmonischen Ganzen führen werde. Jede Intervention des Staates habe man abgelehnt. Aus Sicht des „Manchestertums" konnte das Proletariat seinen Lebensstandard nur durch Arbeiten und Sparen erhöhen. Andere Eingriffe in die Ein-

348) Vgl. HOMANN, Harald, Gustav Schmoller und die „empirische Sozialforschung", in: SCHIERA, Pierangelo; TENBRUCK, Friedrich (Hg.), Gustav Schmoller in seiner Zeit: Die Entstehung der Sozialwissenschaften in Deutschland und Italien, Bologna, Berlin, 1988, S. 332.

349) Vgl. ECKARDT, Julius v., a.a.O., S. 274.

kommensverteilung habe man für zum Scheitern verurteilt gehalten, weil die Verteilung durch die Märkte scheinbar „naturgesetzlich" funktioniere.[350] Die knappe Darstellung des „Manchestertums" durch Lindenlaub entspricht wohl weitgehend auch dem, was die Vereinsgründer mit dieser Bezeichnung verbanden.

Gründungsmitglied Erwin Nasse nennt über die Ablehnung des „Manchestertums" hinaus zwei positive programmatische Motive, die die Vereinsgründer verbanden:

1. Die Bedeutung der Sozialen Frage sollte öffentlich stärker hervorgehoben werden.
2. Die Rolle des Staates als überindividuelle moralische Instanz sollte betont werden. Seine Aufgabe sei es, die „harmonische Entwickelung der Gesellschaft" aktiv zu fördern.[351]

Schon die wissenschaftliche Vorherrschaft der damaligen Neoklassik mußte den Anhängern der historischen Schule mißfallen. Wäre dies das einzige Ärgernis gewesen, hätten sie darauf mit der Bildung einer Gesellschaft ausschließlich *wissenschaftlichen* Charakters reagieren können, also einer direkten Gegengründung zum liberalen Kongreß der deutschen Volkswirte (1858 – 1885). Darüber hinaus hatte die Neoklassik aber der liberalen Zeitströmung entsprochen und war von der Öffentlichkeit entsprechend zustimmend aufgenommen worden. Schmoller sprach davon, daß „(...)die auf dem Markte des Tages unbedingt herrschenden volkswirtschaftlichen Doktrinen"[352] auf dem „Manchestertum" beruhten.

Auch in den Regierungen der fünfziger und sechziger Jahre waren liberale Wirtschaftspolitiker vertreten, in Preußen zum Beispiel der rheinische Kauf-

---

350) Vgl. LINDENLAUB, Dieter, a.a.O., S. 2ff.

351) Vgl. NASSE, Erwin, Rede zur Eröffnung der sechsten Generalversammlung des Vereins für Socialpolitik am 21. und 22.4.1879 in Frankfurt/Main, zitiert nach dem Protokoll, veröffentlicht in den Schriften des Vereins für Socialpolitik, Bd. 16, 1879, S. 1.

352) SCHMOLLER, Gustav, Rede zur Eröffnung der Besprechung über die sociale Frage in Eisenach, in: SCHMOLLER, Gustav, Zur Social- und Gewerbepolitik der Gegenwart, Reden und Aufsätze, Leipzig, 1890, S. 5.

mann Ludolf Camphausen, außerdem Itzenplitz und Delbrück.[353] Zwischen Politik und Finanzwelt bestanden vielfältige Beziehungen: Camphausens Vorgänger als Finanzminister, v.d.Heydt, soll durch den Einfluß zweier mächtiger Finanzhäuser, der Diskontogesellschaft und Bleichröder, gestürzt worden sein. Auch bei Camphausens Ernennung könnten die Banken beteiligt gewesen sein. Camphausen habe jedenfalls während seiner späteren Regierungstätigkeit der Diskontogesellschaft staatliche Mittel in Höhe von 3 Millionen Talern zu einem Zinssatz von nur 2 3/4 % geliehen.[354]

Else Conrad räumt ein, daß der Liberalismus Deutschlands Wirtschaft zunächst in die richtigen Bahnen lenkte: „Die liberalen Ideen, wenn auch durch die lange Zurückdämmung (in Deutschland, der Verfasser) bald im Extrem hervorbrechend, leisteten den deutschen Staaten zunächst einen großen Dienst; sie hauchten dem ganzen wirtschaftlichen Getriebe neues Leben ein und führten zu einem wunderbaren Aufschwung der Produktion und des Nationalwohlstandes."[355] An anderer Stelle formuliert sie, die von der Freihandelsschule vertretenen Meinungen hätten „...sich um die Mitte des 19. Jahrhunderts der größte Teil der Bevölkerung Deutschlands zu eigen gemacht (...)"[356]. Frau Conrad dürfte hier allerdings lediglich das Bürgertum im Sinne gehabt haben. Soweit sich bei den Mitgliedern der neu entstandenen Arbeiterklasse überhaupt politische Überzeugungen gebildet hatten, ist fraglich, ob dies mehrheitlich liberale waren.

Insbesondere mißfiel es den Vereinsgründern, daß aus ihrer Sicht die Vertreter der neoklassischen Theorie einen entscheidenden Einfluß auf die Presse ausübten. So würden nur in wenigen äußerst rechten Blättern - Eckardt nennt die „Kreuz-Zeitung" und die „Berliner Revue" - nicht ausschließlich „kapitalistische Interessen" vertreten.

353) Vgl. LINDENLAUB, Dieter, a.a.O., S. 2.

354) Vgl. CONRAD, Else, Der Verein für Sozialpolitik und seine Wirksamkeit auf dem Gebiet der gewerblichen Arbeiterfrage, Jena, 1906, S. 21.

355) Vgl. CONRAD, Else, a.a.O., S. 1.

356) KESTEN-CONRAD, Else, Verein für Sozialpolitik, in: Handwörterbuch der Staatswissenschaften, Jena, 1911, Bd. 8, S. 145.

Aus Eckardts Argumentation kann man schließen, daß er die Lehrmeinungen der erwähnten liberalen Nationalökonomen kurzerhand mit den Interessen der Kapitaleigentümer identifizierte. Die Frage, wem eine bestimmte wissenschaftliche Argumentation nützt, und wem sie schadet, ist eine politische, und bezieht sich auf die öffentliche Diskussion. Schmoller betont dem folgend die Rolle der Wissenschaft im Meinungsbildungsprozeß: „Denn aller praktische Fortschritt im Staats-, Sozial- und Wirtschaftsleben hängt heute wesentlich von der zunehmenden Urteilsfähigkeit der Kreise ab, die auf der Universität studieren und die volkswirtschaftlichen, sozialen sowie politischen Bücher lesen."[357]

Auch wenn der professorale Einfluß im Verein überwog, so blieb es sicher ein bedeutendes, vermutlich sogar das erste Anliegen aller seiner Mitglieder, die öffentliche Meinung und darüber hinaus auch die Regierung zu beeinflussen.[358] Daß dem Verein von Anfang an auch und gerade eine publizistische, meinungsbildende Aufgabe zugedacht war, daß er gerade diese Rolle später tatsächlich übernahm und die öffentliche Meinung im Kaiserreich mitprägen konnte, wird uns im weiteren noch beschäftigen. So bemerkenswert Boese die Tatsache empfand, daß es ein Journalist und kein Wissenschaftler war, der den ersten Anstoß zur Vereinsgründung gab, letztlich entsprach dies den Vereinszielen.

2. Die Gründungsversammlungen

a) Vorbereitungen zur ersten Versammlung

Noch im Mai 1872, wenige Tage nachdem er den Brief von Eckardt erhalten und die Idee mit einigen Gesinnungsgenossen besprochen hatte, wendet sich

357) SCHMOLLER, Gustav, Volkswirtschaft, Volkswirtschaftslehre und -methode, in: Handwörterbuch der Staatswissenschaften, 3. Aufl., Jena, 1909 - 1911, S. 450.

358) Vgl. RINGER, Fritz K., Die Gelehrten – Der Niedergang der deutschen Mandarine 1890 – 1933, München, 1987, S. 136f.

Adoph Wagner an Schmoller.[359] Wagner begrüßt Eckardts Vorschlag, eine Vereinigung zu bilden. Er schlägt vor, über Parteigrenzen hinweg Personen unterschiedlicher Meinung einzubinden. Nur in einigen wesentlichen Punkten – der Stellung des Staates zu sozialer Frage und Volkswirtschaft – müsse Einigkeit herrschen. Weiter heißt es im Brief Wagners an Schmoller: „Sie speziell möchte ich nun zuerst fragen, was sie von der Sache halten, und ob sie bereit wären, sich zu beteiligen."[360] Der nachfolgende Briefwechsel zeigt, daß Schmoller von Anfang an bereit war, an diesem Vorhaben mitzuwirken.

Zu einer ersten Besprechung fanden sich die an der Vereinsgründung Interessierten am 13. Juni 1872 in Halle ein.[361] Zu diesem Zeitpunkt lehrte Schmoller noch an der dortigen Universität. In der Literatur herrscht Uneinigkeit darüber, wer die Sitzung leitete. Boese vermutet, daß Hildebrand als ältester Teilnehmer mit der größten Reputation die Sitzung formal leitete, tatsächlich aber Schmoller den Verlauf der Besprechung entscheidend beeinflußte.[362] Lindenlaub zählt unter den 15 Teilnehmern nur drei, die keine Professoren waren.[363]

Man beschloß, alljährlich eine Versammlung zur sozialen Frage zu veranstalten. Danach wurde darüber diskutiert, wie groß der Kreis der Teilnehmer sein sollte, der für die erste Versammlung einzuladen war. Sollte man sich auf einen kleinen Kreis von „Kathedersozialisten" beschränken oder einen weiten Kreis auch „gesinnungsverwandter" Teilnehmer einladen? Nach Auffassung von Boese setzte sich in dieser Frage Schmoller durch, der für einen weiten Kreis plädierte.[364] Dies entsprach wohl auch, wie oben bereits erwähnt, der Auffas-

359) Vgl. auch SCHMOLLER, Gustav, Vorbemerkungen zur Rede zur Eröffnung der Besprechung über die sociale Frage in Eisenach, in: SCHMOLLER, Gustav, Zur Social- und Gewerbepolitik der Gegenwart, Reden und Aufsätze, Leipzig, 1890, S. 5.

360) BOESE, Franz, a.a.O., S. 2.

361) Teilnehmer waren Roscher, Engel, Hildebrand, Ad. Wagner, Conrad, Knapp, Brentano, v. Eckardt, Schmoller, Mithoff, E. Meier, Anschütz, Dernburg, Fitting, v. Helldorf. Vgl. KESTEN-KONRAD, Else, a.a.O., S. 145. Brentano nennt als weitere Teilnehmer den Literaturhistoriker Haym und den Halleschen Oberbürgermeister Voß. Vgl. BRENTANO, Lujo, Mein Leben im Kampf um die soziale Entwicklung Deutschlands, Jena, 1931, S. 72ff.

362) Vgl. BOESE, Franz, a.a.O., S. 3.

363) Vgl. LINDENLAUB, Dieter, a.a.O., S. 7.

364) Vgl. hierzu auch LINDENLAUB, Dieter, a.a.O., S. 44.

sung Adolph Wagners. Denkt man an die späteren Tagungen des Vereins, auf denen häufig ganz unterschiedliche Meinungen zu Worte kamen, auf denen sehr kontrovers diskutiert und zu deren Ende die verschiedenen Positionen nicht selten gegeneinander abgestimmt wurden, muß man diese Entscheidung als wichtige Weichenstellung betrachten.

Daß es den Vereinsgründern nicht darum ging, ohnehin gemeinsame Ansichten im kleinen Kreis weiter zu pflegen, sondern daß sie durchaus unterschiedliche Meinungen integrieren wollten, zeigt das Einladungsschreiben zur ersten Tagung: „Was die Unterzeichneten aus der Besprechung erhoffen, ist eine Annäherung auseinander gehender Meinungen, eine Verständigung wenigstens in den brennendsten Punkten der socialen Frage."[365] Wäre die Entscheidung zugunsten eines ideologisch einheitlicheren Kreises getroffen worden, zugunsten einer „kleinen, aber mächtigen Partei", wie es sich Brentano und v. Eckardt gewünscht hatten,[366] hätte er sich wohl kaum zu jenem vielfältigen Forum entwickeln können, das die wirtschafts- und sozialpolitische Diskussion im Kaiserreich mitbestimmte.

Nun war die erste öffentliche Versammlung der Vereinsgründer am 6. und 7. Oktober 1872 in Eisenach[367] vorzubereiten und auch hier läßt sich Schmollers Einfluß nachweisen. Die organisatorischen Vorbereitungen waren Schmoller und v. Eckardt übertragen worden.[368] Nach Boese hatte es dabei hauptsächlich v. Eckardt übernommen, die Einladungen zu versenden. Während er die einzuladenden Journalisten und Arbeiterführer alleine ausgewählt haben soll, sei er insbesondere bei den Wissenschaftlern, Beamten und Industriellen Schmollers Anweisungen gefolgt. Mancher aus dem Kreis der Eingeladenen schlug *bei*

365) Zitiert nach: SCHMOLLER, Gustav, Rede zur Eröffnung der Besprechung über die sociale Frage in Eisenach, in: SCHMOLLER, Gustav, Zur Social- und Gewerbepolitik der Gegenwart, Reden und Aufsätze, Leipzig, 1890, S. 2.

366) Vgl. ECKARDT, Julius v., Lebenserinnerungen, Leipzig, S. 276ff.

367) BOESE datiert Schmollers Eröffnungsrede fehlerhaft auf den 8. Oktober 1872. Vgl. BOESE, Franz, a.a.O., S. 6. Das richtige Datum findet sich u.a. bei KESTEN-KONRAD, Else, a.a.O., S. 145.

368) SCHMOLLER, Gustav, Vorbemerkungen zur Rede zur Eröffnung der Besprechung über die sociale Frage in Eisenach, in: SCHMOLLER, Gustav, Zur Social- und Gewerbepolitik der Gegenwart, Reden und Aufsätze, Leipzig, 1890, S. 5.

Schmoller weitere Personen vor, die man zur Tagung ebenfalls hinzubitten könne. Die Einladung hatten neben den Teilnehmern der Vorbesprechung in Halle[369], einige weitere Unterstützer signiert.[370] Schmoller zitiert jenen Teil des Einladungstextes, der die Ziele der Vereinsgründer recht anschaulich zusammenfasst:

„Durchdrungen von der Überzeugung, daß die Zukunft des deutschen Reiches, wie die Zukunft unserer Kultur überhaupt wesentlich davon beeinflußt sein wird, wie unsere socialen Zustände in allernächter Zeit sich gestalten, durchdrungen von der Überzeugung, daß diese Gestaltung wiederum ganz wesentlich davon abhängen wird, wie die Gebildeten und Besitzenden, wie die öffentliche Meinung, die Presse und die Regierungen sich zu der socialen Frage stellen, haben die Unterzeichneten Männer aller politischen Parteien, von denen sie annehmen zu können glaubten, daß sie Interesse und sittliches Pathos für die Frage haben, und daß sie das absolute *laissez faire et laissez passer* in der socialen Frage nicht für das Richtige halten, zu der Besprechung aufgefordert. Sie geben jedem der Eingeladenen anheim, noch ein oder zwei gleichgesinnte Männer aus dem Kreise seiner Bekannten und Gesinnungsgenossen zu der Besprechung aufzufordern. Was die Unterzeichneten aus der Besprechung erhoffen, ist eine *Annäherung auseinander gehender Meinungen, eine Verständigung wenigstens in den brennendsten Punkten der socialen Frage.* Und da sie glauben, dieses Ziel um so eher zu erreichen, je konkreter die Fragen behandelt würden, so haben sie in Aussicht genommen, daß die Besprechung sich zunächst auf die eben erwähnten Punkte koncentrieren solle." (Hervorhebungen durch Schmoller)[371]

---

369) Vgl. Fußnote 361.

370) Generallandschaftsrat v. Blanckenburg, Fabrikant Borchert jun., Prof. Gneist, Prof. von der Goltz, Prof. von Holtzendorff, Prof. Knies, Geh. Rath Weitzen, Prof. Nasse, Kommerzienrat Quistorp, Fabrikant F. Reichenheim, Prof. Riehl, Rittergutsbesitzer Sombart, Prof. von Sybel, Prof. von Treitschke, Max Wirth und Rittergutsbesitzer v. Wedell-Malchow, vgl. SCHMOLLER, Gustav, Vorbemerkungen zur Rede zur Eröffnung der Besprechung über die sociale Frage in Eisenach, in: SCHMOLLER, Gustav, Zur Social- und Gewerbepolitik der Gegenwart, Reden und Aufsätze, Leipzig, 1890, S. 2.

371) SCHMOLLER, Gustav, ebd.

b) Die erste öffentliche Versammlung (1872)

Daß Schmoller schließlich die Eröffnungsrede des Kongresses am 6. Oktober 1872 hielt – keiner der „älteren Herren" sei dazu bereit gewesen[372] – zeigt erneut, welch wichtige Rolle er bei der Vereinsgründung spielte.[373]

Schmoller konstatiert zu Beginn seiner Rede,[374] daß sich neben den im Volkswirtschaftlichen Kongreß herrschenden „Manchesterliberalen" längst andere volkswirtschaftliche Schulen gebildet hätten. Namentlich erwähnt er eine historische, eine philosophische und eine statistische Schule. Nun sei man sich mit den Liberalen in der Vergangenheit weitgehend einig gewesen, die Zolltarife zu reformieren oder die Gewerbefreiheit einzufordern. Gemeinsam habe man in diesen Fragen gegen die Konservativen argumentiert. Nachdem sich die liberale Wirtschaftspolitik nun vollständig durchgesetzt habe, zeigten sich umso deutlicher die Differenzen zum liberalen Lager: Das Dogma, daß der Staat nicht in das Wirtschaftsgeschehen einzugreifen habe, daß also individueller Egoismus unumschränkt herrschen solle, sei gänzlich ungeeignet, die soziale Frage zu lösen.

An anderer Stelle seiner Rede verdeutlicht Schmoller, daß es den Versammlungsteilnehmern nicht darum gehe, die Gewerbefreiheit wieder abzuschaffen, oder die „Lohnverhältnisse" aufzuheben. Allerdings sollten auch keinesfalls allein einer Doktrin zuliebe soziale Mißstände hingenommen werden. Wirtschaftliche Freiheit müsse öffentlich kontrolliert werden. Wo die Öffentlichkeit fehle, zum Beispiel in den Fabriken, habe der Staat diese Aufgabe zu übernehmen. Schmoller warnt davor, durch eine allzu ungleiche Vermögens- und Einkommensverteilung den Klassenkampf zu verschärfen. Dies könne schließlich

---

372) SCHMOLLER, Gustav, a.a.O., S 4f.

373) Vgl. BOESE, Franz, a.a.O., S. 4. Eine kurze Würdigung Schmollers Anteil an der Vereinsgründung aus heutiger Sicht enthält GUTMANN, Gernot, Gustav Schmoller und der Verein für Socialpolitik, in: BACKHAUS, Jürgen G. (Hg.), Gustav von Schmoller und die Probleme von heute, Berlin, 1993, S. 105ff.

374) Die Rede ist unter anderem nachzulesen in: SCHMOLLER, Gustav, Zur Social- und Gewerbepolitik der Gegenwart, Reden und Aufsätze, Leipzig, 1890, S. 5ff.

die freien politischen Institutionen zerstören, so daß eine neue absolutistische Herrschaft drohe.

Die liberale Wirtschaftspolitik hatte zwar die Güterproduktion wachsen lassen. Dies allein reichte den Gründern des Vereins für Socialpolitik jedoch nicht aus. Sie plädierten nun dafür, in die Einkommensverteilung einzugreifen und die produzierten Güter anders zu verteilen. Neben den Wandlungen in der *politischen Diskussion* argumentiert Schmoller in seiner Eröffnungsrede mit den Veränderungen der *staatlichen Struktur*: Zu Zeiten eher rückwärtsgewandter Kleinstaaten und des preußischen Verfassungskonfliktes habe man staatlichen Interventionen mißtraut, Reformen eher „Einzelnen" oder Vereinen überlassen. Es wird nicht recht deutlich, ob er hier auch die herausragenden Unternehmer jener Zeit einschließt. Jedenfalls habe es nun, zwischen 1866 und 1870 einen „großartigen Aufschwung" des Deutschen Reiches gegeben; Volk und Regierung, Parlament und Staatsgewalt seien „versöhnt". Gerade die letzte Äußerung muß man als rhetorische Übersteigerung ansehen. Wie nahe sie Schmollers tatsächlicher Auffassung war, ist nicht zu entscheiden.

Schmoller wirft den Liberalen vor, scheinbar nur noch die Interessen der Kapitalisten zu vertreten, unter wirtschaftlicher Freiheit nur noch die Freiheit der großen Unternehmen zu verstehen. Er glaubt, daß die „Kathedersozialisten" sich im Volkswirtschaftlichen Kongreß nicht würden durchsetzen können. Darüber hinaus gehörten die „Kathedersozialisten" verschiedenen politischen Parteien an, wenn auch meist solchen der Mitte. Diese Parteien seien nun wiederum im Unternehmertum verwurzelt und bei der Diskussion um die soziale Frage parteiisch. In keiner der in Frage kommenden Parteien beherrschten die „Kathedersozialisten" die sozialpolitische Diskussion. Auch die Versammlung selbst setze sich aus Mitgliedern unterschiedlicher Parteien zusammen, auch gemäßigte Sozialisten und Mitglieder des Zentrums seien eingeladen.

Nicht über Prinzipien solle debatiert werden, sondern über aktuelle Reformprojekte. Eines der Reformvorhaben, die Schmoller ausdrücklich erwähnt, gilt dem Arbeitsvertrag. Augenblicklich diene der nur scheinbar freie Arbeitsvertrag tatsächlich der Ausbeutung. Während der Tagung beschäftigte man sich außerdem mit so konkreten Themen wie Arbeiterschutzgesetzgebung und Wohnungsnot.

Die Tagung bildete einen Ausschuß, der eine gleichartige Versammlung im nächsten Jahr vorbereiten sollte. Auch diesem Ausschuß gehörte Schmoller an. Es wurde geplant, bei dieser Tagung einen Verein zu gründen, der den Zielen der neuen wirtschaftspolitischen Richtung im Deutschen Reich dienen sollte. Gneist benannte ihn vorläufig „Sozial-Reform-Verein". Diesem Namen wurde jedoch sofort widersprochen.[375]

c) Die offizielle Gründungsversammlung (1873)

Tatsächlich wurde der Verein auf der zweiten Eisenacher Versammlung am 12. und 13. Oktober 1873 gegründet, wobei er den Namen „Verein für Socialpolitik" erhielt.[376] Im geschäftsführenden Ausschuß, der den neuen Verein leiten sollte, war wiederum auch Schmoller vertreten.[377] Vorsitzender des Ausschusses wurde Gneist, sein Stellvertreter Nasse, Schriftführer wurde v. Eckardt und Schatzmeister Geibel jun.. Später, nämlich ab 1890 wird Schmoller Vorsitzender werden, und es für 27 Jahre bleiben. Die auf der Tagung behandelten Themen setzten die sozialpolitische Diskussion der ersten Tagung fort. Außerdem wurde, wohl durch den *Gründerkrach* angeregt, ein Vortrag von Adolph Wagner über Aktiengesellschaften ins Programm genommen, der viele Details über die damaligen Spekulationen und Betrügereien an der Börse enthielt.[378] Die Vereinsstatuten erlaubten nur den Mitgliedern, an den Versammlungen ungehindert teilzunehmen. Anderen Zuhörern mußte der Präsident den Zutritt gestatten.[379]

---

375) Vgl. BOESE, Franz, a.a.O., S. 12.

376) Vgl. KESTEN-KONRAD, Else, a.a.O., S. 146.

377) Schmoller war lediglich kooptiertes Mitglied. Außerdem gehörten dem Ausschuß als *gewählte* Mitglieder Gneist, Brentano, Nasse, Knies, v.d.Goltz, Knapp, v. Eckardt, Hildebrand, Neumann, Borchert, v. Roggenbach und Duncker an. Neben Schmoller waren weitere *kooptierte* Mitglieder Engel, Geibel jun., Held, Hirsch, Löwe-Calbe, Mithoff, Roscher, Schulze-Mainz, Sombart-Ermsleben, v. Sybel, Ad. Wagner, Bachmeister, Bitzer, v. Holtzendorff, Janson, Tiedemann-Mettmann. Vgl. BOESE, Franz, a.a.O., S. 18.

378) Vgl. BOESE, Franz, a.a.O., S. 17f., siehe auch Abschnitt C.III.1. a)

379) Vgl. KESTEN-KONRAD, Else, a.a.O., S. 146.

II. Der Verein als wissenschaftliche Gesellschaft und öffentliches Forum

Bereits bei der Schilderung der Motive und Absichten, die hinter der Vereinsgründung standen, wurde deutlich, wie stark der professorale Einfluß in der Gründungsphase war.[380] Auch später dominierten die Hochschullehrer, insbesondere natürlich die Nationalökonomen den Verein. Sie stellten zwar nur ca. 1/6 der Mitglieder und 1/4 der Versammlungsteilnehmer. Der geschäftsführende Ausschuß, der den Verein leitete, die Versammlungen thematisch vorbereitete und auch die Schriften herausgab, kam allerdings zu 2/3 aus den Hochschulen. Auch daß die Generalversammlungen stets in den Semesterferien und in aller Regel an Orten stattfanden, deren Besuch man mit einer Urlaubsreise verbinden konnte, sollte es den Professoren erleichtern, teilzunehmen. Magnus Biermer, der später Étienne Laspeyres auf dem Gießener Lehrstuhl für Ökonomie ablösen wird,[381] spricht vom „intimen und familiären Reiz der Zusammenkünfte der Fachkollegen".[382]

Nachdem sich der liberale Kongreß der deutschen Volkswirte 1885 auflöste, blieb der Verein für Socialpolitik die einzig bedeutende „volkswirtschaftliche Fachvereinigung", auf deren Tagungen wirtschaftspolitisch debattiert wur-

380) Vgl. Abschnitt D.I.1.

381) Der Historiker und Statistiker Étienne Laspeyres war von 1873 – 1900, Magnus Biermer dann von 1900 – 1913 Professor für Ökonomie an der Philosophischen Fakultät der Universität Gießen. Biermers Nachfolger von 1913 – 1921 war der Wirtschaftshistoriker August Skalweit. Das von Laspeyres gegründete „Statistische Seminar" wurde von Biermer zum „Staatswissenschaftlich-Statistischen Seminar" erweitert. Beides waren Schritte hin zu einer selbständigen Wirtschaftswissenschaft in Gießen. Vgl. KOERBER, Hans Joachim von, Zur Geschichte der Wirtschaftswissenschaft in Gießen, in: Gießener Hochschulblätter, Nr. 2, 1966, S. 17.

382) Biermer kritisiert, daß der Tagungsort 1899, nämlich Breslau in touristischer Hinsicht nicht attraktiv genug gewesen sei, deshalb hätten dort viele Professoren gefehlt: „Der Zusammenkunftsort muß gleichsam als Station im Rundreisebillet figurieren," BIERMER, Magnus, Die 15. Generalversammlung des Vereins für Sozialpolitik in Breslau 25. - 27. September 1899, in: Jahrbücher für Nationalökonomie und Statistik, Bd. XIX, 1900, S. 357.

de.[383] Allerdings waren politische wie wissenschaftliche Ansichten der im Verein versammelten Professoren keineswegs einheitlich. Dies mag auch gerade damit zu erklären sein, daß er eine „Monopolstellung" als wissenschaftliche Gesellschaft besaß. Gustav Cohn schildert jedoch einen Widerspruch innerhalb des Vereins, der über eine wünschenswerte Meinungsvielfalt hinausgeht:

„Ich sollte meinen, die der Wissenschaft und ihren Methoden nicht gerade zum Ruhme gereichende bunte Verschiedenheit der Ansichten kann wohl ein Zeichen lebendiger und zahlreicher Kräfte der Mitarbeit an einem Fache sein, aber aus aller dieser Verschiedenheit einen einheitlichen Ausdruck zu entnehmen für die gegenwärtige Wirtschaftspolitik und Socialpolitik des Deutschen Reiches in ihren thatsächlichen Erscheinungen und Strömungen, das müßte ein wahres Kunststück der Formulierung sein. Wie sollen sich in dieser Formulierung die Freunde der wirtschaftlichen Reaktion, der Mittelstandsbewegung, der agrarischen Forderungen, die Romantiker und Elegiker, welche die Abirrungen von der ursprünglichen „Eigenwirtschaft" beweinen, wie sollten sich diese und verwandte Ansichten vereinigen mit den fortschrittsfreudigen Geistern, welche die Losung wiederholen „durch Freiheit zu Reichtum und Macht", und hiermit, wie weit sie auch den Rückfall in das alte Manchestertum von sich weisen mögen, das extreme Gegenteil von dem anstreben, was jene anderen verkündigen? Wobei dann noch diejenigen Ansichten, von vielen anderen vertreten, zu berücksichtigen wären, die zwischen beiden Extremen stehen."[384]

Cohn behauptet, die deutsche Wirtschaftspolitik habe sich seit dem Ende der Siebziger Jahre hin zum „Reaktionären" gewandelt. Unter „reaktionären" Wirtschaftspolitik versteht er offensichtlich protektionistische oder marktbeschränkende staatliche Eingriffe, wie sie zum Beispiel von der Mittelstandsbewegung, wo die von Genossenschaften und Großbetrieben bedrohten Einzelhändler großen Einfluß hatten, oder den Landwirten gefordert wurden. Seit dieser Zeit hät-

---

383) Im „Deutschen Volkswirtschaftlichen Verband" hatten sich die „praktischen Volkswirte" zusammgenschlossen, um berufsständische Interessen zu vertreten. Vgl. LINDENLAUB, a.a.O., S. 6ff.

384) COHN, Gustav, Ethik und Reaktion in der Volkswirtschaft, in: Jahrbuch für Gesetzgebung, Verwaltung und Volkswirtschaft im Deutschen Reich, Neue Folge (Schmollers Jahrbuch), 24. Jg., 1900, S. 846.

ten sich im Verein für Socialpolitik immer deutlicher zwei Strömungen herausgebildet. Zwar betrachteten beide die „ethische Volkswirtschaftslehre" als Grundlage, in vielen Fragen der praktischen Wirtschaftspolitik seien sie aber unterschiedlicher Meinung:

- Die eine Gruppe befürworte nach wie vor sozial- und wirtschaftspolitische Reformen, lehne aber „reaktionäre" Wendungen wie die Einführung von Schutzzöllen oder die Restauration der Innungen ab. Mitglieder dieser Gruppe würden häufig von liberalen Zeitungen zitiert, um gegen den Markt gerichtete Forderungen einzelner Interessengruppen zurückzuweisen. Gelegentlich werde besonders darauf hingewiesen, daß hier ein „Kathedersozialist" so argumentiere, wie man es eigentlich nur von einem „Manchesterliberalen" erwarte.
- Auch die andere Gruppe setze sich selbstverständlich für Sozialreformen ein, sympathisiere darüber hinaus aber mit den „reaktionären" wirtschaftspolitischen Strömungen jener Zeit.

Cohn möchte sich mit dieser Einteilung auch gegen den angeblichen Versuch der Liberalen wenden, *jede* Art der Arbeiterschutzgesetzgebung, wie sie vom Verein für Socialpolitik gefordert werde, als „reaktionär" zu kennzeichnen.

Die Mehrheit der Vereinsmitglieder wie die Mehrheit der Professoren habe wohl eine mittlere Position eingenommen. Sie seien über die reaktionäre wirtschaftspolitische Entwicklung zwar nicht erfreut gewesen, hätten sie aber als unvermeidliche Entwicklungsphase hingenommen.[385] Schmoller ist wohl, trotz seiner insgesamt eher konservativeren Haltung, noch dieser Mitte zuzurechnen, zumal er sich oft darum bemühte, die auseinanderstrebenden Flügel des Vereins auf eine gemeinsame Linie zu einigen.[386]

Den Stil der wirtschaftspolitischen Auseinandersetzungen beschreibt Magnus Biermer trotz den geschilderten Differenzen als gemäßigt. Er führt dies auf die regelmäßigen Zusammenkünfte der Volkswirte im Verein für Socialpolitik zurück, insbesondere auch auf die informellen Treffen nach den Tagungen. Daneben habe die regelmäßige Vorbereitung der Tagungsthemen durch *Enque-*

---

385) Vgl. COHN, Gustav, a.a.O., S. 852ff.

386) Vgl. BOESE, Franz, a.a.O., S. 20.

ten und umfassende Publikationen für eine gemeinsame Wissensbasis gesorgt – und damit für sachkundigere und gleichzeitig weniger polemische Diskussionen.[387] Biermer hebt die Tagungen des Vereins für Sozialpolitik gegenüber anderen wissenschaftlichen Kongressen hervor, und zeigt damit zugleich, daß sich manches aus dem 19. Jahrhundert bis heute bewahrt hat: „Der Verein kann es sich zum Ruhme anrechnen, zu denjenigen wissenschaftlichen Kongressen zu gehören, auf denen wirklich gearbeitet wird."[388]

Im weiteren werden einige Tagungen des Vereins im Mittelpunkt der Betrachtungen stehen. Sie können zum einen am besten belegen, in welcher Weise sich der Verein für Socialpolitik an den aktuellen politischen Auseinandersetzungen beteiligte. Auch wird umgekehrt deutlich, welches Forum der Verein den sich im Kaiserreich entwickelnden Interessengruppen bot. Schließlich ist zu bedenken, daß die Tagungen in der Presse ein großes Echo fanden. Der liberale Teil der Presse, der die Öffentlichkeit beherrrschte, kommentierte sie allerdings nicht ohne Mißtrauen.[389] Um die Tagungen vorzubereiten, wurden von Anfang an Gutachten erstellt und veröffentlicht. Mit ihnen war die große Schriftenreihe des Vereins begonnen worden. Natürlich wurden in den „Schriften der Vereins für Socialpolitik" nicht nur die vorbereitenden Gutachten veröffentlicht, sondern auch vom Verlauf der Versammlungen berichtet. Darüber hinaus wurden aber auch zahlreiche weitere Monographien aus dem gesamten Spektrum der Volkswirtschaftslehre veröffentlicht. Die Schriftenreihe beeinflußte die Entwicklung der wirtschaftswissenschaftlichen Literatur insgesamt und war – neben den Tagungen – ein weiteres, wichtiges Instrument des Vereins, öffentlich zu wirken.[390]

---

387) Vgl. BIERMER, Magnus, Die 15. Generalversammlung des Vereins für Sozialpolitik in Breslau 25. - 27. September 1899, in: Jahrbücher für Nationalökonomie und Statistik, Bd. XIX, 1900, S. 358f.

388) BIERMER, Magnus, a.a.O., S. 369.

389) Vgl. BRENTANO, Lujo, Mein Leben im Kampf um die soziale Entwicklung Deutschlands, Jena, 1931, S. 92/93

390) Nach Meinung Lujo Brentanos sei die Herausgabe dieser Monographien sogar der Schwerpunkt der Vereinstätigkeit gewesen, während die Tagungen immer unbedeutender wurden, vgl. BRENTANO, Lujo, a.a.O., S. 92.

1. Die auf die Gründungsversammlung folgenden Tagungen (1874, 1875, 1876, 1877)

Die auf die Gründungsversammlüng von 1873 unmittelbar folgenden Tagungen waren, wenn man Boeses Geschichte des Vereins für Socialpolitik folgt, von geringerer Bedeutung. 1874 wurden wiederum in Eisenach letztlich nur zwei Themen behandelt. Die Sanktionen, die dem Kontraktbruch (im Arbeitsverhältnis) folgen sollten, und die Ausgestaltung von Invaliden- und Alterskassen. Die Diskussion hierzu habe allerdings eine Organisationsform erörtert, wie sie nachher im Hilfskassengesetz vom 7. April 1876 aufgegriffen worden sei.[391] Dies mag einen ersten, vagen Hinweis auf den Einfluß geben, den der Verein auf den politischen Entscheidungsprozeß nehmen konnte.

Noch ein weiteres Mal in Eisenach tagte man 1875 mit den Themen Einkommensteuer und Lehrlingsausbildung. Außerdem erörterte man gerade aktuelle geldpolitische Fragen. 1876 in Bremen standen lediglich Satzungsänderungen auf der Tagesordnung: Mit dem Kongreß deutscher Volkswirte war vereinbart worden, daß alle Mitglieder an den Tagungen der jeweils anderen Vereinigung ohne zusätzliche Beitragszahlung teilnehmen durften. Dies wurde in die Satzung aufgenommen. Außerdem wurde beschlossen, die Tagungen künftig in zweijährigem Rhythmus, abwechselnd mit den Tagungen des Kongresses, durchzuführen. Diese Regelung galt nur bis 1885 fort, als sich, wie schon erwähnt, der Kongreß deutscher Volkswirte auflöste.

Zu Beginn der Tagung 1877 in Berlin sollte Adolph Wagner über Kommunalsteuern referieren. Über das eigentliche Thema hinaus stellte er seine damals noch neue Auffassung zur Diskussion, daß die Steuer- und Finanzpolitik für sozialen Ausgleich sorgen könne und müsse. Dies tat er in durchaus kämpferischer, sicher auch provokanter Weise. Er sprach davon, daß der „communistische Charakter der ganzen Volkswirtschaft" immer mehr hervortrete.

„Mehr und mehr wird in der That unsere Volkswirtschaft communistisch und mehr und mehr werden deshalb für sie die Steuerfragen practisch so wichtig, weil der Bedarf zur Deckung der Staats- und Communalausgaben immer grö-

391) Vgl. BOESE, Franz, a.a.O., S. 23.

ßer wird und die Steuervertheilung doch nur zu einem Theile nach „Leistung und Gegenleistung" erfolgen kann."[392]

Solche Aussagen konnten nicht unwidersprochen bleiben. So entspann sich unter anderem eine Auseinandersetzung zwischen Wagner und Braun, der als Vorsitzender des volkswirtschaftlichen Kongresses an der Tagung teilnahm. Während Braun jeden Kompromiß zwischen dem bisherigen Wirtschaftssystem und dem Kommunismus ablehnte,[393] äußerte sich Wagner nun gemäßigter: „Wir Socialpolitiker **wollen** (Hervorhebung im Protokoll) uns dagegen nicht zu solchen Grundsätzen und zu solcher Zuspitzung der Gegensätze bekennen, die dahin führen würden, daß wir aus Principienreiterei in einen vollständigen socialen und wirthschaftlichen Ruin hineinkommen, der ohne Compromiß mit dem Richtigen im Socialismus nicht ausbleibt."[394] In einer abschließenden Abstimmung konnten sich Wagners Auffassungen zur kommunalen Besteuerung nicht durchsetzen.

Danach befasste sich der Verein mit dem deutsch-österreichischen Handelsvertrag, über den die Regierungen immer noch verhandelten, und der auch Thema der aktuellen politischen Diskussion war. Die Öffentlichkeit hielt einen Vertragsabschluß bereits für unwahrscheinlich. Man hoffte zwar noch auf eine Einigung, tat dies aber mit wenig Vertrauen. Obwohl somit die Bedeutung des Verhandlungsgegenstandes kaum eingeschätzt werden konnte, waren trotzdem Interessenvertreter erschienen. In seinem Referat vertritt der Berliner Fabrikant Dr. Max Weigert, von dem Boese vermutet, daß er Textilien produzierte,[395] die These, daß Deutschland auch ohne Zollabkommen mit Österreich leben könne. Für diesen Fall hoffte er auf lebhaften Schmuggel.

---

392) Vgl. Verhandlungen der fünften Generalversammlung des Vereins für Socialpolitik am 8., 9. und 10. Oktober 1877, Schriften des Vereins für Socialpolitik, Bd. 14, 1878, S. 9.

393) Vgl. Verhandlungen der fünften Generalversammlung des Vereins für Socialpolitik am 8., 9. und 10. Oktober 1877, Schriften des Vereins für Socialpolitik, Bd. 14, 1878, S. 93.

394) Verhandlungen der fünften Generalversammlung des Vereins für Socialpolitik am 8., 9. und 10. Oktober 1877, Schriften des Vereins für Socialpolitik, Bd. 14, 1878, S. 103.

395) Vgl. BOESE, Franz, a.a.O., S. 29.

Ein Korreferent aus Wien hatte wegen „dringender Geschäfte" abgesagt. Ein gewisser H.A. Bueck konnte die Lücke spontan schließen und improvisierte eine Stellungnahme. Zufällig betrat nun mit H.A. Bueck ein weiterer Lobbyist erstmals die Bühne des Vereins. Damals war er Generalsekretär des „Vereins zur Wahrung der gemeinsamen wirtschaftlichen Interessen in Rheinland und Westfalen". Auch wenn dieser Vereinsname den Vereinszweck recht klar wiedergab, so war er doch ein wenig lang, so daß man später meist kurz vom „Langnamenverein"[396] sprach. Schon 1873 war Bueck Teilnehmer der Vereinstagung gewesen; Boese meint, weil er früh gespürt habe, welche Bedeutung der Verein für die von ihm vertretenen Interessen gewinnen könne.[397] Während Weigert für den Fall, daß ein neuer Handelsvertrag mit Österreich nicht zustande kämme, vor einem vertragslosen Zustand nicht zurückschreckte, sprach sich Bueck dafür aus, den seitherigen Zustand provisorisch für kurze Frist zu verlängern. In der gewonnenen Zeit sollten „Lage und Bedürfnisse der vaterländischen Produktion" untersucht werden. Referate und Diskussion spiegelten die öffentliche Auseinandersetzung zwischen Freihändlern und Zollbefürwortern wieder, die zu jener Zeit in Deutschland bereits eingesetzt hatte. Innerhalb der Industrie waren Vertreter beider Lager zu finden.

Braun vom Kongreß deutscher Volkswirte plädierte für den Freihandel: „Unsere ganze bisherige Handelspolitik, wie sie datirt von dem preußischen Tarif von 1818 und von der Begründung des Zollvereins, von der Fortentwicklung des Zollvereins bis zum norddeutschen Bund und endlich bis zum deutschen Reich, das den Zollverein absorbirt hat, – diese ganze Geschichte bewegt sich auf der Basis des gemäßigten Freihandels. Auf dieser Basis sind unsere Industriellen reich, ist unsere Industrie blühend geworden, und nun will man plötzlich dieses System, unter welchem die Nation erstarkte und wohlhabend wurde, als den äußersten Abgrund des Verderbens schildern und die Männer, die Träger diesses Systems waren und die sich um das Vaterland hoch verdient gemacht

---

396) Nach SCHULZ geht dieser Name auf Bismarck zurück. Vgl. SCHULZ, Gerhard, Über Entstehung und Formen von Interessengruppen seit Beginn der Industrialisierung, in: Politische Vierteljahresschrift, 2. Jg., Heft 2, 1961, S. 139.

397) Boese beschreibt Bueck als „sehr gewandten Mann", als „Muster eines Interessenvertreters", als „wohl für alle späteren Zeiten das selten wieder erreichte Vorbild eines solchen", BOESE, Franz, a.a.O., S. 29.

haben, sollen jetzt gleichsam einen Hochverrathsprozeß an den Hals gehängt bekommen, als wenn sie die deutschen Interessen an das Ausland verrathen hätten!"[398]

Schmoller verdeutlichte schon damals, daß er sich generell weder auf die Seite der Freihandels-, noch auf jene der Schutzzollbefürworter festlegen wollte: „(...) für die Geschichte und die geographischen Bedingungen des Zollvereins glauben wir allerdings, daß eine liberale Handelspolitik für Preußen und den Zollverein ein Segen war; wir glauben, daß der Fortschritt von mäßigen Schutzzöllen zu einem immer liberaleren Tarif im Ganzen segensvoll gewesen ist, daß das System der Handelsverträge einer der größten Fortschritte in der Zollvereinspolitik war, daß ein gewaltsamer Rückschritt zu starken Schutzzöllen durchaus verhängnisvoll für Deutschland wäre und daß eine feste, für Jahre und Jahrzehnte gesicherte, im Ganzen liberale Handelspolitik nothwendig ist, um unserer Industie den sicheren Weg in die Zukunft zu zeigen."[399]

All dies kann man als Vorspiel zu jener großen Debatte zur Zollpolitik auffassen, wie sie dann 1879 auf dem Vereinskongreß in Frankfurt geführt werden sollte. Dieser Kongreß wird im weiteren noch ausführlich geschildert werden. Bereits an dieser Stelle deutet sich aber an, daß Schmoller und die anderen „Kathedersozialisten" mit der Gründung des Vereins für Socialpolitik ein wichtiges Forum für die öffentliche Debatte geschaffen hatten. Der Verein für Socialpolitik zu jener Zeit war nichts weniger als ein interner, wissenschaftlicher Diskussionszirkel. Er war jedoch auch nicht reines Sprachrohr der „Kathedersozialisten". Fast könnte man den Verein vielmehr in der Rolle desjenigen sehen, der öffentliche Debatten moderiert. Daß Lobbyisten auf die Kongresse aufmerksam wurden und sie für ihre Interessen nutzen wollten, bestätigt dieses Bild. Bemerkenswert ist in diesem Zusammenhang auch, in welchem Masse Boese die Rolle des Interessenvertreters Bueck heraushebt.

---

398) Verhandlungen der fünften Generalversammlung des Vereins für Socialpolitik am 8., 9. und 10. Oktober 1877, Schriften des Vereins für Socialpolitik, Bd. 14, 1878, S. 135f.

399) Verhandlungen der fünften Generalversammlung des Vereins für Socialpolitik am 8., 9. und 10. Oktober 1877, Schriften des Vereins für Socialpolitik, Bd. 14, 1878, S. 148.

Drittes Thema der Tagung 1877 war die Reform der acht Jahre alten Gewerbeordnung, zu der Schmoller referierte. Der historischen Methode folgend, schilderte Schmoller die Gewerbepolitik ab ca. 1650. Er empfahl, zahlreiche Bestimmungen der Gewerbeordnung abzuwandeln, wobei er seine Empfehlungen in fünf Bereiche gliederte:

1. Allgemeines, Verbände der Unternehmer und Arbeiter, gewerbliche Schiedsgerichte, Gewerbekammern,
2. Gesundheitsbehörden und Gesundheitswesen,
3. Kinderarbeit, Lehrlingswesen, Frauenarbeit,
4. Arbeitsrecht für erwachsene Arbeiter,
5. Sonstige gewerbliche Spezialreformen.

Korreferent war der Hamburger Redakteur J.F.H. Dannenberg. Er beschränkte sich darauf, konkrete Reformvorschläge zu erörtern. Die Diskussion bewegte sich zwischen recht grundsätzlichen Überlegungen bis hin zur Wirtschaftsverfassung und juristischen Detailfragen. Auch Vertreter des Kongresses deutscher Volkswirte meldeten sich zu Wort, wobei sie wie die Vereinsmitglieder eine Reform des Gewerberechts prinzipiell für sinnvoll hielten.

Adolph Wagner wollte Schmollers Vorschläge verschärfen. Während Schmoller seine Thesen moderat reformerisch einleitete, verlangte Wagner darüber hinaus, weitreichende Änderungen der geltenden Wirtschaftsverfassung: „Die gewerblichen Verhältnisse verlangen außer einer Reform der Gewerbegesetzgebung auch eine anderweite planvolle Regelung der materiellen Production dadurch, daß auch auf diesem Gebiete die privatwirtschaftliche Speculation soweit als technisch möglich durch eine zweckmäßige Ausdehnung der Staats und Kommunaltätigkeit eingeengt wird."[400] Dies mußte man als Bekenntnis zu umfassenden Verstaatlichungen auffassen und wurde mehrheitlich abgelehnt. Von der Versammlung angenommen wurde lediglich der Satz, mit dem Schmoller seine Thesen eingeleitet hatte:

„Die derzeitige notwendige Reform der Gewerbe-Ordnung kann weder in einer Wiederbelebung des Zunftrechts noch in einer allgemeinen staatlichen Organi-

400) Verhandlungen der fünften Generalversammlung des Vereins für Socialpolitik am 8., 9. und 10. Oktober 1877, Schriften des Vereins für Socialpolitik, Bd. 14, 1878, S. 229.

sation der Industrie oder der gewerblichen Verbände bestehen, sondern sie hat zu versuchen, diejenigen Punkte unseres gewerblichen Lebens, die bedeutende Mißstände und empfindliche Lücken zeigen und durch die bloße Sitte und das private Vereinsleben nicht zu bessern und auszufüllen sind, einer neuen der modernen Technik und den politischen und sittlichen Ideen unserer Zeit entsprechenden, in ihrem Geiste einheitlichen rechtlichen Ordnung zu unterwerfen."[401] Da die Versammlung die Schmollerschen Vorschläge nicht detailliert diskutieren konnte, erscheint es verständlich, daß sie im einzelnen nicht abgestimmt wurden.

2. Die öffentliche Stimmung vor dem Frankfurter Kongreß

Wie bereits geschildert, hatten sich die Wachstumsraten seit 1873 international deutlich verlangsamt. In Deutschland war diese Entwicklungsphase zwischen 1873 und 1896, die häufig, wenn auch nicht unumstritten als „Große Depression" bezeichnet wird, mit dem Gründerkrach eingeleitet worden. Die „Krise" traf nicht alle Bevölkerungsschichten gleichmäßig. Ihre deflationären Züge drückten vielmehr insbesondere die Gewinnspannen und förderten somit die Unternehmenskonzentration. Die reale Güterproduktion hingegen wuchs auch während der sogenannten „Großen Depression" weiter, wenn auch zyklisch schwankend und insgesamt langsamer als zuvor. Davon konnte nun insbesondere die Arbeiterschaft profitieren, deren Realeinkommen anstieg. Im Detail fühlten sich zum Beispiel die Landwirte, bis hin zu den ostelbischen Junkern, durch sinkende Lebensmittelpreise benachteiligt. Begünstigt wurden die städtischen Armen, die ihr Einkommen großteils für Nahrungsmittel ausgaben.[402]

Jene Epoche als „Große Depression" zu bezeichnen, entspricht also der bürgerlichen, sicherlich nicht der proletarischen Sichtweise. Da die öffentliche Debatte zu jener Zeit weitgehend eine Debatte innerhalb des Bürgertums war, ist es trotzdem verständlich, daß sich diese Bezeichnung allgemein durchsetzen

---

401) Verhandlungen der fünften Generalversammlung des Vereins für Socialpolitik am 8., 9. und 10. Oktober 1877, Schriften des Vereins für Socialpolitik, Bd. 14, 1878, S. 261.

402) Siehe oben: Kapitel C.III.1. b).

konnte. In der bürgerlichen Öffentlichkeit wurden nun häufiger ökonomische Fragen diskutiert. Kaufhold spricht sogar von einer „Ökonomisierung der öffentlichen Meinung".[403] Einerseits wurde wirtschaftspolitischen Themen also generell mehr Aufmerksamkeit geschenkt. Andererseits hatte sich auch die Stimmung gewandelt, mit der die wirtschaftliche Entwicklung gesehen wurde: An die Stelle einer optimistischen trat eine skeptische Sicht. Der statistische Indikator für die „schlechten Zeiten", in denen man sich glaubte, war der Preisverfall. In Handel und Gewerbe herrschte das Gefühl vor, „in einer Flaute" zu leben, in einer unsicheren und bedrohlichen Epoche.[404] Die Stimmung im Bürgertum hat die tatsächlichen Schwierigkeiten jedoch sicher übertrieben.

Rosenberg geht soweit, die Epoche zwischen 1873 und 1896 als „...ein zu Wahnvorstellungen neigendes Zeitalter der Neurosen" zu klassifizieren.[405] Zur düsteren bürgerlichen Stimmung trugen anfangs auch Künstler und Literaten bei. Noch während des *Gründerbooms*, noch während also Spekulanten und Kaufleute besser verdienten als je zuvor, hatten sie schon finstere Prophezeiungen abgegeben. Wie Michael Stürmer sagt: „Die Reichsgründungszeit war für das geistige Deutschland Kassandrazeit".[406]

Auch in der Politik herrschte Pessimismus vor: Bebel sagte dem Bürgertum den Untergang vorher; folglich fürchteten die Liberalen die Revolution, andererseits aber auch den Obrigkeitsstaat. Religiöse Menschen wiederum glaubten, ihnen stehe kapitalistische Sittenlosigkeit und blanker Materialismus bevor. Nicht nur

---

403) Vgl. KAUFHOLD, Karl Heinrich: Grundzüge der wirtschaftlichen, gesellschaftlichen und politischen Entwicklung des Deutschen Reiches von der Reichsgründung bis zum Ende der 1880er Jahre, in: SCHIERA, Pierangelo; TENBRUCK, Friedrich (Hg.), Gustav Schmoller in seiner Zeit: Die Entstehung der Sozialwissenschaften in Deutschland und Italien, Bologna, Berlin, 1988, S. 112ff., Dieter LANGEWESCHE sieht entsprechend eine „Ökonomisierung der Politik" nach 1873, LANGEWIESCHE, Dieter, Liberalismus in Deutschland, Frankfurt, 1988, S. 177.

404) Vgl. ROSENBERG, Hans, Große Depression und Bismarckzeit, Berlin, 1967, S. 5lf.

405) ROSENBERG, Hans, a.a.O., S.56.

406) STÜRMER, Michael, Das industrielle Deutschland, in: BOOCKMANN, Hartmut; SCHILLING, Heinz; SCHULZE, Hagen; STÜRMER, Michael (Hg.), Mitten in Europa – Deutsche Geschichte, Gütersloh, 1984, S. 305. Michael Stürmer nennt Richard Wagner, Friedrich Nietzsche, Jacob Burckhardt und Theodor Fontane, die zu jener Zeit als „Kassandra" fungiert haben sollen.

Bismarcks ständige außenpolitische Sorge war der drohende Zweifrontenkrieg. Statt alledem war es 1873 „lediglich" zum konjunkturellen *Gründerkrach* gekommen.[407]

Die fortwährende schlechte wirtschaftliche Stimmung läßt sich mit gesamtwirtschaftlich nach wie vor wachsenden Einkommen, Konsum und Vermögen nur vereinbaren, wenn wir berücksichtigen, daß die Unsicherheit über die künftige ökonomische Entwicklung stark zugenommen hatte. Hier wirkten häufige konjunkturelle Schwankungen mit der fortdauernden Umstrukturierung zusammen.[408]

Bis dahin hatte die bürgerliche Öffentlichkeit der liberalen Wirtschaftspolitik weithin vertraut.[409] Das politische Leitbild des Liberalismus, der freiheitlich verfasste Nationalstaat, überzeugte aber umso weniger, je mehr die wirtschaftlichen Belange einzelner Interessengruppen die nunmehr „ökonomisierte" öffentliche Diskussion beherrschten. Eine neue wirtschafts- oder sozialpolitische Leitidee besaßen die Liberalen nicht. Sie konnten sie schon deshalb nicht formulieren, weil sich das Bürgertum im Zuge der Industrialisierung immer weiter differenziert hatte, die Interessen also auch *innerhalb* der Klasse immer weiter auseinander klafften.[410]

Für die unterschiedlichen Gruppen des Bürgertums läßt sich folgendes Bild skizzieren:

- Jene Angehörigen des „neuen Bürgertums", die in größere Industrie- und Handelsunternehmen investiert hatten, fühlten sich trotz tendenziell steigender Produktion durch sinkende Gewinne benachteiligt. Man war von der ersten Phase der industriellen Revolution anderes gewöhnt gewesen.
- Ernster glaubten sich Landwirte, Handwerker und Kleinhandel getroffen, also das „alte Bürgertum". Tatsächlich waren nicht wenige Kleinbe-

407) Vgl. STÜRMER, Michael, a.a.O., S. 305f.

408) Vgl. GNEIST, Rudolf von, Die nationale Rechtsidee von den Ständen und das preußische Dreiklassenwahlsystem, Berlin, 1894, S. 258.

409) Siehe Abschnitt D.I.1.

410) Vgl. LANGEWIESCHE, Dieter, a.a.O., S. 177.

triebe durch die unstreitig vorhandenen Konzentrationstendenzen beeinträchtigt oder gar bedroht. Die *Enqueten* des Vereins für Socialpolitik, die Rosenberg „...zu den dauerhaftesten wissenschaftlichen Nebenprodukten der Grossen Depression"[411] zählt, zeichneten aber ein moderateres Bild, als dies die Interessenvertreter taten. Nebenbei bemerkt hatte die Landwirtschaft auch eine besondere Blütezeit hinter sich, die parallel zur ersten Phase der Industrialisierung verlaufen war.
- Beamtenschaft und Militär hatten eigentlich keinen Grund, sich über ihre ökonomische Lage zu beklagen. Im Gegenteil: Sowohl die Bürokratie als auch die Armee waren „Wachstumsbranchen".[412]

Um den unterschiedlichen Interessen der verschiedenen Gruppen Gehör zu verschaffen, betraten Vertreter der Agrar- und Montanlobby, Steuer- und Zollpolitiker, Sozialisten und Gewerkschafter die Bühne. Antiliberale, antikaptialistische, mancherorts auch antisemitische Stimmen mischten sich in die Diskussion.[413] Der Nationalliberale Rickert sprach von einem „Hexenkessel von Interessenjagd", von einer „alles erfassenden Konfusion".[414] Ein distanziertes Urteil über die politische Stimmung jener Jahre findet Rudolf von Gneist bereits 1894:

„Schließlich finden sich in den auf- und absteigenden Conjuncturen des Weltverkehrs alle Besitz- und Erwerbsklassen zeitweise in einem relativen Nothstande. Die soziale Parteibildung hält daher ihren Kreislauf durch alle Klassen. Wo sich ein Verein nothleidender Interessenten gebildet hat, kann man vorhersehen, daß sehr bald ein neuer nachfolgen wird. Wo ein Verein der nothleidenden Hauseigentümer sich konstituirt hat, wird ein Verein von Miethern sicherlich bald nachfolgen und umgekehrt, und wo erst Hunderte von Interessenten beisammen sind, wächst auch der Katalog der vermeintlichen Zurücksetzungen und Beschädigungen ins Unabsehbare. Alle Vortheile der fortschreitenden Produktionsweise sieht der Einzelne als selbstverständlich an,

411) ROSENBERG, Hans, a.a.O., S. 56.

412) Vgl. ROSENBERG, Hans, a.a.O., S. 54ff.

413) Vgl. KAUFHOLD, Karl Heinrich, a.a.O., S. 113.

414) Zitiert nach LANGEWIESCHE, Dieter, a.a.O., S. 177.

als verdiente Folge seiner Einsicht und seines Fleißes, alle Nachtheile als unverdiente Zurücksetzung und Beschädigung.
Es gilt dies nicht bloß von den materiellen Interessen der Gesellschaft, sondern auch die höheren und höchsten Kreise der *geistigen* und *künstlerischen* Bildung verfolgen dieselben Tendenzen. Wo erst Hunderte von Aerzten, Anwälten, Lehrern, Berufsbeamten sich zusammengefunden haben, um über ihre Standesinteressen zu berathen, kann man sicher sein, einseitigen Beschwerden und Postulaten zu begegnen.
So entsteht eine Epoche der *allgemeinen Unzufriedenheit,* in welcher die pessimistischen Lebensanschauungen, als zusammenfassender Ausdruck der Geistesrichtung der Zeit auftreten."[415] (Hervorhebungen im Original)

Carl Möller, ein Referent der Tagung des Vereins für Socialpolitik 1879 spricht von Verbitterung, die durch Deutschland ziehe, und die durch die Einführung von Schutzzöllen teilweise in Versöhnung übergehen könne.[416] Daß gerade die Zollpolitik ins öffentliche Blickfeld gerät, verweist auf die zunehmende Bedeutung des Außenhandels für die deutsche Volkswirtschaft. Während der fortschreitenden Industrialisierung wuchs der Anteil industrieller Waren an den Exporten. Andererseits gewannen innerhalb der Importe Nahrungsmittel und Rohstoffe an Bedeutung. Nicht nur die Struktur des Außenhandels wandelte sich, auch sein Volumen nahm beachtlich zu. Die Volkswirtschaft wurde immer mehr in die sich entwickelnde Weltwirtschaft einbezogen, und, wie bereits festgestellt wurde, damit auch von der Weltkonjunktur abhängig.[417]

---

415) GNEIST, Rudolf von, a.a.O., S. 253f.

416) Vgl. MÖLLER, Carl, Referat während der sechsten Generalversammlung des Vereins für Socialpolitik am 21. und 22.4.1879 in Frankfurt/Main, zitiert nach dem Protokoll, veröffentlicht in den Schriften des Vereins für Socialpolitik, Bd. 16, 1879, S. 89.

417) Vgl. NIPPERDEY, Thomas, Deutsche Geschichte 1866 – 1918 – Bd. 1 Arbeitswelt und Bürgergeist, München, 1990, S. 275ff.

3. Der Eintritt der Verbände in die Politik

Wie eben bereits geschildert wurde, ging das weitverbreitete Gefühl, in „schlechten Zeiten" zu leben, mit der Neubildung zahlreicher Interessengruppen einher. Stürmer nennt die großen Interessenverbände „Kinder der Depression".[418] Es scheint, als ob alle Teile der bürgerlichen Gesellschaft plötzlich erkannt hätten, daß der Verteilungskampf nun auf der politischen Ebene auszufechten sei. Die Tagungen des Vereins für Socialpolitik waren Schauplätze, auf denen die Interessengruppen ihre Konflikte austrugen. Ein besonders gutes Beispiel dafür bildet der Frankfurter Kongreß 1879, wo über das heikle Thema „Freihandel vs. Schutzzoll" diskutiert wurde, das vielerlei Partialinteressen stark berührte.

Bevor das Ereignis selbst geschildert wird, soll neben der schon dargestellten Vorgeschichte des Vereins auch auf die Entstehung jener Interessengruppen eingegangen werden, die mit zahlreichen Teilnehmern (und ebenso vielen frisch eingetretenen Mitgliedern) den Tagungsverlauf prägten: Die Teilnehmerliste stellt 29 „alten Mitgliedern" 138 „neue Mitglieder" gegenüber. Als ihren Beruf gaben die „Neuen" ganz überwiegend Fabrikant oder Kaufmann an.[419] Karl Bücher, zu jener Zeit der für Wirtschafts- und Sozialpolitik zuständige Redakteur der Frankfurter Zeitung, hatte es als ortsansässiges Mitglied übernommen, das Frankfurter Treffen vorzubereiten. Schon vor der Tagung zeichnete sich für ihn ab, daß die Lobbyisten des Schutzzolles, die Abstimmungen zu ihren Gunsten beeinflussen wollten, wie sie dies bereits 1875 beim Volkswirtschaftlichen Kongreß[420] getan hatten. Bücher lag ein Rundschreiben vor, in dem der Generalsekretär des „Vereins zur Wahrung der gemeinsamen wirtschaftlichen Interessen für Rheinland und Westfalen" („Langnamenverein") die Mitglieder seines und eines weiteren Verbandes dazu aufforderte, die Versammlung zahlreich zu besuchen. Von einer ähnlichen Mobilisierung unter den süddeutschen Baumwollspinnern wurde ihm berichtet. Daraufhin bat Bücher

418) STÜRMER, Michael, Das ruhelose Reich, Deutschland 1866 – 1918, Berlin, 1983, S. 209.

419) Vgl. Verhandlungen der sechsten Generalversammlung des Vereins für Socialpolitik über die Zolltarifvorlagen am 21. und 22. April 1879, Schriften des Vereins für Socialpolitik, Bd. 16, 1879, Anhang.

420) Dieser Kongreß hatte im September 1875 in München stattgefunden.

die Vereinsführung vergeblich, die drohende Majorisierung der Versammlung durch eine Abwandlung der Abstimmungsregeln zu verhindern. Freiherr von Roggenbach, Vizepräsident des geschäftsführenden Ausschusses, habe ihm lediglich nahegelegt, als Gegengewicht rasch noch eine Anzahl Freihändler einzuladen, was Bücher aber ablehnte.[421]

Es ist bemerkenswert, welch großen Einfluß die neu entstandenen Verbände nehmen konnten, denn erst der Liberalismus hatte die gesellschaftlichen Kräfte freigesetzt, die sich nun rasch in Form von Parteien und Verbänden bündelten. Nach Ansicht Nipperdeys minderten die Verbände die Integrationskraft der Gesellschaft, was es den damaligen Parteien wesentlich erschwert hätte, den Staat zu „übernehmen".[422] Während Parteien sich prinzipiell mit allen Politikbereichen beschäftigen, also ein universales Interesse vorgeben, um Mehrheiten zu bilden und die Regierung zu übernehmen, streben Interessengruppen danach, Partialinteressen *gegenüber* Parlament und Regierung zu vertreten. Zwar wird das Gruppeninteresse manchmal als Allgemeininteresse getarnt, doch wird die dauerhafte Mehrheitsbildung nicht angestrebt. Interessengruppen sind definitionsgemäß soziale Minoritäten. „Interessen", wie sie sie vertreten, entstehen erst, nachdem die ständischen Ordnungen zerfallen sind. Sie sind insofern eng mit Industrialisierung und Industriegesellschaft verknüpft.[423] In Deutschland betraten die Wirtschaftsverbände erst nach der Reichsgründung die politische Bühne. Bis dahin hatte die „nationale Frage" schwelende Konflikte zwischen Parteien und ökonomischen Interessengruppen überdeckt. Zudem hatte das preußische Drei-Klassen-Wahlrecht dafür gesorgt, daß die wirtschaftlich führenden Schichten jederzeit zufriedenstellend an der politischen Willensbildung beteiligt waren.[424]

---

421) Vgl. BÜCHER, Karl, Lebenserinnerungen, Erster Band, 1847 – 1890, Tübingen, 1919, S. 233f.

422) Vgl. NIPPERDEY, Thomas, Interessenverbände und Parteien in Deutschland vor dem Ersten Weltkrieg, in: WEHLER, Hans-Ulrich (Hg.), Moderne deutsche Sozialgeschichte, Köln, Berlin, 1966, S. 369.

423) Vgl. SCHULZ, Gerhard, Über Entstehung und Formen von Interessengruppen in Deutschland seit Beginn der Industrialisierung, in: Politische Vierteljahresschrift, Bd. 2, Heft 2, 1961, S. 126ff.

424) Vgl. NIPPERDEY, Thomas, a.a.O., S. 370.

Mit der bereits beschriebenen „Ökonomisierung" der öffentlichen Meinung ging die „Ökonomisierung" der politischen Sphäre einher. Ökonomische Interessen organisierten sich in Verbänden, die wiederum die Parteien zu beeinflussen suchten. Parteien zeichneten sich folgerichtig immer weniger durch eine gemeinsame Weltanschauung und immer mehr durch die Vertretung bestimmter ökonomischer Interessen aus.[425]

Die Auseinandersetzung um den politischen Paradigmenwechsel vom Freihandel zum Schutzzoll konnte nun über diesen Trend hinaus geradezu als zusätzliche Einladung zum Lobbyismus verstanden werden. Solange die Liberalen die Wirtschaftspolitik beherrscht hatten, galt, wie Nipperdey schreibt, eine *einzige, negative* Politikregel, nämlich die der Nichteinmischung. Der antiliberale Schutzzoll eröffnete dem Staat *positive* und *vielfältige* Handlungsmöglichkeiten, mit denen er das Volkseinkommen umverteilen, einige Gruppen begünstigen und andere benachteiligen konnte. Es ist offensichtlich, wie dies die Bündelung von Gruppeninteressen in Verbänden und deren gemeinsame Vertretung gegenüber den Parteien beschleunigen mußte.[426] Allerdings wurde auch von der anderen Richtung aus versucht, Einfluß zu nehmen. Der Berliner Oberbürgermeister Max von Forckenbeck, gleichzeitig Reichstagspräsident der Nationalliberalen, versuchte 1878 die kommunalen Interessenvertreter gegen Lebensmittelzölle und damit für die liberale Sache des Freihandels zu gewinnen. Er wollte nur zu diesem Zweck einen „deutschen Städtetag" nach Berlin einberufen, konnte aber lediglich eine Demonstration organisieren.

Damals verband Forckenbeck mit dem Begriff des „Städtetages" lediglich eine einmalige Zusammenkunft. In der ersten Jahrhunderthälfte hatte man unter einem „Städtetag" noch die separate Zusammenkunft jener Abgeordneten verstanden, die die Städte in die preußischen Provinziallandtage entsandt hatten. Sie – und nicht der gesamte Landtag – sollten 1831 über eine Neufassung der Städteordnung entscheiden. Hieraus wird beonders deutlich, daß diese Institution dem ständischen Denken entsprach. Erst zu Beginn des 20. Jahrhunderts entstand der „Deutsche Städtetag" als moderner kommunaler Spitzenverband.

---

425) Vgl. SCHULZ, Gerhard, a.a.O., S. 127.

426) Vgl. NIPPERDEY, Thomas, a.a.O., S. 371.

Dieser allmähliche Übergang von der hergebrachten ständischen Struktur zur modernen verbandlichen Interessenvertretung ist exemplarisch für die Entwicklung in Deutschland, wobei hier die Kontinuität dadurch besonders hervorgehoben wird, daß sogar der Name bewahrt bleibt.[427]

Die hergebrachten agrarischen Verbände waren in Deutschland weit verbreitet und tief verflochten. Sie strebten danach, andere mittelständische Gruppen, die auf dem Lande wirtschaftlich mit den Bauern verbunden waren, einzubeziehen. Ihre Forderungen nach staatlicher Hilfe waren keineswegs neu: Seit jeher hatten die konservativen Grundbesitzer in Krisenzeiten ganz selbstverständlich danach verlangt. Schulz sieht hier vielerlei ständische Elemente erhalten, er spricht sogar von „neuständischer" Ideologie.[428]

Gegenüber den agrarischen Vereinigungen mußte die Zusammenfassung industrieller Interessen erst noch vollzogen werden. Ihre Organisation kann man in folgende Phasen einteilen:

1. Die Periode, in der die „Zwangsorganisation" der Handelskammern noch dominierte: Von der ersten Hälfte des 19. Jahrhunderts an bündelten sie die Interessen von Handel und Industrie, allerdings unter dauerhafter Einflußnahme des Staates.
2. Die Phase, in der freie Branchenvereine entstanden: Je mehr sich die Industrie in unterschiedliche Branchen schied, desto mehr verlangten ihre unterschiedlichen wirtschaftlichen Interessen danach, sich in von Staat und Handelskammern unabhängigen Vereinen zu organisieren. Während es 1860 erst vier solcher Organisationen gab, wuchs deren Zahl in den folgenden Jahren rasch an. Ihre Blütezeit erlebten sie, als sich die Industrie in Deutschland durchgesetzt hatte.
3. Die Periode der Kartellierung und der Bildung industrieller Arbeitgeberverbände: Nach Schulz beginnt mit dem 1876 gegründeten, alles überragenden „Centralverband Deutscher Industrieller" eine neue Epoche des wirtschaftlichen Interesses. Sein Einfluß war dem der großen agrarischen Verbände vergleichbar. Zusammen mit dem „Verein deut-

---

427) Vgl. SCHULZ, Gerhard, a.a.O., S. 130f.

428) Vgl. SCHULZ, Gerhard, a.a.O., S. 144.

scher Eisen- und Stahlindustrieller", dem „Verein zur Wahrung der gemeinsamen wirtschaftlichen Interessen im Rheinland und Westfalen"[429] und der „Wirtschaftlichen Vereinigung" begann er für Schutzzölle zu kämpfen. Die Basis für das spätere „Bündnis von Roggen und Eisen", also von Junkern und Großindustriellen war entstanden.[430]

Mit ihrer modernen, aus England übernommenen Öffentlichkeitsarbeit wandten sich die Interessenverbände an die neu entstehende Massengesellschaft. Politik wurde in viele Einzelentscheidungen aufgespalten, die alle auf ihre Vor- und Nachteile hin bewerten wurden. Parlamentsbetrieb und Öffentlichkeit wurden als Gegensätze angesehen, die Parlamentarier mit einer plebiszitären Grundstimmung unter Druck gesetzt.[431]

4. Der Frankfurter Kongreß (1879): Freihandel vs. Schutzzoll

a) Die Kongreßvorbereitungen

Befördert durch die im Bürgertum als „Große Depression" empfundene schwache Konjunktur, aber auch durch strukturelle Veränderungen, wie der Wandlung Deutschlands vom landwirtschaftlichen Export- zum Importstaat,[432] hatte sich nach der Reichsgründung eine Tendenz weg von liberalen, freihändlerischen Positionen hin zur Befürwortung von Schutzzöllen abgezeichnet. So verlangte insbesondere die Schwerindustrie, erneut Importzölle einzuführen. Hinzu kam, daß seit Mitte der Siebziger Jahre die Weltmarktpreise für Getreide rasch sanken, was nun die Getreidebauern, insbesondere die ostelbischen Großgrundbesitzer ebenfalls nach Schutzzöllen rufen ließ. Das „Bündnis von Roggen und Eisen" war entstanden. Dieses ungewöhnliche Zusammenwirken zwischen Landwirtschaft und Industrie konnte die Erfolgsaussichten der Betei-

---

429) Dem bereits mehrfach erwähnten „Langnamenverein".

430) Vgl. SCHULZ, Gerhard, a.a.O., S. 137ff.

431) Vgl. STÜRMER, Michael, a.a.O., S. 209.

432) Vgl. NIPPERDEY, Thomas, a.a.O., S. 370.

ligten stark erhöhen. In der Vergangenheit hatten die Befürworter industrieller Schutzzölle, unter ihnen auch List, Zölle auf landwirtschaftliche Produkte noch abgelehnt.[433]

Bismarck zögerte erst, von einer freihändlerischen zu einer protektionistischen Politik umzuschwenken. Zunächst war er parlamentarisch noch an die Nationalliberalen gebunden. Andererseits beabsichtigte er eine umfassende Reform der Reichsfinanzen, wobei er zusätzliche Zolleinnahmen durchaus einkalkulierte. Hauptziel Bismarcks war es nicht, Schutzzölle einzuführen, sondern die direkte Steuerlast zu senken und durch indirekte Abgaben zusätzliche Einkommensquellen für das Reich zu erschließen. Kellenbenz unterstellt Bismarck aber sogar, er habe den Liberalen stets nur soweit nachgegeben, wie es seinen Interessen als Grundbesitzer und gewerblichem Unternehmer nicht schadete. So verwundert es jedenfalls nicht, daß sich Industrie- und Agrarlobby bei ihm Gehör verschaffen konnten.[434] Die Wahlen 1877 und 1878 ermöglichten Bismarck dann, sich auf die konservativen Parteien und das Zentrum zu stützen, so daß er schließlich zur Jahreswende 1878/79 eine Zolltarifvorlage präsentierte.[435]

Offensichtlich gab es im Verein für Socialpolitik sowohl Gegner als auch Befürworter einer Schutzzollpolitik, so daß der Vorsitzende des geschäftsführenden Ausschusses Erwin Nasse am 26.3.1879 an Schmoller schrieb:

„Unter diesen Verhältnissen ist meines Erachtens eine Neutralität des Vereins für Socialpolitik in der Zollfrage nicht mehr möglich. Wenn wir eine Generalversammlung beriefen und über diese, unsere Nation bis ins Innerste bewegen-

---

433) Vgl. NASSE, Erwin, Rede während der sechsten Generalversammlung des Vereins für Socialpolitik am 21. und 22.4.1879 in Frankfurt/Main, zitiert nach dem Protokoll, veröffentlicht in den Schriften des Vereins für Socialpolitik, Bd. 16, 1879, S. 64.

434) Vgl. KELLENBENZ, Hermann, Deutsche Wirtschaftsgeschichte, Bd. 2, München, 1981, S. 241.

435) Vgl., KAUFHOLD, Karl Heinrich, a.a.O., S. 113f. Zum historischen Hintergrund und insbesondere zur Rolle Bismarcks vgl. STÜRMER, Michael, Das ruhelose Reich, Deutschland 1866 - 1918, Berlin, 1983, S. 210ff.

de Frage schwiegen, wird man uns auf beiden Seiten nicht mit Unrecht für schlechte Bürger halten."[436]

Die Debatte über Freihandel und Schutzzoll wurde sicherlich auch deshalb als so bedeutend empfunden, weil sie letztlich auf die grundsätzliche Frage nach den Vor- und Nachteilen des staatlichen Interventionismus überhaupt verwies.[437] Nasse betont zurecht, daß die Einführung von Schutzzöllen keine ausschließlich handelspolitische Angelegenheit ist, sondern auch aus sozialpolitischer Sicht beurteilt werden muß:

„Denn es handelt sich bei der Schutzpolitik, wie sie vom Fürsten Bismarck und seinen Organen befürwortet wird, gar nicht um die staatliche Leitung der gewerblichen Entwicklung oder um Schutz von in vorübergehender Not befindlichen Industriezweigen. Die Absicht ist einfach nur die, den Eigentümern von Grundstücken und einer Anzahl von Großindustriellen einen größeren Anteil vom Gesamteinkommen zu sichern. Das wird aufs klarste ausgesprochen und tritt bei den verlangten Zöllen auf Rohprodukte der Forst- und Landwirtschaft am deutlichsten zutage. Soeben hat man die sozialdemokratische Bewegung unterdrückt, welche Gesamteigentum an den Produktionsmitteln verlangte, da kommen die Eigentümer des wichtigsten und von der Natur beschränktesten Teils dieser Produktionsmittel und erklären: Ihr Nichtbesitzenden zahlt uns für unsere Äcker und Wälder bei freiem Verkehr noch lange keine genügende Rente."[438]

Schmoller war schließlich mit einer Tagung zur Zollpolitik grundsätzlich einverstanden. Anders als Nasse stand er Bismarcks Zollplänen jedoch nicht ablehnend gegenüber. Trotz mancher Vorbehalte im Detail glaubte er, daß sie den Weg zu weitreichenden sozialen Reformen ebnen könnten.[439] So bestand Schmoller darauf, daß beide Richtungen – Freihandel und Schutzzoll – auf der

436) NASSE, Erwin, zitiert nach BOESE, Franz, Geschichte des Vereins für Sozialpolitik 1872 - 1932, Berlin, 1939, S. 33f.

437) Vgl. STÜRMER, Michael, a.a.O., S. 210.

438) NASSE, Erwin, zitiert nach BOESE, Franz, a.a.O., S. 34.

439) Vgl. BRENTANO, Lujo, Mein Leben im Kampf um die soziale Entwicklung Deutschlands, Jena, 1931, S. 112.

Tagung gleichberechtigt zu Wort kommen sollten. Schon vor der Tagung wurde dem Thema große Bedeutung beigemessen. Wegen der drohenden Meinungsunterschiede stellte Nasse in einem Brief an Schmoller die Zukunft des Vereins insgesamt in Frage. Schmoller deutete seinerseits an, möglicherweise aus dem Verein austreten zu wollen.[440] Trotz der um eine möglichst ausgewogene Diskussion bemühten Versammlungsregie sollte die Tagung tatsächlich nicht ohne Querelen zu Ende gehen.

Um der parlamentarischen Beratung der Zolltarifvorlage zuvorzukommen, beschloß man, die 1879 eigentlich erst im Herbst fällige Tagung auf den April vorzuverlegen und außer der Neuwahl des geschäftsführenden Ausschusses lediglich über diese Vorlage zu diskutieren.

b) Die Generaldebatte

Die Tagung, die am 21. April 1879 begann, wurde von Nasse trotz seines Engagements unparteiisch geleitet. In seiner Eröffnungsrede erklärte er, warum der Verein keine dogmatische Position gegenüber der Zollpolitik einnehmen könne. Niemand im Verein bestreite dem Staat das grundsätzliche Recht, Zölle zu erheben und damit in die Einkommensverteilung einzugreifen. Eine solche Intervention sei allerdings stets danach zu beurteilen, ob sie dem Gemeinwohl überwiegend nütze oder nicht. Andererseits verlange auch niemand, daß der Staat unter allen Umständen den internationalen Handel reglementieren und die ausländische Konkurrenz beschränken müsse.[441]

Nach Nasses Einleitung hielt der Leipziger Handelskammersekretär Gensel ein Referat gegen Schutzzölle, wobei er sich insbesondere auf die Gesetzesvorlage des Bundesrates stützte. Er geht dabei detailliert auf zahlreiche vom Bundesrat vorgeschlagene Zolltarife für einzelne Warengruppen ein. Gensel kritisiert, daß die Tarife ohne ausreichende Vorbereitung willkürlich gewählt worden seien.

---

440) Vgl. BOESE, Franz, a.a.O., S. 36 bzw. BRENTANO, Lujo, a.a.O., S. 112.

441) Vgl. NASSE, Erwin, Rede zur Eröffnung der sechsten Generalversammlung des Vereins für Socialpolitik am 21. und 22.4.1879 in Frankfurt/Main, zitiert nach dem Protokoll, veröffentlicht in den Schriften des Vereins für Socialpolitik, Bd. 16, 1879, S. 2.

Er versucht darüber hinaus nachzuweisen, daß viele der vorgeschlagenen Zölle – ganz entgegen der mit ihnen verfolgten Absicht – den jeweils betroffenen inländischen Industrien eher schaden als nützen würden. Dabei verweist er häufig auf Roh- oder Vorprodukte der heimischen Industrie, die nunmehr mit Zöllen belegt werden sollen, und durch Kostensteigerungen ihre Exportchancen verschlechtern. Trotz der von Gensel referierten umfangreichen Liste von Waren, die mit Zöllen belegt werden sollen, spricht er davon, daß in der Zollvorlage im Vergleich zu früheren Tarifen eine „ziemlich geringe Anzahl von Artikeln" enthalten sei. Von einer „allgemeinen Zollpflicht", wie sie Bismarck gewollt habe, könne keine Rede sein. Kritik übte Gensel aber an der Höhe der vorgesehenen Zollsätze:

„Extensiv ist sonach der Schritt, den die Vorlage thut, verhältnismäßig klein, dagegen intensiv ungleich stärker, als nach dem Brief des Reichskanzlers zu erwarten war."[442]

Ferner verweist Gensel auf den deutschen Zollverein und die Handelspolitik der vergangenen Jahrzehnte, die durch bilaterale Verträge zum Beispiel mit Frankreich versucht habe, Zölle abzubauen. Bis vor kurzem sei es allgemeine Auffassung gewesen., daß diese Handelsverträge die wirtschaftliche Entwicklung Deutschlands unterstützt hätten. Die Handelsbilanz, die für das neue Kaiserreich hohe Defizite aufweist, zweifelt er aus statistischen Gründen an. Dabei stellt er allerdings keine Verbindung zu den Kapitalzuflüssen her, die als Reparationszahlungen aus Frankreich kamen und dazu benutzt worden sein könnten, das Handelsbilanzdefizit zu finanzieren. Gensel unterscheidet zwischen Schutzzöllen, die prohibitiv wirken, und Finanzzöllen, die dem Reich Einnahmen verschaffen sollen. Mit Recht verweist er darauf, daß beide Ziele nicht miteinander harmonieren. Da er anerkennt, daß das Reich dringlich neue Einnahmequellen benötigt, unterstützt er Finanzzölle bzw. Verbrauchssteuern, z.B. auf Tabak, Branntwein, Kaffee und Petroleum. Sein Urteil faßt Gensel wie folgt zusammen:

---

442) Referat von Handelskammersekretär J. GENSEL während der sechsten Generalversammlung des Vereins für Socialpolitik am 21. und 22.4.1879 in Frankfurt/Main, zitiert nach dem Protokoll, veröffentlicht in den Schriften des Vereins für Socialpolitik, Bd. 16, 1879, S. 9.

„(...) es ist ein nicht genügend, um nicht zu sagen durchaus ungenügend vorbereiteter, nach Grad und Umfang unerhörter Eingriff in die Bedingungen unserer wirthschaftlichen Entwickelung, der in seiner Gesammtheit nur einen schädlichen, ja auf viele Industriezweige einen geradezu verderblichen Einfluß haben wird."[443]

Auf Gensel antwortete Schmoller mit einem die Zolltarifvorlage befürwortenden Korreferat. Aus einem historischen Überblick über die Handelspolitik der großen Staaten, insbesondere auch über die wechselvolle Geschichte der preußischen Zolltarife und Handelsverträge, zog er die Konsequenz, daß man die handelspolitische Haltung eines Landes nur nach der jeweils aktuellen volkswirtschaftlichen Gesamtsituation beurteilen dürfe:

„Ich gebe unserem großen Juristen Ihering[444] Recht, wenn er (über) die absolute Freihandelstheorie verspottend sagt: daß die Wölfe nach Freiheit rufen, ist selbstverständlich, wenn es aber auch die Schafe thun, so zeigen sie eben nur, daß sie Schafe sind. Doch bin ich weit entfernt, für jedes England an Wohlstand und Industrie-Entwickelung nachstehende Land ein strenges Schutzzollsystem zu fordern. Schutzzoll und Freihandel sind für mich gar keine principiellen Fragen, sondern untergeordnete Mittel der staatlichen oder volkswirthschaftlichen Therapie oder Diätetik (...)"[445]

---

443) Referat von Handelskammersekreträr J. GENSEL während der sechsten Generalversammlung des Vereins für Socialpolitik am 21. und 22.4.1879 in Frankfurt/Main, zitiert nach dem Protokoll, veröffentlicht in den Schriften des Vereins für Socialpolitik, Bd. 16, 1879, S. 15.

444) Rudolf von Ihering (geadelt 1872) lehrte von 1852 bis 1868 an der Universität Gießen, vgl. MORAW, Peter, Kleine Geschichte der Universität Gießen 1607 – 1982, 2. Aufl., Gießen, 1990, S. 186f., HAUPT, Herman (Hg.), Chronik der Universität Gießen 1607 – 1907, Gießen, 1907, S. 71.

445) SCHMOLLER, Gustav, Referat während der sechsten Generalversammlung des Vereins für Socialpolitik am 21. und 22.4.1879 in Frankfurt/Main, zitiert nach dem Protokoll, veröffentlicht in den Schriften des Vereins für Socialpolitik, Bd. 16, 1879, S. 19, ebenfalls abgedruckt unter dem Titel: SCHMOLLER, Gustav, Der Übergang Deutschlands zum Schutzzollsystem, in: SCHMOLLER, Gustav: Zur Social- und Gewerbepolitik der Gegenwart, Leipzig, 1890, S. 167.

Zeiten, in denen überseeische Märkte erschlossen würden und der Export zunehme, seien „natürliche Freihandelsepochen". Stocke der Export in Krisenzeiten, werde die Wirtschaftspolitik zum Schutzzoll gedrängt, wobei Schmoller zugesteht, daß Schutzzölle allein die Krise nicht überwinden könnten. Diese *zeitlichen* Übereinstimmungen wird man in der Wirtschaftsgeschichte tatsächlich oft beobachten können. Daraus zu folgern, daß Schutzzölle aber auch die volkswirtschaftlich sinnvolle Therapie in Krisenzeiten darstellen, entspricht jedoch einer politisch stark verkürzten Argumentation. So ist zum Beispiel zu fragen, ob Schmoller nicht Ursache und Wirkung vertauscht. Man könnte mindestens mit gleicher Überzeugungskraft argumentieren, daß der Freihandel zum Exportboom führt, und die Einführung von Schutzzöllen zur Absatzstockung und zur Krise. In der anschließenden Diskussion behauptet folgerichtig Philippson, daß die schutzzöllnerische Politik der 50er Jahre zur Krise von 1856 geführt habe und nicht umgekehrt.

Taktisch argumentiert Schmoller, wenn er empfiehlt, neue Zölle einzuführen, um bei Gesprächen über künftige Handelsverträge Verhandlungsspielraum zu gewinnen. Durch einen zwischenzeitlichen „Handelskrieg" werde die Exportindustrie leiden. Die Exportindustrie sei jedoch ohnehin stärkeren zyklischen Schwankungen unterworfen. Er empfiehlt, statt Rohprodukten und einfachen Waren geschmacklich und technisch hochwertige Güter auszuführen. Solche Lieferungen seien schwerer ersetzbar; die Exportströme flößen dann stetiger. Den Einwand, Schutzzölle für ihre Waren könnten nur diejenigen Interessengruppen durchsetzen, die die öffentliche Diskussion beherrschten, versucht Schmoller mit der Frage zu entkräften, ob es überhaupt wesentliche politische Veränderungen gäbe, ohne daß sie von bestimmten Interessen angetrieben worden seien.

Schließlich benutzt Schmoller ein weiters aus der heutigen Diskussion bekanntes Denkschema: Die neuen Zolltarife gewährten den nötigen sozialpolitischen Spielraum. Bei vollständigem Freihandel hingegen sei es unmöglich, mit Hilfe der deutschen Fabrikgesetzgebung die Arbeitsbedingungen zu verbessern. Freihandel drücke auf die Löhne. Die ausländische Konkurrenz erziele ihre Vorsprünge durch Kinderarbeit. In der späteren Diskussion äußerte sich Korreferent Reitz, der über die Textilzölle berichtete, ähnlich: Die staatliche Institutionen, nämlich die Gesetze über Kinderarbeit, Schulzwang und Militärdienst behinderten die deutsche Textilindustrie stärker als die englische. Daher bedürfe sie des Schutzzolls.[446]

Schmoller schlägt eine Resolution vor, die für „(...) eine maßvolle Tarifreform in finanzpolitischem und schutzzöllnerischem Sinne (...)"[447] plädiert. Auch sollte der Staat ermächtigt werden, die Zolltarife gegenüber jenen Staaten zu erhöhen, die deutsche Waren besonders benachteiligen („Kampfzollparagraph").

Vergleicht man Gensels Referat und Schmollers Korreferat, wirkt Gensels Plädoyer für den Freihandel nicht nur gedanklich klarer. Gensel geht darüber hinaus detailliert auf die in der Zolltarifvorlage vorgeschlagenen Regelungen ein, was Schmoller ganz umgeht. Schmollers Rede ist generalisierend und emotional. Seine Argumente wirken teilweise konstruiert, wenn nicht gar vorgeschoben. Bezeichnend ist, daß bereits während der Diskussion Schmollers Beitrag als „warme patriotische Worte" charakterisiert werden.[448]

Vereinskollege Bücher unterstellte später, Schmoller habe vielleicht lediglich die Gunst jener schutzzöllnerischen Industriellen wieder gewinnen wollen, die er durch sein sozialpolitisches Engagement zuvor verloren hatte. Schmollers „Lehre vom historischen Wechselspiel der zollpolitischen Kräfte" gehöre zum Schwächsten, was er während seines langen Lebens verbreitet habe.[449] Der ihm wohlgesonnenere Boese vermutet, Schmoller habe „herausgefühlt", daß Bismarck nicht nur die Außenhandelspolitik ändern wollte, sondern mit der Zolltarifvorlage eine generelle Abkehr vom Liberalismus einleitete.[450] Sicher ist a-

446) Vgl. Korreferat zu den Textilzöllen von J.H. REITZ während der sechsten Generalversammlung des Vereins für Socialpolitik am 21. und 22.4.1879 in Frankfurt/Main, zitiert nach dem Protokoll, veröffentlicht in den Schriften des Vereins für Socialpolitik, Bd. 16, 1879, S. 119.

447) SCHMOLLER, Gustav, Referat während der sechsten Generalversammlung des Vereins für Socialpolitik am 21. und 22.4.1879 in Frankfurt/Main, zitiert nach dem Protokoll, veröffentlicht in den Schriften des Vereins für Socialpolitik, Bd. 16, 1879, S. 27.

448) Vgl. Rede Th. HASSLERS während der sechsten Generalversammlung des Vereins für Socialpolitik am 21. und 22.4.1879 in Frankfurt/Main, zitiert nach dem Protokoll, veröffentlicht in den Schriften des Vereins für Socialpolitik, Bd. 16, 1879, S. 37f.

449) BÜCHER, Karl: Lebenserinnerungen, Erster Band, 1847 – 1890, Tübingen, 1919, S. 234f.

450) Vgl. BOESE, Franz, a.a.O., S. 33.

ber, daß Schmoller mit seiner Rede, von welcher intellektuellen Qualität sie auch gewesen sein mag, die Mehrheitsmeinung im Saale vertrat.

In der anschließenden Diskussion reden – immer im Wechsel – Befürworter und Gegner von Schutzzöllen. Vieles erinnert sehr viel eher an eine Parlamentsdebatte als an eine Tagung einer wissenschaftlichen Gesellschaft. Diskussionsleiter Nasse mißt zum Beispiel das Verhalten eines Redners an den „parlamentarischen Sitten".[451] Die freihändlerischen Debattenredner setzten sich insbesondere auch mit Schmollers Beitrag auseinander. Held bestreitet seine Behauptung, die deutsche Exportindustrie sei wirtschaftlich gesünder als die Unternehmen anderer Branchen; das Gegenteil sei richtig. Dieser Dissens berühre den Kern der gesamten Diskussion.[452] Ein Zitat aus dem Beitrag Helds mag verdeutlichen, auf welchem rhetorischen Niveau sich insbesondere die Freihändler bewegten:

„Aber Schmollers Art von Geschichtsphilosophie kann ich nicht unterschreiben. Gewiß, jeder Zeit hat es zwei Principien gegeben, die mit einander abwechselnd einseitige Herrschaft errungen haben: das Princip der freien Entfaltung der individuellen Thatkraft, und das Princip der ordnenden, zwingenden Zusammenfassung der einzelnen Kräfte durch die Gesammtheit, durch den Staat. Gewiß, meine Herren, über den Wechsel in der Uebermacht des einen oder anderen dieser Principien werden wir niemals hinauskommen. Aber auch jeder Zeit, so lange die Welt steht, haben Krieg und Frieden mit einander abgewechselt, und es ist deshalb heute doch nicht nothwendig, daß wir noch Panzerrüstungen anziehen, wenn Krieg ist. Die Panzerrüstung und der Hirtenstab müssen nicht mit einander abwechseln, wenn Krieg und Frieden auf einander folgen, und so müssen auch nicht nothwendig ewig Schutzzoll und Freihandel abwechseln, wenn Wachsen der Staatsgewalt und Ausdehnung der individuellen Freiheit

---

451) Vgl. das Protokoll der Verhandlungen der sechsten Generalversammlung des Vereins für Socialpolitik am 21. und 22.4.1879 in Frankfurt/Main, veröffentlicht in den Schriften des Vereins für Socialpolitik, Bd. 16, 1879, S. 34, ähnlich nimmt er an anderer Stelle Bezug auf parlamentarische Verfahrensweisen, S.42.

452) Vgl. die Rede HELDS während der sechsten Generalversammlung des Vereins für Socialpolitik am 21. und 22.4.1879 in Frankfurt/Main, zitiert nach dem Protokoll, veröffentlicht in den Schriften des Vereins für Socialpolitik, Bd. 16, 1879, S. 40.

von Zeit zu Zeit das Uebergewicht haben. D.h. die Geschichte lehrt uns, daß gewisse Formen, in denen sich ein Princip geltend macht, absterben können und sogar müssen, wenn auch das Princip selber fortlebt. Staatshilfe, Eingriffe des Staates in die wirthschaftlichen Verhältnisse, - wir brauchen sie gewiß! Wir brauchen Schulen, wir brauchen bessere gewerbliche Bildung, wir brauchen noch gar viel. Ich habe aber nur 10 Minuten, und da will ich nicht von Dem reden, was wir brauchen, – sondern ich habe zu reden von Dem, was wir nicht brauchen. Der Schutzzoll, als **eine** (Hervorhebung im Protokoll) Form der Staatshilfe, wird ebenso bei allen Völkern der Reihe nach trotz so und so viel Schwankungen aussterben, wie die Einrichtung ausgestorben ist, welche Stadt und plattes Land von einander trennten."[453]

Am Ende der Tagung wird Schmoller einräumen, daß Held für die fernere Zukunft recht haben könnte, aber eben nicht für die Gegenwart: „(...) für eine Zukunft späterer Jahrhunderte, für **die** (Hervorhebung im Protokoll) ferne Zukunft, in welcher die heutigen europäischen Staaten sich in analogen Rechtsverhältnissen befinden, wie heute die Gemeinden desselben Staates, für eine Zukunft mit viel entwickelteren internationalen Rechtsverhältnissen mag er Recht haben, mit seiner Argumentation gegen mich (...)"[454]

c) Spezialdebatten über verschiedene Branchen

Der allgemeinen Aussprache schlossen sich verschiedene „Spezialdebatten" an. Zunächst wurden Zölle für **landwirtschaftliche Produkte** diskutiert. Referent Werner Sombart schildert detailliert die strukturellen Veränderungen, denen die Landwirtschaft in den letzten Jahrzehnten unterworfen war. Die aktuelle Krise der Landwirtschaft sei mit Schutzzöllen nicht zu beheben. Stattdessen tritt er für andere Reformen ein. Zum Beispiel müsse die Betriebsführung verbessert und das landwirtschaftliche Kreditwesen verändert werden.

---

453) Rede HELDS während der sechsten Generalversammlung des Vereins für Socialpolitik am 21. und 22.4.1879 in Frankfurt/Main, zitiert nach dem Protokoll, veröffentlicht in den Schriften des Vereins für Socialpolitik, Bd. 16, 1879, S. 39f.

Korreferent Dael von Koeth hingegen beklagt sich über die hohen Getreideeinfuhren aus den USA und aus Rußland, deren Landwirtschaft unter anderem auch klimatisch begünstigt sei. Dafür sollten Schutzzölle einen Ausgleich schaffen. Nasse, der bisher den Vorsitz innehatte, beteiligte sich an der Spezialdebatte und sprach sich erwartungsgemäß gegen Getreidezölle aus, die, wie er ausführt, letztlich dazu dienen sollten, die Bodenrenten unberechtigt zu erhöhen. Die Sozialistengesetze hätten gerade jene zum Schweigen gebracht, die Boden- und Kapitalrenten ablehnten. Nun sollten die Grundeigentümer nicht fordern, daß ihre Einkünfte zu Lasten aller Konsumenten erhöht würden.[455] Am Schluß der Spezialdebatte wird ein Antrag Sombarts, den vorgeschlagenen Einfuhrzöllen auf Getreide, Vieh, Holz und Lohne **nicht** zuzustimmen, mit knapper Mehrheit angenommen.[456]

Am Morgen des nächsten Tages, also des 22. Aprils 1879 wird die Tagung mit einer Spezialdebatte über Zölle auf Produkte der **chemischen Industrie** fortgeführt. Referent Adolf v. Brüning, einer der Gründer der heutigen Hoechst AG, unterscheidet zwischen den Interessen der Grundstoffe (insbesondere Soda) produzierenden Großindustrie und den Bedürfnissen der kleineren chemischen Fabriken. Trotzdem kommt er zu dem Schluß, daß der Aufbau eines Schutzzollsystemes der Industrie insgesamt schaden würde. Vor allem befürchtet er, daß die bisher freihändlerischen Briten mit eigenen Zöllen reagieren könnten. Großbritannien sei aber der wichtigste Exportmarkt. Durch eine bessere akademische Ausbildung der Chemiker und eine intensivere Verzahnung zwischen Wissenschaft und Praxis konnte sich nach Brünings Meinung die deutsche chemische Industrie vor die britische setzen. Viele der von den kleineren Unternehmen hergestellten chemischen Spezialprodukte beherrschten inzwischen den Weltmarkt. Würden Zölle eingeführt, seien die Wettbewerbsvorteile

454) Beitrag SCHMOLLERS am Ende der sechsten Generalversammlung des Vereins für Socialpolitik am 21. und 22.4.1879 in Frankfurt/Main, zitiert nach dem Protokoll, veröffentlicht in den Schriften des Vereins für Socialpolitik, Bd. 16, 1879, S. 132.

455) Vgl. NASSE, Erwin, Rede während der sechsten Generalversammlung des Vereins für Socialpolitik am 21. und 22.4.1879 in Frankfurt/Main, zitiert nach dem Protokoll, veröffentlicht in den Schriften des Vereins für Socialpolitik Bd. 16, 1879, S. 67.

456) Vgl. Protokoll der Verhandlungen der sechsten Generalversammlung des Vereins für Socialpolitik am 21. und 22.4.1879 in Frankfurt/Main, veröffentlicht in den Schriften des Vereins für Socialpolitik, Bd. 16, 1879, S. 69.

der deutschen Industrie gefährdet.[457] Boese behauptet, Brüning sei als „Schutzzöllner" aufgetreten, was mit dem Protokoll seiner Rede unvereinbar ist.[458]

Korreferent Kalle berichtet von einer Tagung der chemischen Industrie und vertritt die Meinung, daß die Grundstoffe produzierende Industrie durch Zölle auf Soda und weitere ihrer Produkte zu schützen sei. Insbesondere die britische, inzwischen aber auch die belgische und französische Industrie würden sonst durch ihrer niedrigeren Produktionskosten begünstigt. Außerdem berichtet er detailliert von weiteren Vorschlägen der Tagung zu Zolltarifen für verschiedene chemischen Substanzen.[459]

Ohne hierzu Beschlüsse zu fassen, wurde die Diskussion über **Lederwaren** fortgeführt. Als Referent eröffnet hierzu Gerbermeister May die Debatte. Er behauptet, die deutsche Industrie sei bei vielen der feineren Lederwaren wettbewerbsfähig, es werde davon wesentlich mehr exportiert als importiert. Nur die Produzenten des einfacheren Sohlleders klagten über die billigere ausländische Konkurrenz. Die schlechte Geschäftslage der gesamten Lederindustrie rühre nicht vom Außenhandel her, sondern sei die schlichte Folge der schlechten konjunkturellen Situation. Der Referent verfolgt ebenfalls die sozialpolitische Argumentationslinie gegen Schutzzölle, wenn er ausführt, daß die vielen Armen eher Unterstützung fordern könnten als die reichen Lederfabrikanten.[460] Nach langer und zum Teil redundanter Diskussion, lehnt es die Versammlung ab, über Zollbeträge abzustimmen.[461]

---

457) Vgl. die Rede Adolf v. BRÜNINGS während der sechsten Generalversammlung des Vereins für Socialpolitik am 21. und 22.4.1879 in Frankfurt/Main, zitiert nach dem Protokoll, veröffentlicht in den Schriften des Vereins für Socialpolitik, Bd. 16, 1879, S. 70ff.

458) Vgl. BOESE, Franz, a.a.O., S. 39.

459) Vgl. die Rede KALLES während der sechsten Generalversammlung des Vereins für Socialpolitik am 21. und 22.4.1879 in Frankfurt/Main, zitiert nach dem Protokoll, veröffentlicht in den Schriften des Vereins für Socialpolitik, Bd. 16, 1879, S. 74ff.

460) Vgl. Referat von Gerbermeister MAY während der sechsten Generalversammlung des Vereins für Socialpolitik am 21. und 22.4.1879 in Frankfurt/Main, zitiert nach dem Protokoll, veröffentlicht in den Schriften des Vereins für Socialpolitik, Bd. 16, 1879, S. 80ff.

461) Lediglich folgender Antrag wird angenommen: „Es ist Pflicht des Staates für Vermehrung der Eichenwälder Sorge zu tragen und die in den Staatsforsten zu gewinnende Lohe

Die sich anschließende Spezialdebatte über **Textilzölle** bewegte sich in ähnlichen Bahnen wie ihre Vorgängerinnen. In eine etwas andere Richtung weist allenfalls die recht politische Argumentation des Referenten Seyffardt: Neben der schlichten Interessenpolitik sei unbedingt zu beachten, daß der internationale Handel auch mit kulturellem Austausch einhergehe. Der verbesserte internationale Verkehr eröffne Möglichkeiten, die bei einer „wirtschaftschauvinistischen" Gestaltung der deutschen Politik ungenutzt blieben. Abschließend wird ein allgemein formulierter Antrag angenommen, der es begrüßt, daß Zolltarife sich künftig weniger an der Stückzahl und mehr am Warenwert oder an der für die Ware verwendete Arbeitszeit orientieren sollen.[462]

Es ist verständlich, daß nach der bereits lang andauernden Sitzung auf eine Spezialdebatte über **Eisenzölle** verzichtet wird.

d) Ergebnisse des Frankfurter Kongresses

Trotz der extensiv geführten Spezialdebatten wird jedoch zum Ende hin die allgemeine Aussprache erneut aufgegriffen und fortgeführt. Abschließend dürfen sich nochmals Referent und Korreferent der Generaldebatte, also Gensel und Schmoller äußern. Dann wird abgestimmt. Der eher freihändlerische Antrag Gensels wird in namentlicher Abstimmung mit 82 zu 63 Stimmen abgelehnt. Im Protokoll sind die Namen der Zustimmenden und Ablehnenden einzeln aufgeführt. Auch jene Versammlungsteilnehmer sind verzeichnet, die den Saal vor der Abstimmung verlassen haben. Mehrheitlich angenommen wird folgerichtig Schmollers Antrag (mit einer von Hiltrop beantragten Abänderung), der eine maßvolle Zollpolitik befürwortet:[463]

---

den Gerbern zugänglich zu machen.", vgl. Protokoll der Verhandlungen der sechsten Generalversammlung des Vereins für Socialpolitik am 21. und 22.4.1879 in Frankfurt/Main, veröffentlicht in den Schriften des Vereins für Socialpolitik, Bd. 16, 1879, S. 97f.

462) Vgl. Protokoll der Verhandlungen der sechsten Generalversammlung des Vereins für Socialpolitik am 21. und 22.4.1879 in Frankfurt/Main, veröffentlicht in den Schriften des Vereins für Socialpolitik, Bd. 16, 1879, S. 123f.

463) Die genaue Stimmenverteilung ist hier nicht erfaßt worden.

„In Anbetracht, daß die Bemühung um Handelsverträge, die der deutschen Industrie neue Märkte erschließen, im Augenblicke bei der gegenwärtigen handelspolitischen Weltlage aussichtslos ist, in Anbetracht, daß in sämmtlichen Culturstaaten, mit Ausnahme von England, eine Erhöhung der Zölle entweder schon stattgefunden hat oder in Aussicht steht, in Anbetracht endlich, daß die Erhöhung einer Anzahl financiell wichtiger Zölle doch jedenfalls nöthig ist, um die Finanzen des Reiches auf selbstständige Grundlage zu stellen: erklärt sich der Verein für Socialpolitik für eine maßvolle Tarifreform in finanzpolitischem und schutzzöllnerischem Sinne und für eine Ermächtigung, die Zollsätze gegenüber den die deutschen Waaren besonders benachtheiligenden Staaten noch um einen gewissen Betrag zu erhöhen, und erwartet, daß dadurch zugleich Mittel geboten werden, in allen einzelnen Gewerben den Schutz der Arbeiter gegen die natürlichen Nothstände des Lebens durch Kranken- und Pensionskassen möglichst zu erweitern."[464]

Zusätzlich fordert der Verein (auf einen Antrag von Möller hin), mittels einer Rückvergütung zu verhindern, daß sich durch die Besteuerung von Vorprodukten deutsche Exportwaren verteuern. Gegen Ende der Versammlung hatte es sich noch herausgestellt, daß der Versammlungsleiter und Vorsitzende des geschäftsführenden Ausschusses Erwin Nasse beleidigt war, weil ihm durch einen Antrag auf „Schluß der Debatte" die Möglichkeit genommen worden war, nochmals in die Diskussion einzugreifen. Daß die Versammlung nicht nur Nasse, sondern auch andere Freihändler nicht mehr anhören wollte, empfand Bücher als Stilbruch im Vergleich zu vergangenen Vereinstreffen.[465] Brentano behauptete später, es habe zusätzliche und nachwirkende Spannungen gegeben, weil es Schmoller gewesen sei, der den Antrag auf Schluß der Debatte gestellt hatte, ohne Rücksicht darauf, daß Nasse sich gerade gegen Schmollers

464) Protokoll der Verhandlungen der sechsten Generalversammlung des Vereins für Socialpolitik am 21. und 22.4.1879 in Frankfurt/Main, veröffentlicht in den Schriften des Vereins für Socialpolitik, Bd. 16, 1879, S. 139f.

465) Vgl. BÜCHER, Karl: Lebenserinnerungen, Erster Band, 1847 – 1890, Tübingen, 1919, S. 234.

Antrag zu Wort gemeldet hatte.[466] Trotz allem wurde in der nach der Tagung stattfindenden Ausschußsitzung Nasse einmütig als Vorsitzender bestätigt.[467]

Weniger diese persönlichen Probleme als die deutlich gewordenen Differenzen in der Handelspolitik stürzten den Verein in eine Krise, die jedoch später überwunden werden konnte.[468] Unter anderem wurde ab 1881 völlig darauf verzichtet, über Thesen abzustimmen.[469] Bücher glaubt, daß damit die öffentliche Beachtung der Tagungen abgenommen habe, und der Verein eher zu einem Verlag für Berichte und Gutachten geworden sei.[470] Auch Horst Kern nimmt wahr, daß sich damals der Schwerpunkt der Vereinstätigkeit von der politischen Diskussion auf die Durchführung sozialwissenschaftlicher Untersuchungen (im Verein *Enqueten*[471] genannt) verlagert habe. Dabei könne auch das in den achtziger Jahren repressivere politische Klima, wie es sich im Sozialistengesetz ausdrückte, manches Vereinsmitglied zur politischen Zurückhaltung bewegt haben.[472]

Daß sich manche Freihändler mit ihrer Niederlage im Verein für Socialpolitik nicht abfinden konnten, mag auch dazu beigetragen haben, daß sich in November 1878 ein „Deutscher Freihandelsverein" gründete.[473] Der Verein für Social-

466) Brentano bezieht sich hierbei auf einen Bericht von Knapp, da er selber auf der Versammlung nicht anwesend war, vgl. BRENTANO, Lujo, a.a.O., S. 112.

467) Vgl. BOESE, Franz, a.a.O., S. 41.

468) Vgl. BOESE, Franz, a.a.O., S.40ff, vgl. auch BÜCHER, Karl, a.a.O., S. 235.

469) Vgl. BOESE, Franz, a.a.O., S. 44f., LINDENLAUB, Dieter, a.a.O., S. 9, KESTEN-CONRAD, Else, a.a.O., S. 147.

470) Vgl. BÜCHER, Karl, a.a.O., S. 354.

471) Näheres zur sozialwissenschaftlichen Methodik der vom Verein durchgeführten *Enqueten* findet man bei KERN, Horst, Empirische Sozialforschung: Ursprünge, Ansätze, Entwicklungslinien, München, 1982, S. 83ff.

472) Vgl. KERN, Horst, a.a.O., S. 88.

473) Vgl. BÜCHER, Karl, a.a.O., S. 235. Auch die Frankfurter Zeitung, deren für Wirtschafts- und Sozialpolitik zuständige Redakteur Karl BÜCHER war, setzte sich weiter für die Sache des Freihandels ein, und wurde von den Regierungsbeamten entsprechend beachtet. Vgl. BÜCHER, Karl, a.a.O., S. 235ff.

politik hat erst 22 Jahre später wieder über Zölle debattiert, nämlich 1901 in München.[474]

Zusammenfassend sollen einige auf der Tagung diskutierte Fragen nochmals aufgegriffen werden, um die Widersprüche und Gegensätze innerhalb des Vereins deutlich hervortreten zu lassen:

1. Natürlich wurde auf der Tagung einer sozialpolitisch interessierten Vereinigung besonders darüber gestritten, ob Zölle den unteren Klassen schaden oder helfen können. Die freihändlerisch gesinnten Sozialpolitiker hoben hervor, daß Agrarzölle die Lebensmittel verteuern müssten. Hiervon seien die Arbeiter in ihrer Rolle als Konsumenten betroffen. Gerade sie hatten ja in den vergangenen Jahren durch tendenziell sinkende Nahrungsmittelpreise am meisten profitiert, da sie einen größeren Teil ihres Einkommens für Lebensmittel ausgaben als das Bürgertum. Unter steigenden Preisen würden sie demzufolge am meisten zu leiden haben.
   Überlegungen, wie sie später von Bismarck im Reichstag angestellt wurden,[475] daß nämlich eine Erhöhung der Agrarzölle dann nicht zu einer Erhöhung der Nahrungsmittelpreise führen müsse, wenn gleichzeitig die direkte Steuerlast der Landwirte gemindert würde, spielten hier keine Rolle.
2. Die Zollbefürworter – auch und gerade die industriellen Lobbyisten – ignorierten die Interessen der Arbeiter als Konsumenten und betonten ihre Rolle im Produktionsprozess: Zölle auf Industrieprodukte nützten der heimischen Industrie und damit auch der „nationalen Arbeit", einem in jener Diskussion häufig benutztem Schlagwort. Die deutsche Sozialgesetzgebung (zum Beispiel bezüglich der Arbeitszeiten und der Kinderarbeit) könnte nur erhalten und fortentwickelt werden, wenn man sich vor der ausländischen Konkurrenz schützt. In anderen Ländern seien die sozialen Standards niedriger, so daß dort kostengünstiger produziert werden könnte als in Deutschland. Das gleiche Argu-

474) Vgl. KESTEN-CONRAD, Else, a.a.O., S. 147.

475) Rede des Reichskanzlers Fürst von BISMARCK zur ersten Beratung des Gesetzentwurfes betreffend den Zolltarif des deutschen Zollgebiets (Nr. 132 der Drucksachen) während der 36. Sitzung des Reichstages am 2. Mai 1879, zitiert nach dem Protokoll, S. 927ff.

mentationsmuster wird auch in der heutigen Globalisierungsdebatte benutzt und entspricht der Vorstellung, Nationen befänden sich im steten Wettbewerb um die Führung im Industrialisierungsprozeß, die spätestens seit Friedrich List verbreitet ist. Damals wie heute wird die Modernisierung gleichermaßen als nationale Chance und als Bedrohung empfunden.[476]

3. Der Zielkonflikt, der entstehen kann, wenn man Zölle als Einnahmequelle betrachtet, aber gleichzeitig auch auf ihre prohibitive Wirkung setzt, wurde auf der Tagung angesprochen. Ebenso mögliche Interessengegensätze zwischen Landwirtschaft und Industrie, die manchen Diskussionsteilnehmern durch das überraschende „Bündnis von Roggen und Eisen" nur überdeckt schienen.
4. Außerdem brachten die Freihändler grundsätzliche, wirtschaftstheoretisch untermauerte Argumente vor: Der freie Außenhandel diene der effizienten Produktion, Schutzzölle hingegen führten zur Fehlallokation. Darüber hinaus sei die gegenwärtige Krise keinesfalls durch den Außenhandel verursacht worden, sie könne also auch nicht durch dessen Einschränkung kuriert werden.
5. Selten wurde auf positive Begleiteffekte des Außenhandels in politischer Hinsicht verwiesen: Internationaler Handel befördere auch den kulturellen Austausch und die politische Verständigung zwischen den Nationen.
6. Schließlich hatte die Diskussion auch ihre taktischen Momente: Manchmal hieß es, man solle dem Beispiel anderer Staaten folgen und zunächst die Zölle erhöhen, um bei späteren Verhandlungen über bilaterale Handelsverträge eine bessere Ausgangsposition zu gewinnen.

Schon im Abschnitt D.II.3. ist angesprochen worden, wie dominierend der Anteil jener Fabrikanten und Kaufleute unter den Frankfurter Kongreßteilnehmern war, die aus den neu entstandenen Interessengruppen stammten: 29 „alte Mitgliedern" hatten nicht weniger als 138 „neue Mitglieder" begrüßen dürfen. Die Mitgliederschaft verschiedener Verbände war gezielt auf die Tagung hingewie-

---

476) Vgl. SUPPLE, Barry, Der Staat und die Industrielle Revolution 1700 – 1914, in: CIPOLLA, Carlo M.; BORCHARDT, Knut, Europäische Wirtschaftsgeschichte, Bd. 3: Die industrielle Revolution, Stuttgart, New York, 1985, S. 210.

sen worden. Die Bedeutung, die die Lobbyisten der Frankfurter Tagung gaben, unterstreicht nochmals die meinungsbildende Kraft des Vereins jener Jahre.

Die Interessenvertreter konnten die schutzzöllnerischen Beschlüsse als ihren Erfolg ansehen. Ihr Einfluß im Verein für Socialpolitik blieb aber eine Episode, denn bald verabschiedete sich der größte Teil der Unternehmerschaft wieder aus den Reihen der Vereinsmitglieder. Selbst H. A. Bueck, jener frühere Generalsekretär des „Langnamenvereins", der später zum Geschäftsführer des „Centralverbandes deutscher Industrieller" wurde, trat schließlich 1896 aus. Im Verein hatte er zeitweise eine bedeutende Rolle gespielt, auf die schon mehrfach hingewiesen wurde.[477] Für Boese hatte er als das Musterbeispiel eines Interessenvertreters agiert.[478]

5. Die politische Fortentwicklung

Bismarck nahm die Frankfurter Diskussion um möglicherweise steigende Nahrungsmittelpreise in seiner Rede auf, die er zur Einbringung der Zolltarifvorlage am 2. Mai 1879 im Reichstag hielt. Hier betonte er weniger die beabsichtigten prohibitiven Zollwirkungen. Vielmehr stellte er es als seine Ziele dar, dem Reich mit Hilfe der Zölle eine eigene, vom guten Willen der deutschen Länder unabhängige Einnahmequelle zu verschaffen, und die Steuerlast von direkten zu indirekten Wegen der Besteuerung umzuverteilen. Bismarck wies darauf hin, daß die direkten Steuern (Grundsteuer, Gebäudesteuer und Einkommensteuer) insbesondere die krisengeplagte Landwirtschaft belasteten. Würde man nach Einführung der Zölle diese Belastung reduzieren, sei es nicht zwangsläufig, daß die Lebensmittelpreise stiegen.[479] Eine breitere Betrachtung dieser Zusammenhänge hätte die Tagung des Vereins durchaus bereichern können.

---

477) Bis zu seinem Austritt war er Mitglied des geschäftsführenden Ausschusses. Vgl. LINDENLAUB, Dieter, a.a.O., S. 45.

478) Vgl. BOESE, Franz, a.a.O., S. 29.

479) Rede des Reichskanzlers Fürst von BISMARCK zur ersten Beratung des Gesetzentwurfes betreffend den Zolltarif des deutschen Zollgebiets (Nr. 132 der Drucksachen) während

Nach langen Debatten, die teilweise die Diskussionen des Vereins für Socialpolitik nachbildeten, beschloß der Reichstag am 12. Juli 1879 die von Bismarck vorgeschlagenen, eher mäßigen Zölle, die bereits am 15.7.1879 in Kraft traten. 217 Abgeordnete stimmten mit ja und 117 mit nein. Zwei Parlamentarier enthielten sich.[480] Das Gesetz war im wesentlichen von Konservativen und Zentrum beschlossen worden.[481] Schon vor der parlamentarischen Debatte hatten sich der liberale Rudolf Delbrück und andere freihändlerische Minister aus der Regierung zurückgezogen.[482] An der Zollpolitik spaltete sich die nationalliberale Partei, die ähnlich wie der Verein für Socialpolitik aus Freihändlern und Vertretern des Schutzzolls bestanden hatte. Zukünftig stützte sich Bismarck nicht mehr auf die Liberalen. Er verließ sich vielmehr auf wechselnde Mehrheiten, zu denen von Fall zu Fall Konservative, Zentrum und Liberale gehören konnten.[483]

Für Rosenberg beginnt mit der Einführung von Schutzzöllen eine neue politische Entwicklungsphase:[484] Der Liberalismus habe der Industrialisierung zum Durchbruch verholfen, nun könne er zugunsten eines auflebenden Interventionismus zurückgedrängt werden. Tatsächlich überrascht es nicht, daß Bismarck im Verein mit den Konservativen die Chance nutzte, die staatliche Macht (in diesem Falle die Macht des neu entstanden Reiches), auszudehnen. Außer in der Zollpolitik weitete der Staat auch seinen sozialpolitischen Einfluß aus. Auch wurden die preußischen Eisenbahnen schrittweise verstaatlicht.

Rosenberg sieht in der neuen Zollpolitik eine interventionistische Weichenstellung, die die Entwicklung auf Jahrzehnte hinaus in eine andere Richtung lenkte. Innerhalb der staatlichen Bürokratie entstand beispielsweise erstmals die Idee, mit der Vergabe öffentlicher Bauaufträge Konjunkturschwankungen zu mil-

---

der 36. Sitzung des Deutschen Reichstages am 2. Mai 1879, zitiert nach dem Protokoll, S. 927ff.

480) Protokoll der 80. Sitzung des Deutschen Reichstages am 12. Juli 1879, S. 2364.

481) Vgl. KAUFHOLD, Karl Heinrich, a.a.O., S. 114.

482) Vgl. KELLENBENZ, Hermann, Deutsche Wirtschaftsgeschichte, Band II, München, 1981, S. 241.

483) Vgl. MANN, Golo, a.a.O., S. 446.

484) Vgl. ROSENBERG, Hans, a.a.O., S. 169ff.

dern. Er hält es für eine „Ironie der Entwicklung", daß die schwere ökonomische Krise, abgesehen von der Landwirtschaft, bereits überwunden war, als die Entscheidung zugunsten der Schutzzölle fiel. Schon 1878 habe Deutschland einen neuen Rekord beim Export verzeichnen können.[485]

Bereits Boese behauptete, daß Schmoller diesen historischen Wendepunkt intuitiv erkannt hatte, und für sein sozialpolitisches Anliegen ausnutzte: Schmoller habe die Bismarcksche Zollpolitik unterstützt, weil er „herausgefühlt" habe, daß Bismarck mit der Zolltarifvorlage eine Abkehr vom Liberalismus einleitete, eben auch in sozialpolitischer Hinsicht.[486] Wäre es ausschließlich um die besseren *ökonomischen* Argumente gegangen, hätten die Freihändler die Frankfurter Tagung als Sieger verlassen müssen. *Politisch* betrachtet muß man allerdings einräumen, daß Schmoller und seine schutzzöllnerischen Freunde möglicherweise richtig handelten, als sie die Bismarcksche Zollpolitik unterstützen. Sie beförderten damit jene Wende zum Interventionismus, die später ganz in ihrem Sinne sozialpolitische Früchte trug. Edgar Salin, der insgesamt eher kritisch über Schmoller urteilt, hebt seinen „menschlichen und wissenschaftlichen Instinkt" hervor, der ihn oft den richtigen Weg einschlagen ließ.[487]

---

485) Vgl. ROSENBERG, Hans, a.a.O., S. 179.

486) Siehe oben, vgl. BOESE, Franz, a.a.O., S. 33.

487) Vgl. SALIN, Edgar, Politische Ökonomie – Geschichte der Wirtschaftspolitischen Ideen von Platon bis zur Gegenwart, Tübingen, Zürich, 1967, S. 139.

E. Schmollers Beitrag zur Weiterentwicklung der Wissenschaften

Im vergangenen Kapitel wurde beschrieben, wie intensiv sich Schmoller und andere Vertreter der historischen Schule an den wirtschafts- und sozialpolitischen Kontroversen des neu entstandenen Kaiserreichs beteiligt hatten, und welche politischen Einflußmöglichkeiten sie nutzten. Nun soll die Bedeutung der historischen Schule für die Weiterentwicklung der Sozialwissenschaften untersucht werden. Dabei ist einerseits ihr Beitrag zur Entstehung der empirischen Sozialforschung und der deutsche Soziologie zu würdigen. Andererseits soll ausführlicher dargestellt werden, welche Beziehungen zum amerikanischen Institutionalismus bestanden. Schließlich ist zu untersuchen, welche Gemeinsamkeiten, aber auch welche Unterschiede zwischen der historischen Schule und der neuen Institutionenökonomik innerhalb der gegenwärtigen Volkswirtschaftslehre aufzufinden sind.

I. Wissenschaftliche Entwicklung in Deutschland

1. Die Entstehung der Soziologie

Die Soziologie hat in ihren Entstehungsländern – Harald Homann nennt die Vereinigten Staaten, Frankreich und Deutschland – recht unterschiedliche Wurzeln.[488] Für Homann zeichnet sich die deutsche Soziologie dadurch aus, daß sie sich im Unterschied zur französischen und amerikanischen aus den vom Histo-

488) Vgl. HOMANN, Harald, Gustav Schmoller und die „empirische Sozialforschung", in: SCHIERA, Pierangelo; TENBRUCK, Friedrich (Hg.), Gustav Schmoller in seiner Zeit: Die Entstehung der Sozialwissenschaften in Deutschland und Italien, Berlin, 1989, S. 328f.

rismus[489] geprägten Geisteswissenschaften entwickelte, die er auch als „historische Erfahrungswissenschaften" bezeichnet.[490] In diesem Rahmen kann der gesonderte Einfluß Schmollers und der historischen Schule der Nationalökonomie beschrieben werden: Bereits im 19. Jahrhundert führte der neoklassische Weg zu einer Konzentration auf ökonomische Fragen im engeren Sinne, die in möglichst allgemeingültigen Modellen analysiert werden sollten. Zu deren Konstruktion war es unumgänglich, viele Einflüsse in den Datenkranz außerhalb des eigentlichen Modells zu verlagern. Darin scheint die Trennung der Ökonomie von den anderen Sozialwissenschaften vorgezeichnet zu sein. Mit seiner im Kapitel B dargestellten Arbeitsweise versuchte Schmoller hingegen, die gesamte Gesellschaft im Blick zu behalten. Damit bleibt eine große Nähe zwischen Schmollers Lehre und der sich entwickelnden modernen Sozialwissenschaft bestehen: „Von seinen frühesten Arbeiten an hat Schmoller die Nationalökonomie als Gesellschaftswissenschaft aufgefaßt und damit in bewußten Gegensatz zur Nationalökonomie gestellt, wie sie nach A. Smith von Ricardo und J.B. Say repräsentiert wurde."[491]

Eine weitere Verbindung zur modernen Soziologie bildet die empirische Sozialforschung, die innerhalb Schmollers Werk sicherlich eine ungleich bedeutendere Rolle spielt als die Herausbildung wissenschaftlicher Theorien.[492] Für Schumpeter öffnet Schmollers historische und zugleich empirische Arbeitsweise den Ausblick auf eine „Universalsozialwissenschaft".[493] An anderer Stelle

---

489) Siehe zum Historismus Abschnitt C.III.3. c).

490) Vgl. HOMANN, Harald, a.a.O., S. 329.

491) HOMANN, Harald, ebd.

492) Ausführlicher als in der 2. Auflage des Handwörterbuchs der Staatswissenschaften von 1900 geht Schmoller in der 3. Auflage von 1909 bis 1911 auf die Methoden der Volkswirtschaftslehre ein. Insbesondere „Beobachtung und Beschreibung" nehmen dort breiteren Raum ein, vgl. SCHMOLLER, Gustav, Volkswirtschaft, Volkswirtschaftslehre und -methode, in: Handwörterbuch der Staatswissenschaften, 2. Aufl., Jena, 1900, S. 555ff. und SCHMOLLER, Gustav, Volkswirtschaft, Volkswirtschaftslehre und -methode, in: Handwörterbuch der Staatswissenschaften, 3. Aufl., Jena, 1909 - 1911, S. 455ff.

493) SCHUMPETER, Joseph A., Gustav v. Schmoller und die Probleme von heute, in: Schmollers Jahrbuch, 1926, 1. Halbbd., S. 364f.

sagt er, Schmollers Zielpunkt sei „...eine einheitliche Soziologie oder Sozialwissenschaft als gedanklich („theoretisch") verarbeitete Universalgeschichte."[494]

Nicht nur in der Ideengeschichte, sondern auch in der Entwicklung wissenschaftlicher Vereinigungen können Verbindungslinien zwischen der historischen Schule und der modernen Soziologie gezogen werden. Homann datiert den Beginn der institutionalisierten Sozialforschung in Deutschland mit der Gründung des Vereins für Socialpoltik.[495] Dieses Urteil erscheint nachvollziehbar, wenn man an die vom Verein durchgeführten *Enqueten* denkt, die, wie bereits erwähnt, als bedeutende Leistungen des Vereins angesehen werden.[496] Nach der 1909 aufgelebten „Werurteilsdebatte"[497] spaltet sich aus dem Verein für Socialpolitik die Deutsche Gesellschaft für Soziologie ab, deren Entstehung somit in enger Beziehung zur historischen Schule steht. Max Weber, der seit 1888 dem Verein für Socialpolitik angehörte, war prominentes Gründungsmitglied der Gesellschaft für Soziologie. Die Interpretation, Weber habe durch diesen Schritt mit der historischen Schule gebrochen und sich zum Soziologen gewandelt, ist sicher zu oberflächlich. Die von ihm begründete „verstehende Soziologie" knüpft vielmehr in einigen Aspekten an Schmoller und die historische Schule an:

„So gibt es keinen Bruch zwischen dem Juristen, historischen Ökonomen, Sozialgeschichtler und Soziologen Weber, denn er teilt weiterhin Ziele, Arbeitsweisen und Wirklichkeitsbegriff der historischen Schule."[498] Auf Differenzen, aber

494) SCHUMPETER, Joseph A., a.a.O., S. 382. Schumpeter bezieht sich dabei auf Lederer.

495) Vgl. HOMANN, Harald, a.a.O., S. 331f.

496) Vgl. ROSENBERG, Hans, Grosse Depression und Bismarckzeit, Berlin, 1967, S. 56. Vertiefend auf die sozialwissenschaftliche Methodik der vom Verein durchgeführten *Enqueten* geht Horst Kern ein. Vgl. KERN, Horst, Empirische Sozialforschung: Ursprünge, Ansätze, Entwicklungslinien, München, 1982, S. 83ff.

497) Siehe zur „Werturteilsdebatte" Abschnitt B.III.4.

498) HOMANN, Harald, a.a.O., S. 347. „In a fuller account of the German Historical School, there would be a fuller discussion of the methodological ideas of Max Weber, and, in particular, of his concepts of *Idealtypen* (ideal types), and the *Verstehende Methode* (meant meaning)." (Hervorhebungen durch den Verfasser) HUTCHISON, Terence W., Institutionalist Economics Old and New, in: Journal of Institutional and Theoretical Economics (JITE), Bd. 140, 1984, S. 22.

auch mögliche Gemeinsamkeiten in der Wissenschaftsauffassung Schmollers und Webers wurde bereits im Abschnitt über die „Werturteilsdebatte" ausführlicher eingegangen.[499] Neben Max Weber beschritt auch Werner Sombart den Weg zur modernen Soziologie. Insbesondere seine politischen Auffassungen wandelten sich hin zu liberalen oder gar konservativen Positionen.[500] Trotzdem wird er ebenso wie Weber auch als „später Anhänger" der historischen Schule betrachtet.[501]

2. Schmollers Einfluß auf die deutsche Volkswirtschaftslehre

Bevor die Wirkungen der historischen Schule innerhalb der *amerikanischen* Wirtschaftswissenschaft ausführlicher untersucht werden, soll noch kurz auf die weitere Entwicklung der *deutschen* Volkswirtschaftslehre eingegangen werden: Obwohl die deutschen Ökonomen nach dem ersten Weltkrieg darum kämpften, sich vom „Übervater" Gustav Schmoller zu lösen, obwohl die von ihm zusammengehaltene Wirtschaftswissenschaft in einzelne Disziplinen zerfiel,[502] blieb er auch innerhalb der deutschen Volkswirtschaftslehre nicht ohne Nachwirkungen: Walter Eucken bezog sich auch auf die historische Schule, wenn er den Einfluß der natürlichen Verhältnisse eines Landes, auch seiner Rechts- und Wirtschaftsordnung auf die ökonomische Entwicklung betonte.[503] Wie bereits im Kapitel B geschildert, bestritt Eucken allerdings, daß es einen tiefen Gegensatz zwischen historischer und theoretischer Methode gebe, und versuchte in seinem Werk beides zu verbinden.[504] Im Interesse, daß die Walter Eucken nachfolgende „Freiburger Schule" dem institutionellen Rahmen der

499) Siehe Abschnitt B.III.4.

500) Vgl. KRUSE, Alfred, Geschichte der Volkswirtschaftlichen Theorien, 4. Aufl., Berlin, 1959, S. 169f und RINGER, Fritz K., Die Gelehrten – Der Niedergang der deutschen Mandarine 1890 – 1933, München, 1987, S. 149.

501) Vgl. RINGER, Fritz K., a.a.O., S. 135.

502) Vgl. SCHEFOLD, Bertram, Die Macht der Sittlichkeit, in: Die Zeit, Nr. 13/93.

503) Vgl. ZIMMERMAN, L.J., Geschichte der theoretischen Volkswirtschaftslehre, Köln, 1967, S. 123f.

504) Siehe Abschnitt B.I.1. c).

Marktwirtschaft entgegenbrachte, wird ein fortdauernder Einfluß der historischen Schule gesehen.[505] In welche Maße das „Erbe der historischen Schule" einen Anschluß an die moderne volkswirtschaftliche Theorie gefunden hat,[506] läßt sich jedoch erst beurteilen, wenn man die Entwicklung in den USA in die Betrachtung einbezieht.

II. Von der historischen Schule zum amerikanischen Institutionalismus

1. Geschichtliche Entwicklung in den USA

Der Institutionalismus hat seine Wurzeln gegen Ende des 19. Jahrhunderts in den Vereinigten Staaten. Erst um die Jahrhundertwende aber veröffentlichte Thorstein B. Veblen[507] jene bekannten Aufsätze, in denen er die Marginalanalyse angriff und mit einem Anforderungskatalog an eine zeitgemäße Ökonomie den Institutionalismus begründete.[508] Zu jener Zeit ähnelte die ökonomische Entwicklung Amerikas der europäischen, folgte ihr jedoch noch mit zeitlicher Verzögerung.[509] Der Sezessionskrieg von 1861 bis 1865 hatte weite Teile des Südens verwüstet, andererseits aber einen Boom im Norden und Nordwesten ausgelöst. Während der „Reconstruction" wurde das Schienennetz schnell aus-

505) Vgl. HUTCHISON, Terence W., Institutionalist Economics Old and New, in: Journal of Institutional and Theoretical Economics (JITE), Bd. 140, 1984, S. 22.

506) Vgl. SCHMÖLDERS, Günter, Geschichte der Volkswirtschaftslehre, Wiesbaden, 1961, S. 78.

507) Thorstein Bunde VEBLEN, * 30.7.1857, † 3.8.1929.

508) Vgl. beispielsweise VEBLEN, Thorstein, The Place of Science in Modern Civilization, in: MITCHELL, Wesley C. (Hg.), What Veblen Taught, Selected Wrtitings of Thorstein Veblen, New York, 1964 (Nachdruck), S. 3ff., VEBLEN, Thorstein, The Theory of Business Enterprise, 1904, Reprint, New York, 1965.

509) Zur geistesgeschichtlichen Entwicklung des Institutionalismus vor dem Hintergrund des amerikanischen Wirtschaftsgeschehens vgl. REUTER, Norbert: Der Institutionalismus, Geschichte und Theorie der evolutionären Ökonomie, Marburg, 1994, S. 61ff.

geweitet. Zwischen Kriegsende und Jahrhundertwende strömten 15 Millionen Menschen ins Land. Daneben boten die neu entdeckten Bodenschätze eine weitere Grundlage für eine plötzlich einsetzende Industrialisierung, die sich hinter hohen Zollmauern rasch entfaltete. Von der Regierung begünstigt, konzentrierte sich das Eigentum in den Händen einiger Monopole und Trusts. Wenige große Unternehmen besaßen die Eisenbahnen und kontrollierten wichtige Märkte, wie die für Mineralöl, Zucker, Baumwolle und Eisen. Die meisten Menschen konnten von der wirtschaftlichen Entwicklung jedoch kaum profitieren; nicht selten wurde gestreikt, um die Arbeitseinkommen zu erhöhen.

Der Boom wurde jäh durch eine schwere Wirtschaftskrise zwischen 1893 und 1897 beendet, also zwanzig Jahre nach dem Gründerkrach in Deutschland. Zwar vollzieht die Wirtschaftsentwicklung in mancher Hinsicht die europäische Industrialisierung nach. Anders aber als während des deutschen Gründerkrachs wuchs die Anzahl der Arbeitslosen durch die amerikanische Krise dramatisch auf über drei Millionen an. Eine Ursache für diesen auffälligen Unterschied kann wohl in der Auswanderung von Europa nach Amerika vermutet werden.

2. Der deutsche Einfluß auf die amerikanische Wirtschaftswissenschaft bis zur Gründung der *American Economic Association*

Wie in Deutschland war die Industrialisierung von einer liberalen Politik begleitet worden. Wie in Deutschland unterstützten die Volkswirte zunächst das *laissez faire*, in dem sie die englische Neoklassik rezipierten. Einschränkend muß allerdings erwähnt werden, daß die Volkswirtschaftslehre bis zu jener Zeit kaum in die USA vorgedrungen war. Noch 1865 hatte es in ganz Amerika nur einen volkswirtschaftlichen Lehrstuhl gegeben. Mit der Wirtschaftskrise sahen sich die Regierungen der Bundesstaaten zu Eingriffen in das ökonomische Geschehen gezwungen, die mit einer liberalen Politik unvereinbar waren. Die neoklassische Wirtschaftstheorie wurde kritisch überprüft: Man erhoffte sich zwar große Fortschritte von der Industrialisierung Amerikas, suchte aber gleichzeitig nach Wegen, die „Krankheiten", die das europäische Maschinenzeitalter bis dahin begleitet hatten, zu vermeiden. Innerhalb des nach dem Bürgerkrieg wieder aufblühenden intellektuellen Lebens bezweifelten kritische

Ökonomen, ob die hergebrachte Theorie dies leisten könne. Sie stammte insbesondere aus England, hatte sich in den Vereinigten Staaten aber in einer recht schlichten und undifferenzierten Form weiterverbreitet. Man strebte nun an, die Wirtschaft nicht nur zu erklären, sondern auch aktiv zu gestalten und damit den gesellschaftlichen Wohlstand zu steigern. Die Ökonomen beschäftigten sich nicht mehr ausschließlich mit der Analyse, sondern versuchten – wie es Joseph Dorfman nennt – nun auch „social engineering" zu betreiben.[510]

Die Zahl der Kritiker an der neoklassischen Theorie wuchs durch Studenten, die von ihrem Gaststudium in Europa, vor allem in Deutschland nach 1879 zurückkehrten. Es ist allerdings zu betonen, daß die Reisenden nicht nur den Historismus im Gepäck hatten, sondern auch die österreichische Grenznutzenschule. Auf lange Frist betrachtet, beeinflußte sie die Hauptströmung der amerikanischen Wirtschaftstheorie nachhaltiger als die historische Schule. Anders wurde der Institutionalismus, ein damals neu eingeschlagener Seitenpfand der wissenschaftlichen Entwicklung, unverkennbar vom Historismus geprägt. Nicht nur durch zurückkehrende Studenten, sondern auch durch damals viel gelesene europäische Fachzeitschriften erfuhren die Amerikaner von der deutschen historischen Schule.[511] Eine Brücke bildete das Interesse amerikanischer Ökonomen an statistischen Methoden, wie sie sich in Deutschland fortentwickelt hatten. Als Samuel B. Ruggles 1863 als offizieller amerikanischer Delegierter den Internationalen Statistischen Kongreß in Berlin besuchte, betonte er den Werte den die Statistik neben theoretischer und historischer Forschung habe. Während des nächsten Kongresses zeigte er sich vom Wirken des deutschen Statistikers Ernst Engel beeindruckt. Von 1860 bis 1882 leitete Engel das Königlich Preußische Statistische Büro, das er zu einem der führenden statistischen Ämter ausbaute. Einmalig war, daß dort Universitätsabsolventen fortgebildet wurden, um sie auf eine Tätigkeit in der öffentlichen Verwaltung vorzuberei-

510) Vgl. DORFMAN, Joseph, The role oft the German Historical School in American Economic Thought, in: The American Economic Review (Papers and Proceedings), Bd. 45, 1955, S. 17.

511) Schon damals war es allerdings auch für Schmollers Schriften von Nachteil, daß sie nicht vollständig in die englische Sprache übersetzt wurden. Vgl. ausführlich dazu SENN, Peter R., Gustav Schmoller auf englisch: Welche Spuren hat er hinterlassen?, in: BACKHAUS, Jürgen G. (Hg.), Gustav von Schmoller und die Probleme von heute, Berlin, 1993, S. 40ff.

ten. Engel war außerdem Gründungsmitglied des Vereins für Socialpolitik. Von Engel stark beeinflußt war zum Beispiel die Arbeit von Carroll D. Wright, dem damaligen Leiter des Amtes für Arbeitsstatistik in Massachusetts. Wright setzte sich für soziale Reformen nach deutschem Vorbild ein. Von seinen Kritikern wurde ihm allerdings vorgeworfen, er stehe unter „kathedersozialistischem" Einfluß.[512] Während das gemeinsame statistische Interesse also die Verbreitung der historischen Schule in Amerika unterstützte, behinderte sie anderseits der Verdacht, sie fördere den Sozialismus und befürworte Streiks.[513]

Auch die deutsche Finanzwissenschaft, also das systematische Studium der ökonomischen Aktivitäten des Staates, beeinflußte die amerikanischen Studenten, die in Deutschland ausgebildet wurden. Dorfman sieht hier auch die Wurzeln des angelsächsischen Begriffs *public finance*, für ihn definiert als „...wants of the state and the means by which they are supplied."[514]

Studenten des Historismus nahmen sich den Verein für Socialpolitik zum Vorbild, als sie 1885 die *American Economic Association* gründeten.[515] Dies wird bereits in den Gründungsstatuten erkennbar, in denen staatliches Handeln zur unverzichtbaren Voraussetzung menschlichen Fortschritts erklärt wird:

„1. We regard the state as an agency whose positive assistance is one of the indispensable conditions of human progress.

2. We believe that political economy as a science is still in an early stage of its development. While we appreciate the work of former economists, we look not as much to speculation as to the historical and statistical study of actual conditions of economic life, for the satisfactory accomplishment of that development.

---

512) Vgl. DORFMAN, Joseph, a.a.O., S. 18ff.

513) Vgl. DORFMAN, Joseph, ebd., und REUTER, Norbert, a.a.O., S. 65. Bei Dofman findet man auch Näheres zu den Diskussionen in der amerikanischen Presse, wie die historische Schule politisch einzuordnen sei.

514) DORFMAN, Joseph, a.a.O., S. 23.

515) Joseph DORFMAN beschäftigt sich ausführlicher mit fünf Gründern, die in Deutschland ausgebildet worden waren: J.B. Clark, E.J. James, Richard T. Ely, Henry Carter Adams und E.R.A. Seligman. Vgl. DORFMAN, Joseph, a.a.O., S. 23ff.

3. We hold that the conflict of labor and capital has brought into prominence a fast number of social problems, whose solution requires the united effort, each in its own sphere, of the church, of the state, and of science.
4. In the study of the industrial and commercial policy of governments we take no partisan attitude. We believe in a progressive development of economic conditions, which must be met by a corresponding development of legislative policy."[516]

Obwohl es kein direkt vergleichbares Gründungsdokument des Vereins für Socialpolitik gibt, ist die programmatische Verwandtschaft gut erkennbar. Möglicherweise sind die Überzeugungen der deutschen „Kathedersozialisten" in diesem Text sogar klarer zusammengefasst, als durch viele ihrer eigenen Äußerungen.

Für Dorfman bildet die *American Economic Association* eine wichtige Etappe des ökonomischen Denkens in den USA.[517] Nach ihrer Gründung gewannen jedoch bald diejenigen an Einfluß, die der österreichischen Grenznutzenschule folgten, so daß die eben zitierten Gründungsstatuten nach wenigen Jahren fallengelassen wurden. Auch an dieser Entwicklung hatten die in Deutschland ausgebildeten Ökonomen einen wesentlichen Anteil. Mit der Einrichtung von speziellen Lehrstühlen für Wirtschaftsgeschichte, Soziologie und Sozialethik an amerikanischen Hochschulen seien zudem für die historische Schule bedeutsame Themen aus dem Forschungsbereich der Ökonomie entfernt worden.[518] Joseph Dorfman beschreibt hier einen ähnlichen Prozeß wie ihn Bertram Schefold nach Schmollers Tod innerhalb der deutschen Wissenschaft zu beobachten glaubt: Die vom „Übervater" Gustav Schmoller noch zusammengehaltene Wirtschaftswissenschaft zerfällt in einzelne Disziplinen.[519]

516) Zitiert nach DORFMAN, Joseph, a.a.O., S. 27.

517) Vgl. DORFMAN, Joseph, a.a.O., S. 23.

518) Vgl. DORFMAN, Joseph, a.a.O., S. 28.

519) Vgl. SCHEFOLD, Bertram, Die Macht der Sittlichkeit, in: Die Zeit, Nr. 13/93. Siehe Abschnitt E.I.2.

3. Die Ausbreitung des von Veblen begründeten Institutionalismus

Wie bereits erwähnt, veröffentlichte Veblen zwischen 1898 und 1908 eine Reihe von Aufsätzen, in denen er die Marginalanalyse und die ihr folgende neoklassische Theorie kritisierte. Veblen hat damit nicht nur den amerikanischen Institutionalismus begründet, er gilt auch als bekanntester und radikalster Vertreter dieser Schule.[520] Die Institutionalisten versuchten nicht nur, die drängenden Probleme einer sich schnell entwickelnden Volkswirtschaft besser zu lösen, als dies ihrer Meinung nach die hergebrachte Theorie konnte. Sie beschäftigten sich auch mit den ökonomischen Problemen, die der erste Weltkrieg hinterlassen hatte.[521] So konnten sie bis zur Mitte der zwanziger Jahre rasch Einfluß gewinnen.

Für Veblen haben die Ökonomen die Aufgabe, Sitten, Bräuche und Denkgewohnheiten im Wirtschaftsleben zu untersuchen und die Wandlungen solcher und anderer Institutionen zu studieren. Daraus solle man dann ableiten, wie zu unterschiedlichen Zeiten und an verschiedenen Orten ökonomische Entscheidungen getroffen werden. Andere Institutionalisten wie John Rogers Commons konzentrierten sich mehr auf den rechtlichen Rahmen der Volkswirtschaft oder arbeiteten insbesondere mit statistischen und quantitativen Methoden, so zum Beispiel Wesley Clair Mitchell.[522] In ihrer Kritik an Klassik und Neoklassik waren sich die Institutionalisten allerdings einig.[523] Sie alle warfen der Neoklassik

---

520) Vgl. HUTCHISON, Terence W., Institutionalist Economics Old and New, in: Journal of Institutional and Theoretical Economics (JITE), Bd. 140, 1984, S. 20.

Zu Veblens evolutorischem Verständnis der Wissenschaftsgeschichte vgl. VEBLEN, Thorstein, The Place of Science in Modern Civilization, in: MITCHELL, Wesley C. (Hg.), What Veblen Taught, Selected Wrtitings of Thorstein Veblen, New York, 1964 (Nachdruck), S. 3ff.

521) Vgl. DORFMAN, Joseph, The Economic Mind in American Civilisation, Vol. IV, New York, 1959, S. 352f, zitiert nach: GORDON, R.A., Institutional Elements in Contemporary Economics, in: Institutional Economics – Veblen, Commons, and Mitchell Reconsidered, a Series of Lectures, Berkeley, Los Angeles, 1963, S. 124.

522) Auch Wesley Clair Mitchell gehörte zu den vielen amerikanischen Wirtschaftswissenschaftlern jener Zeit, die in Deutschland studiert hatten. Vgl. SENN, Peter R., Gustav Schmoller auf englisch: Welche Spuren hat er hinterlassen?, in: BACKHAUS, Jürgen G. (Hg.), Gustav von Schmoller und die Probleme von heute, Berlin, 1993, S. 59.

523) Vgl. HUTCHISON, Terence W., a.a.O., S. 20f.

vor, sie versuche aus einer abstrakten Modellwelt ökonomische Regeln oder Gesetze abzuleiten, die (wie Naturgesetze) allgemeingültig sein sollten. Die Institutionalisten betonten hingegen die Unterschiede zwischen neoklassischer Modellwelt und ökonomischer Realität. Zur gleichen Zeit – in den zwanziger Jahren – kritisiert auch John Maynard Keynes die Ökonomen, die wie viele andere Wissenschaftler ihre Hypothesen nach dem Kriterium der Einfachheit auswählten und in der Lehre verwendeten, statt danach, ob sie der Realität nahe kommen.[524] In diesem Punkt trifft sich die Keynessche und die institutionalistische Sicht auf die Neoklassik.

Die Institutionalisten bemängeln unter anderem, daß in den damaligen neoklassischen Modellen jede Unsicherheit über zukünftige Entwicklungen ausgeschlossen werde. Unsicherheit sei aber ein prägendes Merkmal der Realität. Unter Unsicherheit würde das Handeln selbst an Bedeutung verlieren. Wichtiger und schwerer sei es, zunächst darüber zu entscheiden, ob und wenn ja wie gehandelt werden soll. Wie eine Entscheidung getroffen werde, hänge vom Wissensstand und auch davon ab, ob man sich von Verstand oder Gefühl leiten lasse. Insoweit Entscheidungen durch Sitten, Gebräuche oder allgemeiner durch Institutionen geleitet werden, müssten sie zu unterschiedlichen Zeiten oder an verschiedenen Orten voneinander abweichen.[525] Die Überzeugung, ökonomisches Verhalten sei nur abhängig von Zeit und Ort, nicht aber in abstrakter Theorie zu verstehen, teilen die amerikanischen Institutionalisten mit den deutschen Historisten. Hutchison sieht die Kritik der Amerikaner an der Neoklassik insofern auch in der langen Tradition „historischer Ökonomen". [526]

524) Vgl. KEYNES, John Maynard, The End of Laissez-Faire, zuerst erschienen 1926, nachgedruckt in: The Collected Writings of John Maynard Keynes, Bd. 9, Essays in Persuasion, Cambridge, 1972, S. 282.

525) Vgl. HUTCHISON, Terence W., a.a.O., S. 25.

526) Vgl. HUTCHISON, Terence W., a.a.O., S. 21f.

4. Historische Schule und Institutionalismus im Vergleich

Mitte der zwanziger Jahre, während der Institutionalismus am einflußreichsten war, stellte Schumpeter fest, daß Mitchells Methoden weitgehend denen Schmollers entsprächen. Nur in der größeren Vorliebe Mitchells für statistische Untersuchungen sah er einen Unterschied.[527] Schumpeter bezeichnete Schmoller als den „Ahnherren" der amerikanischen Institutionalisten und wies auch darauf hin, daß er zum Teil sogar unmittelbar ihr Lehrer war.[528] Schmoller habe die aktuelle Lage konkreter Volkswirtschaften verstehen und zur Lösung ihrer drängenden Probleme beitragen wollen. Dazu habe er sich mit jenen Faktoren beschäftigen müssen, die die theoretische Volkswirtschaftslehre als „gegeben" annehme und in den Datenkranz verweise; auch und gerade mit den historischen Prozessen, die zur gegenwärtigen volkswirtschaftlichen Lage geführt hätten, und diese erklären könnten. Ein solches Studium sei aber stets auch ein Studium der gesellschaftlichen Institutionen. Auf diesem Wege stellt Schumpeter die Verbindung zwischen historischer Schule und Institutionalismus dar.[529]

Für George J. Stigler ist der amerikanische Institutionalismus ein „Sproß" der „Rebellion" der deutschen historischen Schule.[530] Ähnlich wies schon Eva Flügge darauf hin, daß beide Richtungen gegen die kritiklose Rechtfertigung des herrschenden Wirtschaftssystems durch die Neoklassik opponierten.[531]

527) Vgl. SCHUMPETER, Joseph A., Gustav v. Schmoller und die Probleme von heute, in: Schmollers Jahrbuch, 1926, 1. Halbbd., S. 339.

528) Vgl. SCHUMPETER, Joseph A., a.a.O., S. 353.

529) Vgl. SCHUMPETER, Joseph A., a.a.O., S. 353ff.

530) Aus einem Diskussionsbeitrag von George J. STIGLER während einer Konferenz vom 21. – 23. März 1981 in Los Angeles, abgedruckt in: KITCH, Edmund W. (Hg.), The Fire of Truth: A Remembrance of Law and Economics at Chicago, 1932 – 1970, in: Journal of Law and Economics, 26. Jg., April 1983, S. 169.

531) Vgl. FLÜGGE, Eva, „Institutionalismus" in der Nationalökonomie der Vereinigten Staaten, in: Jahrbücher für Nationalökonomie und Statistik, 126. Bd., 3. Folge, 1927, S. 339.

Auch Joseph Dorfman stellt fest, daß die verschiedenen Strömungen des Institutionalismus stark von der historischen Schule beeinflußt waren.[532]

Eher die Differenzen zwischen Institutionalisten und Historisten betont Norbert Reuter: Veblen habe behauptet, daß sich hinter dem neoklassischen Weltbild letztlich der Glaube an einen göttlichen Schöpfer verberge. Nur diesem religiösen Restbestand innerhalb der ökonomischen Wissenschaft folgend, könne die Welt als perfektes Uhrwerk verstanden werden, das nach unumstößlich geltenden Gesetzen funktioniere. Veblen weise darauf hin, daß die Gleichsetzung der Welt mit einem vom allmächtigen Gott erschaffenen Uhrwerk den menschlichen Handlungsspielraum eingrenzen müsse: Menschliches Verhalten sei dann unwandelbar den gleichen inneren Antrieben und äußeren Einflüssen unterworfen. Vom Menschen könnten keine Veränderungen ausgehen. Letztlich werde die „menschliche Natur" als passiv und unwandelbar angesehen. Auf einem solchen Weltbild beruht nach Veblen der *homo oeconomicus*, der gleichförmig und vorhersehbar auf äußere Reize reagiert.[533] In der Kritik am *homo oeconomicus* stimmen Institutionalismus und historische Schule noch weitgehend überein, die ebenso das hedonistische und utilitaristische Menschenbild ablehnt, nachdem unser Handeln letztlich stets auf Lust oder Unlust zurückgeführt werden kann.[534] Bei der generellen Beurteilung des Religiösen ergeben sich allerdings Unterschiede:

Die Institutionalisten, allen voran Veblen lehnen religiöse Einflüsse auf die Wissenschaft, wie sie sie innerhalb der Neoklassik zu erkennen glauben, generell

---

532) Vgl. DORFMAN, Joseph: The Background of Institutional Economics, in: Institutional Economics – Veblen, Commons, and Mitchell Reconsidered, a Series of Lectures, Berkeley, Los Angeles, 1963, S. 25.

533) Vgl. REUTER, Norbert, a.a.O., S. 142f. Ob das berühmte Gleichnis von Adam Smith über die „unsichtbare Hand", die die Märkte zum Wohle aller ins Gleichgewicht bringt, einen religiösen Bezug hat oder lediglich als Metapher für eine spontan entstehende Ordnung dienen soll, kann hier nicht entschieden werden. Auch Hardy Bouillon, der sich ausführlich mit dem Gleichnis der „unsichtbaren Hand" beschäftigt, verzichtet ausdrücklich darauf, diese Frage zu untersuchen oder gar zu entscheiden. Vgl. BOUILLON, Hardy, Ordnung, Evolution und Erkenntnis, Tübingen, 1991, S. 17.

534) Vgl. ZIMMERMAN, L.J., Geschichte der theoretischen Volkswirtschaftslehre, Köln, 1967, S. 121.

ab. Veblen beruft sich dabei einerseits auf Darwins[535] Evolutionslehre und andererseits auf die Ingenieure, deren Beruf mit dem Maschinenzeitalter neu entstanden ist. Darwin habe sich für den *Prozeß* der Evolution interessiert, und nicht mehr für seine „erste Ursache". Auch Ingenieure müßten komplexe technische Abläufe studieren, in denen „blinde", multikausale Kräfte wirkten. Die moderne Naturwissenschaft frage nicht mehr nach „ersten Ursachen", „letzten Ergebnissen" oder anderen eschatologischen Problemen.[536] Unzweideutig möchte Veblen dies auf die Sozialwissenschaften übertragen.

Mit dieser Abgrenzung von Klassik und Neoklassik unterscheiden sich die Institutionalisten zugleich von der historischen Schule. Besonders deutlich wird dies im Vergleich zur älteren historischen Schule und zu deren Gründer Wilhelm Roscher. Er versuchte Gesetze der volkswirtschaftlichen Entwicklung in der Wirtschaftsgeschichte zu erkennen und auf das Wirken natürlicher oder göttlicher Kräfte zurückzuführen. Dagegen sehen die Institutionalisten als Antriebskraft hinter jeglicher Entwicklung die „blinde" Evolution, die auf kein bestimmtes Ziel zulaufe.[537] Aber auch zu Schmoller bleibt dieser Gegensatz bestehen: „Volkswirtschaftliche Systeme" beruhen für Schmoller stets auf Moralsystemen, die wiederum auf Erkenntnis *und* Glaube aufgebaut sind.[538]

Nochmals sein an Carl Brinkmanns Charakterisierung erinnert, Gerechtigkeit zwischen Gesellschaftsschichten, Staatsformen oder auch widerstreitenden wissenschaftlichen Methoden sei Schmollers Lieblingsvorstellung gewesen.[539] Norbert Reuter betont den „idealistisch-metaphysischen" Charakter dieses Begriffes, um die Differenz zu Veblen zu verdeutlichen. Veblen und die Institutionalisten verfolgten nicht das idealistische Ziel der Gerechtigkeit, sondern ließen sich von der Zweckmäßigkeit leiten. Was zweckmäßig sei, solle sich pragmatisch aus dem evolutionären Lebensprozeß ergeben. Es gebe kein „höheres

535) Charles Robert Darwin, * 12.2.1809, † 19.4.1882.

536) Vgl. VEBLEN, Thorstein, The Theory of Business Enterprise, 1904, Reprint, New York, 1965, S. 368ff.

537) Vgl. REUTER, Norbert, a.a.O., S. 67f.

538) Siehe Abschnitt B.II.1.

539) Vgl. BRINKMANN, Carl, Gustav, Schmoller, in: Handwörterbuch der Sozialwissenschaften (HdSW), Bd. 9, 1956, S. 135. Ausführlicher dazu siehe Abschnitt B.III.3.

Prinzip", das nicht durch den Lebensprozeß selbst begründet sei.[540] Schon Schmollers Gerechtigkeit ist zwangsläufig ein äußerst vages Ziel, das auf mannigfache Weise ausgelegt werden kann. Es ist allerdings zu vermuten, daß es mindestens ebenso große Meinungsunterschiede darüber geben wird, was in einer bestimmten wirtschaftspolitischen Situation „gemäß dem evolutionären Lebensprozeß" als zweckmäßig anzusehen ist.

Mit Norbert Reuter kann man folgern, daß sich die wirtschaftspolitischen Ziele von historischer Schule und Institutionalisten wesentlich unterscheiden. Trotzdem mag die Distanz geringer sein, als dies von Reuter dargestellt wird: Auch Schmoller und die historische Schule waren bereits durch Darwinsche Gedanken beeinflußt worden, auch wenn dies in deren Werken eher implizit aufzufinden ist. So hat die Lehre, die Naturgeschichte sei im evolutionären Sinne zweckgerichtet, Tendenzen verstärkt, auch in der politischen oder ökonomischen Geschichte einen zweckgerichtete Entwicklung zu erkennen. Solche Gedanken stehen zum Beispiel hinter der Definition von „Entwicklungsstufen", die sich (weiter)entwickelnde Volkswirtschaften durchlaufen müssen. Genaugenommen kommen sie schon in den Worten Entwicklung oder Fortschritt für sich genommen zum Ausdruck.[541] Schmoller widmet sich im zweiten Teil seines Lehrbuchs unter der Kapitelüberschrift „Die Entwickelung des volkswirtschaftlichen Lebens im ganzen" unter anderem auch den Entwicklungstheorien. Schon darin, daß in der Überschrift der Begriff „Leben" benutzt wird, kann eine Analogie zum Darwinschen Denken gesehen werden.[542]

Trotz voneinander abweichender ethischer Vorstellungen und wirtschaftspolitischer Ziele überwiegen in der wissenschaftlichen Methodik die Gemeinsamkeiten: Historismus wie Institutionalismus betonen die Bedeutung induktiver

---

540) Vgl. REUTER, Norbert, a.a.O., S. 68.

541) Vgl. ZIMMERMAN, L.J., Geschichte der theoretischen Volkswirtschaftslehre, Köln, 1967, S. 113. Zum heutigen Diskussionsstand über Entwicklungstheorien vgl. HEMMER, Hans-Rimbert, Wirtschaftsprobleme der Entwicklungsländer, München, 1978, S. 111ff, zur Wachstumstheorie vgl. MÜLLER, Herbert, Angewandte Makroökonomik, München, Wien, 1999, S. 111ff.

542) Vgl. SCHMOLLER, Gustav, Grundriß der Allgemeinen Volkswirtschaftslehre, 2. Teil, 1. – 6. Aufl., Leipzig, 1904, S. 464ff.

Forschung gegenüber der deduktiven Ableitung theoretischer Sätze.[543] Sie lehnen unhistorische Modelle ab und versuchen, aus der interdisziplinären Analyse der Wirtschaftsentwicklung Erkenntnisse zu gewinnen. Veblen, der sich ausführlicher als andere Institutionalisten mit der historischen Schule beschäftigt hat, bemängelt aber, daß sie die Theoriebildung zugunsten der Anhäufung von Fakten vernachlässige. Überdies unterscheide Schmoller nicht ausreichend zwischen „Sein" und „Sollen", also zwischen positiver und normativer Theorie. Hier teilt Veblen die Kritik Max Webers aus der nach 1909 neu auflebenden „Werturteilsdebatte".[544]

Ein offensichtlicher Dissens bestand auch darüber, welche Stellung dem Staat einzuräumen sei. Sicher hatten Schmoller und zwar nicht alle, aber viele seiner Kollegen ein idealistisch überhöhtes Staatsverständnis, wie es sich unter anderem aus dem preußischen Geschichtsbild herleiten läßt.[545] Andererseits war der Staat im Amerika jener Jahre nur eine Autorität neben anderen, seine Macht zudem noch zwischen „Washington" und den sehr unabhängig handelnden Bundesstaaten verteilt. Daraus erklärt sich, warum die Institutionalisten im Staat nicht mehr als ein Mittel zur Durchsetzung gesellschaftlicher Zwecke sahen.[546] Unter anderem auf diesem Gegensatz aufbauend wurde in der angelsächsischen Literatur Schmollers Staatsverständnis kritisiert, wobei während und nach dem ersten Weltkrieg auch seine Unterstützung des deutschen Kaiserhauses nicht unbeachtet blieb.[547]

R.A. Gordon faßte 1963 das Wesen der instititutionellen Ökonomie in sieben Punkten zusammen:

„1. Economic behavior is strongly conditioned by the institutional environment (in all its manifestations) within which economic activity takes

543) Siehe hierzu auch Abschnitt B.I.1.

544) Vgl. REUTER, Norbert, a.a.O., S. 67ff. Siehe dazu auch Abschnitt B.III.4.

545) Weniger auf den Staat vertraute unter den „Kathedersozialisten" insbesondere der eher liberal orientierte Lujo Brentano.

546) Vgl. REUTER, Norbert, a.a.O., S. 68f.

547) Vgl. SENN, Peter R., Gustav Schmoller auf englisch: Welche Spuren hat er hinterlassen?, in: BACKHAUS, Jürgen G. (Hg.), Gustav von Schmoller und die Probleme von heute, Berlin, 1993, S. 53ff.

place, and economic behavior in turn affects the institutional environment.

2. The process of mutual interaction is an evolutionary one. The environment changes, and, as it does, so do the determinants of economic behavior. Hence the need for an "evolutionary approach" to economics.
3. In this evolutionary process of interaction, a key role is played by the (largely conflicting) conditions imposed by modern technology and by the pecuniary institutions of modern capitalism.
4. Economics is more concerned with conflict than with a harmonious order in which unconscious cooperation results from the free play of market forces.
5. Since conflict underlies so many economic relationships, and since these relationships are not immutable, there is room and need for social control of economic activity.
6. We need to learn all that we can from psychology, sociology, anthropology, and law if we are to understand why human beings act as they do in their economic roles. People are not maximizing automata reacting mechanically in an institutional vacuum.
7. Granted the preceding assumptions, much of orthodox economic theory is either wrong or irrelevant because it makes demonstrably false assumptions and does not ask the really important questions. A new, broader, evolutionary theory – based on behavioral assumptions derived from the other social sciences and on detailed knowledge of the evolution and present characteristics of the institutional environment – needs to be constructed. A wide variety of empirical studies must precede the attempt to construct such a broader, evolutionary, and more realistic corpus of theory."[548]

Statt des Begriffes „Evolution" hätte Schmoller möglicherweise von „Entwicklung" gesprochen. Außerdem betonte er stets, welche Rolle dem Staat aus seiner Sicht beim Ausgleich von gesellschaftlichen Konflikten zukommen muß. Schließlich nähme bei ihm die Geschichtswissenschaft einen breiteren Raum für das Studium ökonomischer Zusammenhänge ein. Sonst aber zeigt diese knappe

548) GORDON, R.A., Institutional Elements in Contemporary Economics, in: Institutional Economics – Veblen, Commons, and Mitchell Reconsidered, a Series of Lectures, Berkeley, Los Angeles, 1963, S. 124f.

Charakterisierung des amerikanischen Institutionalismus, wie nahe er der deutschen historischen Schule tatsächlich war.

Das in Deutschland wie in den angelsächsischen Ländern neu aufgekommene Interesse an institutionenökonomischen Fragen hat nicht nur dazu geführt, daß der amerikanische Institutionalismus hier wieder mehr Beachtung findet. Auf diesem Umweg gelangt nun auch die eigene historische Schule zu neuer Aufmerksamkeit.[549]

III. Die neue Institutionenökonomik

1. Der Beitrag von Coase zur Entstehung der neuen Institutionenökonomik

Das, wie es Hutchison nennt, *classic paper* des neuen Institutionalismus,[550] „The Nature of the Firm" von Ronald Coase, handelt von der Institution des Unternehmens.[551] Mit den Unternehmensformen im geschichtlichen Wandel beschäftigte sich auch die historische Schule. So konnte bereits im Kapitel B Schmollers Darstellung der Eigentumsformen des modernen Unternehmens mit verschiedenen Auffassungen innerhalb der neuen Institutionenökonomik verglichen

549) Vgl. SCHELLSCHMIDT, Henner, Die sozialökonomische Institiutionenanalyse im Werk Gustav Schmollers – Perspektive gesellschaftlicher Verständigung und institutioneller Regulierung, in: ELSNER, Wolfram u.a. (Hg.), Ökonomie in gesellschaftlicher Verantwortung, Festschrift zum 65. Geburtstag von Siegfriede Katterle, Berlin, 1998, S. 45ff.

550) Vgl. HUTCHISON, Terence W., Institutionalist Economics Old and New, in: Journal of Institutional and Theoretical Economics (JITE), Bd. 140, 1984, S. 25.

551) Vgl. COASE, Ronald H., The Nature of the Firm, in: Economica, Vol. IV, 1937, S. 386 –405, wieder abgedruckt in: STIGLER, George J., BOULDING, Kenneth E. (Hg.), Readings in Price Theory, 2. Aufl., London, 1956, S. 331ff. Die Entstehungsgeschichte und die Wirkungen dieser Publikation schildert Coase in drei Aufsätzen. Vgl. COASE, Ronald H., The Nature of the Firm: Origin, COASE, Ronald H., The Nature of the Firm: Meaning, COASE, Ronald H., The Nature of the Firm: Influence, alle abgedruckt in: WILLIAMSON, Olvier E.; WINTER, Sidney G. (Hg.), The Nature of the Firm – Origins, Evolution, and Development, New York, Oxford, 1991, S. 34 –74.

werden.[552] Der 1937 veröffentlichte Aufsatz von Coase beginnt mit einer Kritik der Annahmen innerhalb der ökonomischen Theorie. Auch die Vertreter der historischen Schule und des amerikanischen Institutionalismus leiteteten ihre Auseinandersetzung mit neoklassischen Modellen häufig mit einer Analyse der ihnen zugrundeliegenden Annahmen ein. Ähnlich gehen die Keynesianer vor. Allerdings ist die Kritik von Coase aus einem vom hergebrachten teilweise abweichenden Blickwinkel formuliert.

Zunächst bemängelt Coase, daß es Ökonomen häufig versäumen, die Annahmen, auf die sie ihre Theorien aufbauen, überhaupt zu erklären. Würden die Voraussetzungen einer Theorie nur hinreichend genau dargestellt, ließen sich viele nutzlose wissenschaftliche Kontroversen vermeiden. Auch sei es für Ökonomen sehr wichtig, sich mit der Wahl zwischen konkurrierenden Annahme-Bündeln bewußt zu beschäftigen. Es sei zu untersuchen, ob die Annahmen technisch brauchbar sind, aber auch, ob sie mit der realen Welt korrespondieren. Öfter stelle sich heraus, daß bestimmte Voraussetzungen im Modell benutzbar und andere realistisch sind.[553] Manche Theoretiker mögen, wie es schon Keynes unterstellte,[554] solche Annahmen vorgezogen haben, die sich in ihre Modelle integrieren ließen. So kommt es dazu, daß insbesondere der modernen Mikrotheorie vorgeworfen wird, sie bewege sich auf einem zu hohen Abstraktionsniveau. Sie könne deshalb – ungeachtet ihrer beachtlichen Möglichkeiten – viele mikroökonomischen Prozesse der realen Welt nicht erklären.[555] Die von Coase erstmals in den dreißiger Jahren vorgebrachten Einwände gegen den zu hohen Abstraktionsgrad neoklassischer Modelle wurden mit gewisser zeitlicher Verzögerung, beginnend in den fünfziger Jahren von anderen Autoren aufgegriffen. Die wachsende Zahl von Kritikern, die verlangten, verschiedene neue Aspekte (auf die im weiteren noch näher eingegangen wird) in

---

552) Siehe Abschnitt B.IV.4.

553) Hierbei bezieht Coase sich auf Joan Robinson. Vgl. COASE, Ronald H., a.a.O., S. 331.

554) Siehe Abschnitt E.II.3.

555) Vgl. WILLIAMSON, Oliver E., Markets and Hierarchies: Analysis and Antitrust Implications, A Study in the Economics of Internal Organization, New York, London, 1975, S. 1.

die ökonomische Analyse aufzunehmen, wurden schließlich als Vertreter der neuen Institutionenökonomik oder des *Property-Rights-Ansatzes* bezeichnet.[556]

Coase hofft, in seinem Aufsatz eine Definition des Unternehmens zu entwickeln, die beiden Anforderungen genügt; die also einerseits mit dem übereinstimme, was man in der Realität unter einem Unternehmen versteht, und gleichzeitig theoretisch brauchbar ist. Insbesondere erhofft Coase von seiner Definition, daß sie sich in zwei wichtige theoretische Ansätze einfügen läßt. Sie soll mit der Marginalanalyse und dem Gedanken der Substitution harmonieren, beide vereinigt zum Konzept der marginalen Substitution.[557] Die Sorge um die praktische Aussagekraft theoretischer Modelle teilt Coase mit der älteren Institutionenökonomik und der historischen Schule. Bereits hier wird allerdings auch ein wichtiger Bruch offenbar, auf den später näher eingegangen werden muß: Coase integriert seine Überlegungen in die Modelle der Neoklassik, während Schmoller sich in bewußtem Gegensatz zu ihr befand.

Es wurde schon angesprochen, welch große Bedeutung die Institutionalisten der Unsicherheit als einem prägenden Merkmal unserer Realität einräumten. Sie kritisierten die damalige Neoklassik, weil sie die Unsicherheit aus ihren Modellen verbannt hatte. Dem Problem der Unsicherheit widmet sich auch der neue Institutionalismus. Ronald Coase führt die Existenz von Unternehmen auf Unsicherheit, unvollkommene Erwartungen und die Kosten der Informationsbeschaffung zurück. Das seien die Gründe dafür, daß die Allokation der Ressourcen nicht vollständig auf Märkten geschehe, sondern teilweise hierarchisch strukturierten Unternehmen übertragen werde.[558] Coase vergleicht die Zweckmäßigkeit verschiedener institutioneller Arrangements, denen sich Wirtschaftssubjekte bedienen, um Tauschbeziehungen (oder Transaktionen) anzubahnen und anschließend den Tausch selbst durchzuführen. Dies können Märkte sein, auf denen Käufer und Verkäufer bestimmten Regeln unterworfen sind, oder auch „Nichtmarktorganisationen", zu denen Rudolf Richter neben

---

556) Vgl. FUROBOTN, Erik G.; RICHTER, Rudolf, The New Institutional Approach to Economic History, Symposium, June 8 – 10, 1988 Wallerfangen/Saar, Editorial Preface, in: Journal of Institutional and Theoretical Economics (JITE), Nr. 145, 1989, S. 1.

557) Vgl. COASE, Ronald H., a.a.O., S. 331f.

558) Vgl. COASE, Ronald H., a.a.O., S. 338 und HUTCHISON, Terence W., a.a.O., S. 25f.

Unternehmen auch öffentlich-rechtliche oder staatliche Einrichtungen zählt. Für die Benutzung jeder dieser Einrichtungen entstehen den Wirtschaftssubjekten unterschiedliche Transaktionskosten.[559] Aus ökonomischer Sicht können Institutionen danach beurteilt werden, welche Transaktionskosten sie den an einer bestimmten Transaktion beteiligten Wirtschaftssubjekten verursachen. Wie bereits in Kapitel B erwähnt, vergleicht Coase in seinem 1937 erschienenen Text die Kosten, die die Organisation einer bestimmten Transaktion im Unternehmen verursacht, mit jenen der Koordination durch den Markt.[560] Richter bezeichnet das „Konzept der Transaktionskosten" deshalb als eine „Entdeckung" von Ronald Coase, die zu einer ganz anderen Sichtweise und Forschungsrichtung innerhalb der ökonomischen Theorie geführt habe.[561]

Eng mit der Existenz von Transaktionskosten ist die Verteilung von Eigentumsrechten verknüpft: Verringern sich durch technischen Fortschritt die Transaktionskosten, die bei der Definition, Zuweisung oder Sicherung von individuellen Eigentumsrechten an bestimmten Gütern entstehen, kann dies eine andere Verteilung der Eigentumsrechte ermöglichen. Handelte es sich bei diesen Gütern bisher um freie Güter, weil die mit der Zuordnung von individuellen Eigentumsrechten verbundenen Transaktionskosten zu hoch waren, wird es nun denkbar, sie in Privateigentum zu geben, um das bei freien Gütern häufig vorhandene Problem der Übernutzung zu vermeiden. Der *Property-Rights-Ansatz* untersucht unter anderem die Ursachen und ökonomischen Wirkungen der Reallokation von Eigentumsrechten.[562]

---

559) Vgl. RICHTER, Rudolf, Institutionen ökonomisch analysiert, Tübingen, 1994, S. 5f.

560) Vgl. COASE, Ronald H., a.a.O., S. 339ff. Siehe auch Abschnitt B.IV.4. d).

561) Vgl. RICHTER, Rudolf, a.a.O., S. V-VI (Vorwort).

562) Vgl. FELDMANN, Horst, Eine institutionelle Revolution? Zur dogmenhistorischen Bedeutung der modernen Institutionenökonomik, Berlin, 1995, S. 47f.

2. Die verschiedenen Richtungen innerhalb der neuen Institutionenökonomik

Die moderne Institutionenökonomik verfügt bis jetzt über kein geschlossenes Theoriegebäude; sie besteht vielmehr aus einer Reihe heterogener Ansätze, die allerdings gewisse Gemeinsamkeiten aufweisen, und zwischen denen verschiedene Verbindungen bestehen.[563] Nach Rudolf Richter kann man folgende Schulen unterscheiden, die sich gegenwärtig mit der ökonomischen Analyse von Institutionen befassen:

1. Die **neue Institutionenökonomik (im engeren Sinne)**, die sich mit *wirtschaftlichen Institutionen* und deren Geschichte befasst. Als deren Vertreter nennt Richter Coase, Alchian, Demsetz, North, Williamson und Furubotn.
2. Die **neue politische Ökonomik** (*Public-Choice-Ansatz*), die die ökonomische Analyse auf das *politische System* überträgt. Diesem Ansatz werden unter anderem Buchanan und Frey zugeordnet.
3. Die **ökonomische Analyse des Rechts**, die das *Justizsystem* (zum Beispiel die Ausgestaltung des Haftungsrechtes) unter ökonomischen Gesichtspunkten untersucht, womit sich zum Beispiel Posner, Calabresi und Polinsky befassen.
4. Die **neue österreichische Schule**, die die Entwicklung der Institutionen aus den individuellen ökonomischen Interessen erklären möchte. Zu ihr gehören unter anderem Mises und Hayek.[564]

Wird eine etwas anders gestaltete Unterteilung von Rudolf Richter und Eirik Furubotn in die Betrachtung einbezogen, ist es möglich die **neue Institutionenökonomik im engeren Sinne** wiederum in folgende Teilgebiete aufzugliedern:

a. **Transaktionskostenansatz:** Transaktionskosten entstehen, wie eben bereits geschildert, bei der Durchführung von Tauschprozessen. Stehen für einen bestimmten Tauschakt unterschiedliche institutionelle Möglichkeiten zur Wahl, können sie nach der Höhe der jeweils anfallenden Kosten unterschieden und bewertet werden. Zu den Transaktionskos-

563) Vgl. FELDMANN, Horst, a.a.O., S. 44.

564) Vgl. RICHTER, Rudolf, a.a.O., S. 3.

ten werden Such- und Informationskosten, Verhandlungs- und Entscheidungskosten sowie Überwachungs- und Durchsetzungskosten gezählt.[565] Williamson vergleicht die Transaktionskosten, die durch den Betrieb eines Wirtschaftssystems entstehen, mit der Reibung in einem physikalischen System. Die Physik habe die Eigenschaften solcher Systeme erfolgreich analysieren können, indem sie zunächst von der Annahme der Reibungslosigkeit ausgegangen sei. Eine analoge Vorgehensweise, also die Konstruktion von Modellen ohne Berücksichtigung der Transaktionskosten, sei in den Sozialwissenschaften verbreitet. Während jedoch die Physiker bei jedem Laborexperiment an die Existenz und Bedeutung der Reibung erinnert würden, und sie deshalb bei der Interpretation ihrer Modelle berücksichtigten, hätten es die Ökonomen häufig völlig unterlassen, die Transaktionskosten in ihre Überlegungen aufzunehmen.[566]

b. **Analyse der Eigentumsrechte (Analyse der Verfügungssrechte, *Property-Rights-Ansatz*):** Wie erwähnt, lassen sich auch die verschiedenen Möglichkeiten, das Eigentum an knappen Ressourcen Individuen, Gruppen oder auch der Gesellschaft insgesamt zu überlassen, unter dem Aspekt der mit ihnen jeweils verbundenen Transaktionskosten betrachten. Des weiteren beeinflußt eine einmal gewählte Verteilung der Verfügungsrechte das Verhalten der Wirtschaftssubjekte nachhaltig. Der *Property-Rights-Ansatz* untersucht, welche Wirkungen von verschiedenen Rechtsverteilungen auf die Effizienz der Ressourcennutzung und damit auf die volkswirtschaftlichen Produktionsmöglichkeiten insgesamt ausgehen.

(Zu a. und b. werden von Richter und Furubotn unter anderem die Beiträge von Coase, Alchian und Demsetz hervorgehoben, zu b. zusätzlich jene von DeAlessi, Furubotn und Pejovich.)[567]

c. **Ökonomische Vertragstheorie:** Die ökonomische Vertragstheorie befasst sich speziell mit der institutionellen Ausgestaltung von Verträgen,

565) Vgl. RICHTER, Rudolf; FURUBOTN, Eirik, Neue Institutionenökonomik – Eine Einführung und kritische Würdigung, Tübingen, 1996, S. 35.

566) Vgl. WILLIAMSON, Oliver E., Die ökonomischen Institutionen des Kapitalismus, Tübingen, 1990, S. 21f.

567) Vgl. RICHTER, Rudolf; FURUBOTN, Eirik, ebd.

wobei die asymmetrische Verteilung von Informationen zwischen den Beteiligten eine wichtige Rolle spielt. Asymmetrische Informationsverteilungen zwischen den Vertragspartnern behandelt die Vertretungstheorie. (Unter anderem werden Beiträge von Alchian und Demsetz sowie Jensen, Meckling und Fama genannt. Formalere, mathematisch ausgestaltete Modelle hierzu stammen von Stiglitz, Holmstrom, Spence und Shavell.)[568] Auf Informationsasymmetrien zwischen den Vertragsparteien und einem Dritten, zum Beispiel einem Gericht, konzentriert sich die Theorie relationaler bzw. unvollständiger Verträge. (Vertreter dieser Richtung sind neben anderen Macaulay, Macneil und Goldberg sowie mit formaleren Beiträgen Grossman und Hart.)[569]

d. **Anwendung der neuen Institutionenökonomik in der Wirtschaftsgeschichte:** Die Analyse von Transaktionskosten, Verfügungsrechten und Vertragsbeziehungen lässt sich auch auf die wirtschaftsgeschichtliche Entwicklung ausdehnen. Somit kann versucht werden, eine „Theorie der institutionellen Struktur der Gesellschaft insgesamt"[570] und deren Veränderung im Zeitablauf zu formulieren. (Als Vertreter dieser Richtung werden neben Douglass C. North unter anderem Thomas, Wallis, Weingast, Hoffman, Eggertsson und Libecap aufgezählt.)[571]

Diese Übersicht gibt selbstverständlich nur eine von mehreren Möglichkeiten wieder, die neue Institutionenökonomik in verschiedene Teilgebiete zu gliedern.[572] Es wird jedoch sicherlich deutlich, wie vielgestaltig und differenziert die Ansätze sind, die sich seit der Veröffentlichung von „The Nature of the Firm" durch Ronald Coase entwickelt haben. Für die neue Institutionenökonomik im engeren Sinne konnten bereits Parallelen zwischen der heutigen Analyse und der Sichtweise Schmollers aufgezeigt werden: Bei der Analyse unterschiedlicher Unternehmensformen in Kapitel B waren insbesondere Gemein-

---

568) Vgl. RICHTER, Rudolf; FURUBOTN, Eirik, a.a.O., S. 36.

569) Vgl. RICHTER, Rudolf; FURUBOTN, Eirik, ebd.

570) RICHTER, Rudolf; FURUBOTN, Eirik, ebd.

571) Vgl. RICHTER, Rudolf; FURUBOTN, Eirik, ebd.

572) Vgl. zum Beispiel auch die Gliederung in FURUBOTN, Eirik G.; RICHTER, Rudolf, The New Institutional Economics, Symposium June 6 – 10, 1983, Mettlach/Saar, Editorial Preface, in: Journal of Institutional and Theoretical Economics (JITE), Nr. 140, 1984, S. 3f.

samkeiten zwischen Schmollers Lehre und dem **Transaktionskostenansatz** festzustellen.

Doch auch, wenn die neue Institutionenökonomik sich der **Analyse wirtschaftsgeschichtlicher Prozesse** zuwendet, gerät sie ganz offensichtlich in die Nähe der historischen Schule. Dies soll am Beispiel von Douglass C. North dargestellt werden. North sieht den „Grundstein" der ökonomischen Theorie in der Analyse der mit dem Handel verbundenen Produktivitätsgewinne. Um die wachsende Produktivität einer Volkswirtschaft im geschichtlichen Prozeß zu erklären, habe man seit Adam Smith auf die mit dem Warenaustausch ermöglichte Spezialisierung und Arbeitsteilung verwiesen. Innerhalb dieses Spezialisierungsprozesses würde die Technologie stetig weiterentwickelt, was immer effizientere Produktionsverfahren ermögliche. Diese Argumentation vernachlässige aber die Kosten des Handels; nach North also letztlich die mit Arbeitsteilung und Spezialisierung verbundenen Kosten. Dies weiterführend bezeichnet er als Transaktionskosten alle Kosten, die entstehen, wenn die den Warenaustausch unweigerlich begleitenden Verträge ausgehandelt und durchgesetzt werden müssen. Hierzu zählt er auch alle Kosten, die mit dem dazu notwendigen politischen und ökonomischen System, also dem institutionellen Rahmen verbunden sind.[573] Daraus kann gefolgert werden, daß die konkrete Ausgestaltung ihrer Institutionen über die sie jeweils verursachenden Kosten die Leistungsfähigkeit einer Volkswirtschaft wesentlich beeinflusst. Mithin ist die Steigerung der Leistungsfähigkeit der Volkswirtschaft im Zeitablauf, also das Wachstums ihres Produktionspotentials, insbesondere vom institutionellen Wandel abhängig. North kritisiert, daß es die ökonomische Theorie unterlassen habe, die Bedeutung der Institutionen für die Leistungsfähigkeit der Volkswirtschaft genauer zu ermitteln, und die Analyse der Institutionen in die Wirtschaftstheorie zu integrieren. Er setzt sich zum Ziel, einen Ansatz für eine solche Integration zu formulieren.[574] Ähnliche Einwendungen formulierte

573) Vgl. NORTH, Douglass C., Transaction Costs, Institutions, and Economic History, in: FURUBOTN, Eirik; RICHTER, Rudolf (Hg.), The New Institutional Economics, Tübingen, 1991, S. 203.

574) Vgl. NORTH, Douglass C., Institutionen, institutioneller Wandel und Wirtschaftsleistung, Tübingen, 1992, S. 3.

Schmoller gegenüber der neoklassischen Theorie.[575] Auch er (wie die historische Schule insgesamt), hatte es sich zum Ziel gesetzt, den institutionellen Wandel in die wirtschaftswissenschaftliche Analyse einzubeziehen.[576] Im weiteren wird jedoch deutlich werden, daß trotz der eben geschilderten Verbindungen erhebliche Unterschiede zwischen historischer Schule und neuer Institutionenökonomik bestehen.

3. Historische Schule und neue Institutionenökonomik im Vergleich

Nachdem in den vorangegangenen Abschnitten verschiedene Verbindungslinien zwischen den unterschiedlichen Ansätzen der modernen Institutionenökonomik einerseits und der historischen Schule andererseits gezogen wurden, soll nun untersucht werden, welche Gemeinsamkeiten noch festgestellt werden können, wenn beide Richtungen als Ganzes einander gegenübergestellt werden. Dazu ist es nötig, von jenen Grundgedanken der modernen Institutionenökonomik auszugehen, die alle ihre Richtungen einen.

Wie die Mitglieder der historischen Schule möchten auch die Vertreter der neuen Institutionenökonomik den Abstraktionsgrad der ökonomischen Theorie reduzieren indem sie deduktive Schlüsse zum Teil durch empirische Forschung ersetzen. Versucht man, die Abstraktion von Unsicherheit oder fehlerhaften Erwartungen zu lockern, muß man zwangsläufig auch die Abstraktion vom institutionellen Rahmen reduzieren,[577] denn Institutionen wurden gerade dazu eingerichtet, die Wirkungen von Unsicherheit und Täuschung zu mildern. Zu jeder Zeit und an jedem Ort scheinen unterschiedliche Antworten darauf gefunden zu werden, wie mit diesen Bedrohungen umzugehen ist. Erforscht werden kann somit der besondere rechtliche Rahmen einer Volkswirtschaft, wie dies Coase empfiehlt. Neben dem rechtlichen Aspekt können aber auch die geographischen oder historischen Besonderheiten einer Volkswirtschaft im

575) Siehe Abschnitt B.II.3.

576) Siehe Abschnitt B.I.1. b).

577) Vgl. HUTCHISON, Terence W., a.a.O. , S. 42.

Vordergrund stehen. Dabei ist stets in Kauf zu nehmen, daß mit sinkendem Abstraktionsgrad auch der Bereich abnimmt, für den bestimmte Forschungsergebnisse gelten können.

Betrachtet man zunächst das Interesse am Rechtssystem, so lassen sich Gemeinsamkeiten zwischen historischer Schule und neuer Institutionenökonomik feststellen: Bereits in Kapitel B wurde gezeigt, welch breiten Raum die rechtlichen Institutionen innerhalb Schmollers volkswirtschaftlicher Analyse einnehmen.[578] Auch Coase betont die Bedeutung des Rechtssystems für die ökonomische Analyse, wie er während einer Diskussionsveranstaltung erklärt: „I think you can often learn more about how the economic system works by reading law books and cases in law books than you can by reading economics books because you do get descriptions of actual business practices which are difficult to explain. Many of the examples which are given in economics books are made up by the economists and don´t represent actual practices at all."[579] Coase lehrte am *juristischen* Zweig der *University of Chicago*. Er und Aaron Director waren die ersten Herausgeber des *Journal of Law and Economics*. Darauf bezieht sich Coase, wenn er während des gleichen Gesprächs etwas zuvor sagt: „On the one hand, you can´t do the sort of work you would like to do in an economics department. They aren´t interested. You can do it in a law school, but at the same time one really isn´t contributing a great deal to legal education."[580] Auch während dieser Diskussion weist George J. Stigler ausdrücklich darauf hin, daß ein Teil der Werke der historischen Schule den juristischen Institutionen gewidmet sei. Somit hätten die Historisten ebenfalls ökonomische Fragen analysiert, ohne Recht und Institutionen auszugrenzen. Gleichwohl sei sein Eindruck, daß man von

578) Siehe insbesonder Abschnitt B.IV.3. Vgl. auch WINKEL, Harald, Die deutsche Nationalökonomie im 19. Jahrhundert, Darmstadt, 1977, S. 88f.

579) Aus einem Diskussionsbeitrag von Ronald H. COASE während einer Konferenz vom 21. – 23. März 1981 in Los Angeles, abgedruckt in: KITCH, Edmund W. (Hg.), The Fire of Truth: A Remembrance of Law and Economics at Chicago, 1932 – 1970, in: Journal of Law and Economics, 26. Jg., April 1983, S. 193.

580) Aus einem Diskussionsbeitrag von Ronald H. COASE während einer Konferenz vom 21. – 23. März 1981 in Los Angeles, abgedruckt in: KITCH, Edmund W. (Hg.), a.a.O., S. 193.

der historischen Schule unbefriedigt bleiben müsse, weil sie eher beschreibend als analysierend orientiert gewesen sei.[581]

Wird die Analyse der neuen Institutionenökonomik vom Rechtssystem einer Volkswirtschaft explizit auf ihre geschichtliche Entwicklung ausgedehnt, treten die Parallelen zur historischen Schule noch deutlicher hervor, wie dies im vorhergehenden Abschnitt am Beispiel von Douglass C. North gezeigt werden konnte. Bezüglich des Forschungsgegenstandes und -interesses lassen sich somit erhebliche Gemeinsamkeiten feststellen: Sowohl die historische Schule als auch die neue Institutionenökonomik beschäftigen sich mit den rechtlichen Institutionen einer Gesellschaft und ihrem geschichtlichen Wandel. Dabei bleibt aber auch festzuhalten, daß die heutigen Institutionalisten die theoretische Analyse weit über die beschreibenden Ansätze der Historisten ausdehnen konnten.

Vergleicht man die den beiden Schulen zugrundeliegenden Annahmen treten weitere bedeutende Differenzen hervor: Nach Horst Feldmann liegt allen Ansätzen innerhalb der modernen Institutionenökonomik ein einheitliches Modell des menschlichen Verhaltens zugrunde, das vom methodologischen Individualismus geprägt sei. Das gesellschaftliche Geschehen werde stets durch das individuelle Handeln Einzelner erklärt. Dem folgend würden Unternehmen (wie alle anderen Kollektive) nicht als einheitlich agierende Gruppen aufgefaßt, sondern ihr „Verhalten" auf die Interessen der in sie eingebundenen Menschen zurückgeführt. Aus Sicht der neuen Institutionenökonomik verfolgen die Individuen ihre Interessen, indem sie ihren Nutzen maximieren. Gegenüber der hergebrachten Neoklassik werde der Nutzenbegriff allerdings ausgeweitet. Das Individuum könne es innerhalb institutionenökonomischer Modelle auch als nutzenstiftend ansehen, wenn andere (zum Beispiel Familienmitglieder) ihr Wohlergehen steigern könnten, oder es nicht materielle Güter, sondern Prestige oder Macht gewönne.[582] Trotz dieser und anderer Erweiterungen stellt der methodologische Individualismus eine bedeutende Brücke zwischen neuer Institutionenökonomik und Neoklassik dar. Wichtige gemeinsame Grundannahmen

581) Aus einem Diskussionsbeitrag von George J. STIGLER während einer Konferenz vom 21. – 23. März 1981 in Los Angeles, abgedruckt in: KITCH, Edmund W. (Hg.), a.a.O., S. 169.

582) Vgl. FELDMANN, Horst, a.a.O., S. 44f.

ermöglichen es der neuen Institutionenökonomik somit, die neoklassische Theorie zu ergänzen, statt ihr ein vollkommen eigenständiges Theoriegebäude entgegenzusetzen. Es wurde bereits dargestellt, daß Schmoller wie die Vertreter der historischen Schule insgesamt das individualistische Menschenbild der Neoklassik ablehnten.[583] Dies ist sicher einer der wesentlichen Gründe, warum sie versuchten, eine von der Neoklassik deutlich unterschiedene, eigenständige Lehre aufzubauen. Zusammenfassend kann festgehalten werden, daß hier eine bedeutende Differenz zwischen moderner Institutionenökonomik und historischer Schule zu sehen ist: Während sich die Institutionenökonomik gemeinsamen Grundannahmen folgend als Ergänzung der Neoklassik betrachten kann, lehnte die historische Schule eben diese Annahmen ab, und entwickelte sich zu einem eigenständigen, alternativen Lehrgebäude.

Zudem analysiert die neue Institutionenökonomik nicht ausschließlich, aber doch hauptsächlich die allokative Wirkung unterschiedlicher institutioneller Regelungen.[584] Vergleicht man die Transaktionskosten, die verschiedene Institutionen verursachen, die dem gleichen Zweck dienen, benutzt man sie letztlich als Maß für deren Ineffizienz. Werden also mittels institutioneller Regelungen die Transaktionskosten reduziert, erhöht sich damit die allokative Effizienz. Anders als die neue Institutionenökonomik betrachtet die historische Schule Institutionen gerade nicht aus dieser allokativen Sicht, sondern unter distributiver Perspektive. Auch dies muß als wichtige Differenz betrachtet werden: Wer sich wie die neue Institutionenökonomik insbesondere mit allokativen Wirkungen befaßt, wird – der Wohlfahrtsökonomik folgend – die Steuerung durch Märkte befürworten, weil diese eine effiziente Zuweisung von Ressourcen mit

583) Siehe Abschnitt B.II.3.

584) Gary D. Libecap stellt die Frage, warum viele unterschiedliche Arten der Verteilung von Eigentumsrechten nebeneinander fortbestünden, auch solche, die zu einer ineffizienten Ressourcen-Allokation führten. Seiner Ansicht nach kann dies mit den mit verschiedenen institutionellen Rechtsverteilungen verbundenen unterschiedlichen Verteilungen von Wohlstand und politischer Macht erklärt werden. Institutionelle Wandlungen jeder Art seien somit einem politischen Prozeß unterworfen, den die einzelnen Interessengruppen in ihrem Sinne zu beinflussen suchten. Dies ist ein Beispiel für die Berücksichtigung distributiver Effekte innerhalb der neuen Institutionenökonomie. Vgl. LIBECAP, Gary D., Distributional Issues in Contracting for Property Rights, in: Journal of Institutional and Theoretical Economics (JITE), Nr. 145, 1989, S. 6f.

sich bringt. Die historische Schule dagegen mißtraute der Verteilung durch den Markt und forderte staatliche Eingriffe in den Wirtschaftsprozeß. Dieses Anliegen führte die Vertreter der historischen Schule zur Gründung des Vereins für Socialpolitik.

Neuer Institutionalismus und historische Schule stimmen überein, soweit beide übertriebene Abstraktion innerhalb der Wirtschaftstheorie kritisieren. Es konnte gezeigt werden, daß auch ihre Versuche, die Abstraktion zu mindern, zwangsläufig Parallelen aufweisen, weil beide Schulen sich dabei mit dem beschäftigen müssen, was andere Ökonomen als „Rahmenbedingungen" aus ihren Modellen ausschließen. Sie unterscheiden sich allerdings entscheidend in den Annahmen, die sie zum Beispiel über das menschliche Verhalten zugrunde legen. Außerdem untersucht die neue Institutionenökonomik insbesondere die allokative Wirkung instititutioneller Regelungen, während für die historische Schule deren distributive Funktion im Vordergrund stand. Veränderungen am institutionellen Rahmen schlagen beide Schulen deshalb mit unterschiedlichen Zielen und auch mit unterschiedlicher Dringlichkeit vor.

F. Ergebnisse

I. Ergebnisse der übergreifenden dogmen- und realgeschichtlichen Analyse innerhalb des 19. Jahrhunderts

Mit der gemeinsamen Betrachtung Schmollers wissenschaftlichen Werks und der historischen Entwicklung **(Kapitel B und C)** konnte gezeigt werden, aus welchen Gründen er und die historische Schule insgesamt in jenem ungewöhnlichem Maße politisch aktiv wurden, wie dies mit der Gründung des Vereins für Socialpolitik 1873 zum Ausdruck kam. Bevor dieser Verein seine Tätigkeit aufnahm und für staatliche Interventionen zugunsten der sozial Benachteiligten warb, hatte der Liberalismus die Wirtschaftspolitik Preußens und des Deutschen Reichs nachhaltig beeinflusst. Nur so konnten um die Jahrhundertmitte jene Kräfte freigesetzt werden, die die Industrialisierung rasch vorantrieben. Mit der liberalen Wirtschaftspolitik und der durch sie beförderten Modernisierung war jedoch auch die Zerstörung vieler traditioneller institutioneller Regelungen und Sicherheiten verbunden gewesen. Eine neue Klasse, die Arbeiterschaft, war entstanden, die nicht in die hergebrachten Gesellschaftsstrukturen eingebunden werden konnte. Auf welchem Wege konnte eine Revolution vermieden und die Arbeiterschaft in die Gesellschaft integriert werden? An dieser „sozialen Frage" wurde den Zeitgenossen bewußt, daß die institutionelle Ordnung erneuert werden mußte. Hier nimmt auch der Verein für Socialpolitik seinen Anfang. Aber der Wille seiner Mitglieder, die gesellschaftlichen Strukturen neu zu gestalten, reichte weit über die „Arbeiterpolitik" im engen Sinne hinaus.

Während die mit dem Liberalismus verbundene damalige neoklassische Theorie den institutionellen Rahmen aus ihrer Lehre nahezu ausblendete, hatte sich die historische Schule gerade mit ihm beschäftigt. Im Unterschied zur neoklassischen Theorie betonte sie die historischen und nationalen Besonderheiten, die die Institutionen unterschiedlicher Volkswirtschaften auszeichneten. Wie am

Beispiel Schmollers gezeigt werden konnte, befand sich die historische Schule darüber hinaus innerhalb der philosophischen Strömung des deutschen Idealismus. Sie erörterte somit auch ethische Fragen und formulierte wirtschaftspolitische Ziele, die zu einer „gerechteren" Einkommensverteilung führen sollten. Damit war sie in mehrfacher Weise darauf vorbereitet, staatliche Institutionen zu überprüfen und Reformvorschläge zu unterbreiten, sich also erfolgreich in den politischen Prozeß einzubringen. Bis dahin fußt die Analyse innerhalb dieser Arbeit auf historischen Entwicklungen, wie sie im wesentlichen auch für andere Länder beschrieben werden können, die sich im industriellen Umbruch befinden. Am Beispiel der amerikanischen Industrialisierung wurde deutlich, daß auch sie das Entstehen einer der historischen Schule verwandten Strömung der Volkswirtschaftslehre begünstigte, des damals von Veblen begründeten Institutionalismus **(Kapitel E)**.[585]

Welche besonderen Erfolgsbedingungen für die historische Schule und den Verein für Socialpolitik herrschten nun darüber hinaus während der Industrialisierung in Deutschland? Wie konnte die historische Schule unter Gustav Schmoller die deutsche Volkswirtschaftslehre über Jahrzehnte beherrschen, bevor sie dann schnell bedeutungslos wurde? Was war für die meinungsbildende Kraft des Vereins in der Politik des Kaiserreichs verantwortlich? Es ist zur Beantwortung dieser Fragen besonders beachtenswert, daß in Deutschland mit dem industriellen Umbruch eine staatliche Neuordnung einherging, womit es für die unterschiedlichen Gesellschaftsschichten, auch und gerade für das Bürgertum, notwendig wurde, sich in mehrfacher Hinsicht gleichzeitig neu zu orientieren.

Die Rolle der historischen Schule der Nationalökonomie innerhalb dieses Orientierungsprozesses kann besser verstanden werden, wenn zudem berücksichtigt wird, daß sie in die breitere geisteswissenschaftliche Richtung des Historismus einzuordnen ist. Dadurch wurde es im Rahmen dieser Arbeit möglich, die Überlegungen Odo Marquards zur heutigen Funktion der Geisteswissenschaften auf das 19. Jahrhundert zu übertragen. Nach Marquard verlangt die Modernisierung den Menschen ab, sich vielfältig neu zu orientieren, wodurch

585) Hierbei ist allerdings zu beachten, daß der amerikanische Institutionalismus nicht unabhängig von der historischen Schule entstanden war, sondern unter ihrem Einfluß stand.

sie traditionelle Bindungen und damit einen Teil ihrer Identität verlieren. Dies auszugleichen, indem sie historische Zusammenhänge aufzeigen und bewahren, ist nach Odo Marquard eine wesentliche Aufgabe der Geisteswissenschaften. In diesem Sinne kam die historische Schule und der Historismus insgesamt dem durch die rasch voranschreitende Industrialisierung ausgelösten Bedürfnis nach sinnstiftender Orientierung entgegen. Der staatliche Umbruch in Deutschland mußte dieses Bedürfnis noch verstärken.

Im Vergleich hierzu spielen andere Erfolgsbedingungen für den Verein für Socialpolitik eine kleinere Rolle: Die nach 1873 einsetzende Phase geringerer Wachstumsraten, die von manchen Wirtschaftshistorikern auch mit dem umstrittenen Begriff der „Großen Depression" gekennzeichnet wurde, hatte in Deutschland besonders drastisch mit dem *Gründerkrach* begonnen. In Zeiten konjunktureller Schwäche verlieren liberale Wirtschaftslehren das öffentliche Vertrauen; interventionistische Konzepte gewinnen an Popularität und können leichter umgesetzt werden. Die ausführlich dargestellte Diskussion um die Zollpolitik belegt diesen Zusammenhang. Auch konnte um die Jahrhundertmitte die deutsche Presse, insbesondere die Wirtschaftspresse, ihre Aufgabe als kritische Begleiterin von politischen Parteien und großen Unternehmen noch nicht ausreichend wahrnehmen. Man denke nur an die in der Arbeit angesprochene dubiose Rolle, die manche Zeitungen bei betrügerischen Aktienemissionen spielten. Nur langsam entstand eine seriöse und abwägende Berichterstattung. Um so schneller waren die verschiedensten wirtschaftlichen Interessenverbände gegründet worden, die sofort versuchten die öffentliche Meinung in ihrem Sinne zu beeinflussen. Die „institutionelle Lücke", die die Presse in den ersten Jahren des Kaiserreichs noch nicht schließen konnte, wurde teilweise – ganz nach der Schmollerschen Lehre – von einer Institution aus einem anderen Bereich der Gesellschaft ausgefüllt: Der aus den Wissenschaften entstammende Verein für Socialpolitik organisierte Diskussionen, die öffentlich beachtet wurden. Dabei galt er selbst als Institution, die keiner der Parteien oder Lobbygruppen verpflichtet war.

Gerade die zollpolitische Diskussion des Vereins, die in der Arbeit umfassend ausgewertet wurde **(Kapitel D)**, veranschaulicht jedoch nicht nur die öffentliche Geltung der historischen Schule, sie verweist auch auf ihre Schwächen: Die Freihändler argumentierten rhetorisch geschickter, sie bewegten sich aber auch in klareren wirtschaftstheoretischen Zusammenhängen. Schmoller, der hier die Befürworter des Schutzzolls anführte, trug zur wissenschaftlichen Diskussion wenig bei. Seine Rede wurde bereits während der Diskussion als lediglich emotional empfunden. Vereinskollege Karl Bücher schrieb, Schmollers damalige zollpolitische Lehren gehörten zum Schwächsten, was er während seines langen Lebens verbreitet habe.[586] Um so schlimmer müssen die Freihändler ihre Niederlage empfunden haben. Es ist bereits angesprochen worden, daß die Befürworter des Schutzzolls zwar wohl aus Sicht der ökonomischen Wissenschaft unrecht hatten, aber trotzdem unter dem Aspekt politischer Taktik richtig gehandelt haben könnten. Bismarcks Schwenk zur gemäßigten Schutzzollpolitik kann in der Tat als grundsätzliche Wende hin zum Interventionismus betrachtet werden, also genau in jene Richtung, in die der Verein für Socialpolitik strebte. Schmoller hat zum Abstimmungsergebnis zugunsten des Schutzzolles beigetragen, was unter diesem Blickwinkel nicht für seine wissenschaftliche Bedeutung spricht, wohl aber als Beleg für jenes politische Gespür angesehen werden kann, das ihm auch von seinen Gegnern zugeschrieben wurde.

II. Ergebnisse aus der Betrachtung der dogmengeschichtlichen Entwicklung bis heute

Betrachtet man insbesondere die wissenschaftliche Diskussion innerhalb der Volkswirtschaftslehre, treten zahlreiche Angriffe auf Schmollers Lehre hervor. Schmoller war in erbitterte wissenschaftliche Kontroversen verwickelt, die, anders als er selbst, bis heute unvergessen sind, und als „Methodenstreit" und „Werturteilsdebatte" bezeichnet werden **(Kapitel B)**. Es wurde dargestellt, daß Schmollers einseitiges Beharren auf der induktiven Methode innerhalb des „Methodenstreits" wissenschaftstheoretischen Überlegungen nicht standhalten konnte. Wenngleich die Frontstellung in der späteren „Werturteilsdebatte" differenzierter betrachtet werden mußte, bleibt trotzdem festzuhalten, daß eine klare Trennung der wissenschaftlichen und politischen Aussagen, wie sie von

---

586) Vgl. BÜCHER, Karl: Lebenserinnerungen, Erster Band, 1847 – 1890, Tübingen, 1919, S. 234f.

Max Weber gefordert wurde,[587] innerhalb Schmollers Werk selbst im Nachhinein nicht vorgenommen werden kann.

Auch während der Fortentwicklung der Wissenschaften wurde Schmollers Werk zum Teil heftig kritisiert **(Kapitel E)**. Wenn Schmoller von Schumpeter als „Ahnherr" des amerikanischen Institutionalismus bezeichnet worden ist,[588] so kann dies insbesondere auf das gemeinsame institutionelle Interesse, die gemeinsam benutzten Methoden und auf die beide vereinende Gegnerschaft zur Neoklassik bezogen werden. Differenzen zeigten sich hingegen insbesondere bezüglich ethischer Vorstellungen und wirtschaftspolitischer Ziele. Eine weit größere Distanz ergibt sich von der historischen Schule zur neuen Institutionenökonomik. Die heutige Institutionenökonomik teilt mit der Neoklassik ein einheitliches Bild menschlichen Verhaltens, das vom methodologischen Individualismus geprägt ist. Gemeinsamen Grundannahmen folgend kann sie sich als Ergänzung der neoklassischen Theorie betrachten, während sowohl die historische Schule als auch der amerikanische Institutionalismus noch ein eigenständiges, alternatives Lehrgebäude errichten wollten.

Schmollers Werk fehlen die klaren, systematischen Strukturen, die auch durch viele, für sich genommen kluge Gedanken nicht ersetzt werden können. Die unzureichende Theoriebildung Schmollers und der historischen Schule insgesamt wird folgerichtig sowohl innerhalb des amerikanischen Institutionalismus als auch von der neuen Institutionenökonomik bemängelt. In der Arbeit konnte zudem an Beispielen gezeigt werden, in welchem Ausmaß Schmollers politisches Engagement sein wissenschaftliches Werk beeinflusste **(Kapitel B)**, womit die eben zitierte Forderung Webers unerfüllbar wird, wissenschaftliche und politische Aussagen zu unterscheiden. Dabei ist nicht nur an Schmollers ausführliche und wertende Betrachtung unterschiedlicher Gerechtigkeitsvorstellungen zu denken. Hier konnte auch dargestellt werden, welch etwas subtilerer politischer Einfluß hinter Schmollers gemeinsamer Einordnung von Marxismus

587) Vgl. WEBER, Max, Die „Objektivität" sozialwissenschaftlicher und sozialpolitischer Erkenntnis, in: Archiv für Sozialwissenschaft und Sozialpolitik, Bd. 19, 1904, wieder abgedruckt in: WEBER, Max, Methodologische Schriften, Frankfurt a.M., 1968, S. 11f.

588) Vgl. SCHUMPETER, Joseph A., Gustav v. Schmoller und die Probleme von heute, in: Schmollers Jahrbuch, 1926, 1. Halbbd., S. 353.

und Neoklassik als „sensualistisch-materialistische" Systeme verborgen liegt; einer Einordnung, die für die Neoklassik nicht aufrechtzuerhalten ist. Es muß vermutet werden, daß die politischen Neigungen und Talente Schmollers, die ihm zu Lebzeiten erheblichen Einfluß verschafften, sein Werk zugleich so einseitig und zeitbezogen prägten, daß ihm fortdauernde wissenschaftliche Geltung versagt blieb. Sein erfolgreiches politisches Engagement im Verein für Socialpolitik, wie es in dieser Arbeit untersucht wurde, und die große Skepsis seinem wissenschaftlichen Werk gegenüber widersprechen sich also nicht, sondern stehen in einem ursächlichen Zusammenhang.

Literatur

ALBERT, Hans; TOPITSCH, Ernst (Hg.), Werturteilsstreit, Darmstadt, 1971.

ALCHIAN, Armen A.; WOODWARD, Susan, Reflections on the Theory of the Firm, in: Journal of Institutional and Theoretical Economics (JITE), Bd. 143, 1987, S. 110 – 135.

ARMENGAUD, André, Die Bevölkerung Europas von 1700 – 1914, in: CIPOLLA, Carlo M.; BORCHARDT, Knut, Europäische Wirtschaftsgeschichte, Bd. 3: Die industrielle Revolution, Stuttgart, New York, 1985, S. 11 – 46.

BACKHAUS, Jürgen G. (Hg.), Gustav von Schmoller und die Probleme von heute, Berlin, 1993.

BIERMER, Magnus, Die 15. Generalversammlung des Vereins für Sozialpolitik in Breslau 25. - 27. September 1899, in: Jahrbücher für Nationalökonomie und Statistik, Bd. XIX, 1900, S356 – 369.

BISMARCK, Otto Fürst von, Die gesammelten Werke, X, 1928.

BISMARCK, Otto Fürst von, Rede zur ersten Beratung des Gesetzentwurfes betreffend den Zolltarif des deutschen Zollgebiets (Nr. 132 der Drucksachen) während der 36. Sitzung des Deutschen Reichstages am 2. Mai 1879, zitiert nach dem Protokoll, S. 927ff.

BOESE, Franz, Geschichte des Vereins für Sozialpolitik 1872 - 1932, Berlin, 1939.

BOOCKMANN, Hartmut; SCHILLING, Heinz; SCHULZE, Hagen; STÜRMER, Michael (Hg.), Mitten in Europa – Deutsche Geschichte, Gütersloh, 1984.

BORCHARDT, Knut, Die Industrielle Revolution in Deutschland 1750 – 1914, in: CIPOLLA, Carlo M.; BORCHARDT, Knut, Europäische Wirtschaftsgeschichte, Bd. 4: Die Entwicklung der industriellen Gesellschaften, Stuttgart, New York, 1985, S. 135 – 202.

BORN, Karl Erich (Hg.), Moderne deutsche Wirtschaftsgeschichte, Köln, Berlin, 1966.

BOUILLON, Hardy, Ordnung, Evolution und Erkenntnis, Tübingen, 1991.

BRENTANO, Lujo, Die Entwicklung des englischen Erbrechts in das Grundeigenthum, Berlin, 1898.

BRENTANO, Lujo, Mein Leben im Kampf um die soziale Entwicklung Deutschlands, Jena, 1931.

BRINKMANN, Carl, Gustav Schmoller und die Volkswirtschaftslehre, Stuttgart, 1937.

BRINKMANN, Carl, Gustav Schmoller, in: Handwörterbuch der Sozialwissenschaften (HdSW), Bd. 9, 1956, S. 135 – 137.

BRINKMANN, Carl, Historische Schule, in: Handwörterbuch der Sozialwissenschaften (HdSW), Bd. 5, 1956, S. 121 – 126.

BRUGGER, Walter (Hg.), Philosophisches Wörterbuch, Freiburg, Basel, Wien, 1976.

BRÜNING, Adolf v., Rede während der sechsten Generalversammlung des Vereins für Socialpolitik am 21. und 22.4.1879 in Frankfurt/Main, zitiert nach dem Protokoll, veröffentlicht in den Schriften des Vereins für Socialpolitik, Bd. 16, 1879, S. 70ff.

BRUNNER, Otto, Die alteuropäische „Ökonomik", in: Zeitschrift für Nationalökonomie, Bd. 13, 1950 – 1952, S. 114 – 139.

BÜCHER, Karl, Lebenserinnerungen, Erster Band, 1847 – 1890, Tübingen, 1919.

CIPOLLA, Carlo M.; BORCHARDT, Knut, Europäische Wirtschaftsgeschichte, Bd. 3: Die industrielle Revolution, Stuttgart, New York, 1985.

CIPOLLA, Carlo M.; BORCHARDT, Knut, Europäische Wirtschaftsgeschichte, Bd. 4: Die Entwicklung der industriellen Gesellschaften, Stuttgart, New York, 1985.

CLARK, John M., Zum Begriff eines funktionsfähigen Wettbewerbs, in: HERDZINA, Klaus (Hg.), Wettbewerbstheorie, Köln, 1975, S. 143 – 160.

COASE, Ronald H., Beitrag während einer Konferenz vom 21. – 23. März 1981 in Los Angeles, abgedruckt in: KITCH, Edmund W. (Hg.), The Fire of Truth: A Remembrance of Law and Economics at Chicago, 1932 – 1970, in: Journal of Law and Economics, 26. Jg., April 1983, S. 163 – 233.

COASE, Ronald H., The Nature of the Firm, in: Economica, Vol. IV, 1937, S. 386 –405, wieder abgedruckt in: STIGLER, George J., BOULDING, Kenneth E. (Hg.), Readings in Price Theory, 2. Aufl., London, 1956, S. 331 – 351.

COASE, Ronald H., The Nature of the Firm: Origin, COASE, Ronald H., The Nature of the Firm: Meaning, COASE, Ronald H., The Nature of the Firm: Influence, alle abgedruckt in: WILLIAMSON, Olvier E.; WINTER, Sidney G. (Hg.), The Nature of the Firm – Origins, Evolution, and Development, New York, Oxford, 1991, S. 34 –74.

COHN, Gustav, Ethik und Reaktion in der Volkswirtschaft, in: Jahrbuch für Gesetzgebung, Verwaltung und Volkswirtschaft im Deutschen Reich, Neue Folge (Schmollers Jahrbuch), 24. Jg., 1900.

CONRAD, Else, Der Verein für Sozialpolitik und seine Wirksamkeit auf dem Gebiet der gewerblichen Arbeiterfrage, Jena, 1906 (Siehe auch Else KESTEN-CONRAD).

COX, Helmut; JENS, Uwe; MARKERT, Kurt (Hg.), Handbuch des Wettbewerbs, München, 1981.

CRAIG, Gordon A., Das Ende Preußens - Acht Porträts, München, 1989.

DEMANDT, Alexander (Hg.), Deutschlands Grenzen in der Geschichte, 3. Aufl., München, 1993.

DEMMLER, Horst, Einführung in die Volkswirtschaftslehre, 6. Aufl., München, Wien, 1997.

DEMSETZ, Harold; ALCHIAN, Armen A., Production, Information Costs, and Economic Organization, in: American Economic Review, Bd. 62, 1972, S. 777 – 795.

DEUTSCHES HISTORISCHES MUSEUM (Hg.), Bismarck – Preußen, Deutschland und Europa (Ausstellungskatalog), Berlin, 2. Aufl., Sept. 1990, S. 25 – 34.

DORFMAN, Joseph, The Background of Institutional Economics, in: Institutional Economics – Veblen, Commons, and Mitchell Reconsidered, a Series of Lectures, Berkeley, Los Angeles, 1963, S. 1 – 44.

DORFMAN, Joseph, The Economic Mind in American Civilisation, Vol. IV, New York, 1959, S. 352f, zitiert nach: GORDON, R.A., Institutional Elements in Contemporary Economics, in: Institutional Economics – Veblen, Commons, and Mitchell Reconsidered, a Series of Lectures, Berkeley, Los Angeles, 1963, S. 123 – 147.

DORFMAN, Joseph, The Role of the German Historical School in American Economic Thought, in: The American Economic Review (Papers and Proceedings), Bd 45, 1955, S. 17 – 39.

ECKARDT, Julius v., Lebenserinnerungen, Leipzig, 1910.

ELSNER, Wolfram u.a. (Hg.), Ökonomie in gesellschaftlicher Verantwortung, Festschrift zum 65. Geburtstag von Siegfriede Katterle, Berlin, 1998.

EUCKEN, Walter, Die Grundlagen der Nationalökonomie, 3. Aufl., Jena, 1943.

EUCKEN, Walter, Nationalökonomie wozu?, Godesberg, 1947.

FELDMANN, Horst, Eine institutionelle Revolution? Zur dogmenhistorischen Bedeutung der modernen Institutionenökonomik, Berlin, 1995.

FISCHER, Wolfram, Deutschland 1850 – 1914, in: Handbuch der Europäischen Wirtschafts- und Sozialgeschichte, Bd. 5, Stuttgart, 1985.

FISCHER, Wolfram, Wirtschaft und Gesellschaft Europas 1850 – 1914, in: Handbuch der Europäischen Wirtschafts- und Sozialgeschichte, Bd. 5, Stuttgart, 1985.

FLÜGGE, Eva, „Institutionalismus" in der Nationalökonomie der Vereinigten Staaten, in: Jahrbücher für Nationalökonomie und Statistik, 126. Bd., 3. Folge, 1927, S. 337 – 356.

FRIEDELL, Egon, Kulturgeschichte der Neuzeit, Bd. 2, 10. Aufl., München, 1993.

FUROBOTN, Erik G.; RICHTER, Rudolf, The New Institutional Approach to Economic History, Symposium, June 8 – 10, 1988 Wallerfangen/Saar, Editorial Preface, in: Journal of Institutional and Theoretical Economics (JITE), Nr. 145, 1989, S. 1 – 5.

FURUBOTN, Eirik G.; RICHTER, Rudolf, The New Institutional Economics, Symposium June 6 – 10, 1983, Mettlach/Saar, Editorial Preface, in: Journal of Institutional and Theoretical Economics (JITE), Nr. 140, 1984, S. 1 – 6.

FURUBOTN, Eirik; RICHTER, Rudolf (Hg.), The New Institutional Economics, Tübingen, 1991.

GALL, Lothar, Bismarck – Preußen, Deutschland und Europa, in: Deutsches Historisches Museum (Hg.), Bismarck – Preußen, Deutschland und Europa (Ausstellungskatalog), Berlin, 2. Aufl., Sept. 1990, S. 25 – 34.

GENSEL, J., Referat während der sechsten Generalversammlung des Vereins für Socialpolitik am 21. und 22.4.1879 in Frankfurt/Main, zitiert nach dem Protokoll, veröffentlicht in den Schriften des Vereins für Socialpolitik, Bd. 16, 1879, S. 4ff.

GILLE, Bertrand, Bankwesen und Industrialisierung in Europa 1730 – 1914, in: CIPOLLA, Carlo M.; BORCHARDT, Knut, Europäische Wirtschaftsgeschichte, Bd. 3: Die industrielle Revolution, Stuttgart, New York, 1985, S. 165 – 194.

GNEIST, Rudolf von, Die nationale Rechtsidee von den Ständen und das preußische Dreiklassenwahlsystem, Berlin, 1894.

GOERDT, Wilhelm: Historischer Materialismus, materialistische Geschichtsauffassung, in: RITTER, Joachim; GRÜNDER, Karlfried (Hg.), Historisches Wörterbuch der Philosophie, Bd. 5, Basel, 1980, Spalte 859ff.

GÖHLER, Gerhard, Konservatismus im 19. Jahrhundert – ein Überblick, in: HEIDENREICH, Bernd (Hg.), Politische Theorien des 19. Jahrhunderts, I. Konservativismus, Wiesbaden, 1999, S. 11 – 26.

GORDON, R.A., Institutional Elements in Contemporary Economics, in: Institutional Economics – Veblen, Commons, and Mitchell Reconsidered, a Series of Lectures, Berkeley, Los Angeles, 1963, S. 123 – 147.

GUTMANN, Gernot, Gustav Schmoller und der Verein für Socialpolitik, in: BACKHAUS, Jürgen G. (Hg.), Gustav von Schmoller und die Probleme von heute, Berlin, 1993, S. 105 – 109.

HARTMANN, Nicolai, Die Philosophie des deutschen Idealismus, Berlin, 1960.

HASSLER, Th., Rede während der sechsten Generalversammlung des Vereins für Socialpolitik am 21. und 22.4.1879 in Frankfurt/Main, zitiert nach dem Protokoll, veröffentlicht in den Schriften des Vereins für Socialpolitik, Bd. 16, 1879, S. 36ff.

HAUPT, Herman (Hg.), Chronik der Universität Gießen 1607 – 1907, Gießen, 1907.

HAYEK, F.A. von, Die Verfassung der Freiheit, Tübingen, 3. Aufl., 1991.

HAYEK, F.A. von, Liberalismus, Tübingen, 1979.

HEFFTER, Heinrich, Der nachmärzliche Liberalismus: die Reaktion der fünziger Jahre, in: WEHLER; Hans-Ulrich (Hg.), Moderne deutsche Sozialgeschichte, Köln, Berlin, 1966, S. 177 – 196.

HEIDENREICH, Bernd (Hg.), Politische Theorien des 19. Jahrhunderts, I. Konservativismus, Wiesbaden, 1999.

HELD, Rede während der sechsten Generalversammlung des Vereins für Socialpolitik am 21. und 22.4.1879 in Frankfurt/Main, zitiert nach dem Protokoll, veröffentlicht in den Schriften des Vereins für Socialpolitik, Bd. 16, 1879, S. 39ff.

HEMMER, Hans-Rimbert, Wirtschaftsprobleme der Entwicklungsländer, München, 1978.

HENNING, Friedrich-Wilhelm, Die Industrialisierung in Deutschland 1800 bis 1914, Paderborn, 4. Aufl., 1978.

HERDZINA, Klaus (Hg.), Wettbewerbstheorie, Köln, 1975.

HINTZE, O., Roschers politische Entwicklungstheorie, in: Schmollers Jahrbuch, Bd. 21, 1897, S. 767 – 811.

HOMANN, Harald, Gustav Schmoller und die „empirische Sozialforschung", in: SCHIERA, Pierangelo; TENBRUCK, Friedrich (Hg.), Gustav Schmoller in seiner Zeit: Die Entstehung der Sozialwissenschaften in Deutschland und Italien, Bologna, Berlin, 1988, S. 327 – 351.

HUTCHISON, Terence W., Institutionalist Economics Old and New, in: Journal of Institutional and Theoretical Economics (JITE), Bd. 140, 1984, S. 35 – 44.

INSTITUTIONAL Economics – Veblen, Commons, and Mitchell Reconsidered, a Series of Lectures, Berkeley, Los Angeles, 1963.

ISSING, Otmar (Hg.), Geschichte der Nationalökonomie, 2. Aufl., München, 1988.

JOCHIMSEN, Reimut; KNOBEL, Helmut (Hg.), Gegenstand und Methoden der Nationalökonomie, Köln, 1971.

KALLE, Rede während der sechsten Generalversammlung des Vereins für Socialpolitik am 21. und 22.4.1879 in Frankfurt/Main, zitiert nach dem Protokoll, veröffentlicht in den Schriften des Vereins für Socialpolitik, Bd. 16, 1879, S. 74ff.

KANT, Immanuel, Prolegomena zu einer jeden künftigen Metaphysik, die als Wissenschaft wird auftreten können, Riga, 1783, nachgedruckt in: KANT, Immanuel, Schriften von 1783 – 1788, Bd. IV, Berlin, 1913.

KANTZENBACH, Erhard, KALLFASS, Hermann H., Das Konzept des funktionsfähigen Wettbewerbs – workable competition – , in: COX, Helmut; JENS, Uwe;

MARKERT, Kurt (Hg.), Handbuch des Wettbewerbs, München, 1981, S. 103 – 127.

KAUFHOLD, Karl Heinrich, Grundzüge der wirtschaftlichen, gesellschaftlichen und politischen Entwicklung des Deutschen Reiches von der Reichsgründung bis zum Ende der 1880er Jahre, in: SCHIERA, Pierangelo; TENBRUCK, Friedrich (Hg.), Gustav Schmoller in seiner Zeit: Die Entstehung der Sozialwissenschaften in Deutschland und Italien, Berlin, 1989, S. 95 – 125.

KAUFHOLD, Karl Heinrich; RIEMANN, Friedrich (Hg.), Theorie und Empirie in Wirtschaftspolitik und Wirtschaftsgeschichte, Festschrift für Wilhelm Abel zum 80. Geburtstag, Göttingen, 1984.

KELLENBENZ, Hermann, Deutsche Wirtschaftsgeschichte, Band II, München, 1981.

KERN, Horst, Empirische Sozialforschung: Ursprünge, Ansätze, Entwicklungslinien, München, 1982.

KESTEN-CONRAD, Else, Verein für Sozialpolitik, in: Handwörterbuch der Staatswissenschaften, Jena, 1911, Bd. 8, S. 144 – 152 (Siehe auch Else CONRAD).

KEYNES, John Maynard, The End of Laissez-Faire, zuerst erschienen 1926, nachgedruckt in: The Collected Writings of John Maynard Keynes, Bd. 9, Essays in Persuasion, Cambridge, 1972, S. 272 – 294.

KITCH, Edmund W. (Hg.), The Fire of Truth: A Remembrance of Law and Economics at Chicago, 1932 – 1970, in: Journal of Law and Economics, 26. Jg., April 1983, S. 163 – 233.

KNISPEL, W., Dialektischer Materialismus, in: RITTER, Joachim; GRÜNDER, Karlfried (Hg.), Historisches Wörterbuch der Philosophie, Bd. 5, Basel, 1980, Spalte 851ff.

KOERBER, Hans Joachim von, Zur Geschichte der Wirtschaftswissenschaft in Gießen, in: Gießener Hochschulblätter, Nr. 2, 1966, S. 16 – 18.

KROCKOW, Christian Graf von, Von deutschen Mythen – Rückblick und Ausblick, Stuttgart, 2. Aufl., 1995.

KRUSE, Alfred, Geschichte der Volkswirtschaftlichen Theorien, 4. Aufl., Berlin, 1959.

LAGARDE, Paul de, Über die Klage, daß der deutschen Jugend der Idealismus fehle, 1885, abgedruckt in: LAGARDE, Paul de, Deutsche Schriften, Göttingen, 5. Aufl., 1920.

LANGEWIESCHE, Dieter, Liberalismus in Deutschland, Frankfurt, 1988, S. 177.

LIBECAP, Gary D., Distributional Issues in Contracting for Property Rights, in: Journal of Institutional and Theoretical Economics (JITE), Nr. 145, 1989, S. 6 – 24.

LILLEY, Samuel, Technischer Fortschritt und die Industrielle Revolution, in: CIPOLLA, Carlo M.; BORCHARDT, Knut, Europäische Wirtschaftsgeschichte, Bd. 3: Die industrielle Revolution, Stuttgart, New York, 1985, S. 119 – 163.

LINDENLAUB, Dieter, Richtungskämpfe im Verein für Sozialpolitik, Wiesbaden, 1967.

LÜBBE, Hermann, Politische Philosophie in Deutschland, Basel, Stuttgart, 1963.

MANN, Golo, Deutsche Geschichte des 19. und 20. Jahrhunderts, Frankfurt, 1992.

MARQUARD, Odo, Apologie des Zufälligen – Philosophische Studien, Stuttgart, 1986.

MARQUARD, Odo, Skepsis und Zustimmung – Philosophische Studien, Stuttgart, 1994.

MAUTHNER, Franz, Wörterbuch der Philosophie, Neue Beiträge zu einer Kritik der Sprache, Nachdruck der Erstausgabe von 1910/11, 1. Bd., Zürich, 1980.

MAY, Rede während der sechsten Generalversammlung des Vereins für Socialpolitik am 21. und 22.4.1879 in Frankfurt/Main, zitiert nach dem Protokoll, veröffentlicht in den Schriften des Vereins für Socialpolitik, Bd. 16, 1879, S. 80ff.

MENGER, Carl, Die Irrthümer des Historismus in der deutschen Nationalökonomie, Wien, 1884.

MENGER, Carl, Untersuchungen über die Methode der Sozialwissenschaften und der politischen Ökonomie insbesondere, Leipzig, 1883.

MILL, John Stuart, A System of Logic, Ratiocinative and Inductive, Book 6, zuerst publiziert 1843, wieder abgedruckt in: MILL, John Stuart, Collected Works, Vol. VIII, Toronto, Buffalo, 1974, S. 898ff.

MITCHELL, Wesley C. (Hg.), What Veblen Taught, Selected Wrtitings of Thorstein Veblen, New York, 1964 (Nachdruck).

MÖLLER, Carl, Referat während der sechsten Generalversammlung des Vereins für Socialpolitik am 21. und 22.4.1879 in Frankfurt/Main, zitiert nach dem Protokoll, veröffentlicht in den Schriften des Vereins für Socialpolitik, Bd. 16, 1879, 84ff.

MORAW, Peter, Kleine Geschichte der Universität Gießen 1607 – 1982, 2. Aufl., Gießen, 1990.

MÜLLER, Herbert, Angewandte Makroökonomik, München, Wien, 1999.

NASSE, Erwin, Debattenrede während der sechsten Generalversammlung des Vereins für Socialpolitik am 21. und 22.4.1879 in Frankfurt/Main, zitiert nach dem Protokoll, veröffentlicht in den Schriften des Vereins für Socialpolitik Bd. 16, 1879, S. 64ff.

NASSE, Erwin, Rede zur Eröffnung der sechsten Generalversammlung des Vereins für Socialpolitik am 21. und 22.4.1879 in Frankfurt/Main, zitiert nach dem Protokoll, veröffentlicht in den Schriften des Vereins für Socialpolitik, Bd. 16, 1879, S. 1ff.

NIEKE, W., Materialismus, in: RITTER, Joachim; GRÜNDER, Karlfried (Hg.), Historisches Wörterbuch der Philosophie, Bd. 5, Basel, 1980, Spalte 842ff.

NIPPERDEY, Thomas, Deutsche Geschichte 1800 – 1866 – Bürgerwelt und starker Staat, München, 1983.

NIPPERDEY, Thomas, Deutsche Geschichte 1866 – 1918 – Bd. 1, Arbeitswelt und Bürgergeist, München, 1990.

NIPPERDEY, Thomas, Interessenverbände und Parteien in Deutschland vor dem Ersten Weltkrieg, in: WEHLER, Hans-Ulrich (Hg.), Moderne deutsche Sozialgeschichte, Köln, Berlin, 1966, S 369 – 388.

NORTH, Douglass C., Institutionen, institutioneller Wandel und Wirtschaftsleistung, Tübingen, 1992.

NORTH, Douglass C., Transaction Costs, Institutions, and Economic History, in: FURUBOTN, Eirik; RICHTER, Rudolf (Hg.), The New Institutional Economics, Tübingen, 1991, S. 203 – 213.

PRECHTL, Peter; BURKARD, Franz-Peter (Hg.), Metzler-Philosophie-Lexikon, Stuttgart, Weimar, 1996.

PRIDDAT, Birger P., Die andere Ökonomie – Eine neue Einschätzung von Gustav Schmollers Versuch einer „ethisch-historischen" Nationalökonomie im 19. Jahrhundert, Marburg, 1995.

PROTOKOLL der 80. Sitzung des Deutschen Reichstages am 12. Juli 1879.

RAMM, Thilo, Ferdiand Lassalle, in: Handwörterbuch der Sozialwissenschaften (HdSW), Bd. 6, 1959.

REITZ, J.H., Korreferat während der sechsten Generalversammlung des Vereins für Socialpolitik am 21. und 22.4.1879 in Frankfurt/Main, zitiert nach dem Protokoll, veröffentlicht in den Schriften des Vereins für Socialpolitik, Bd. 16, 1879, S. 118ff.

REUTER, Norbert, Der Institutionalismus, Geschichte und Theorie der evolutionären Ökonomie, Marburg, 1994.

RICHTER, Rudolf, Institutionen ökonomisch analysiert, Tübingen, 1994.

RICHTER, Rudolf; FURUBOTN, Eirik, Neue Institutionenökonomik – Eine Einführung und kritische Würdigung, Tübingen, 1996.

RINGER, Fritz K., Die Gelehrten – Der Niedergang der deutschen Mandarine 1890 – 1933, München, 1987.

RITTER, Joachim; GRÜNDER, Karlfried (Hg.), Historisches Wörterbuch der Philosophie, Bd. 4, Basel, 1976.

ROSENBERG, Hans, Grosse Depression und Bismarckzeit, Berlin, 1967.

RÖTZER, Florian (Hg.), Denken, das an der Zeit ist, Frankfurt am Main, 1987.

SAALFELD, Diedrich, Die sozialökonomischen Lebensbedingungen der Unterschichten Deutschlands im 19. Jahrhundert, in: KAUFHOLD, Karl Heinrich; RIEMANN, Friedrich (Hg.), Theorie und Empirie in Wirtschaftspolitik und Wirtschaftsgeschichte, Festschrift für Wilhelm Abel zum 80. Geburtstag, Göttingen, 1984.

SALIN, Edgar, Politische Ökonomie – Geschichte der Wirtschaftspolitischen Ideen von Platon bis zur Gegenwart, Tübingen, Zürich, 1967.

SCHEFOLD, Bertram, Die Macht der Sittlichkeit, in: Die Zeit, Nr. 13/93.

SCHELLSCHMIDT, Henner, Die sozialökonomische Institiutionenanalyse im Werk Gustav Schmollers – Perspektive gesellschaftlicher Verständigung und institutioneller Regulierung, in: ELSNER, Wolfram u.a. (Hg.), Ökonomie in gesellschaftlicher Verantwortung, Festschrift zum 65. Geburtstag von Siegfriede Katterle, Berlin, 1998, S. 45 – 59.

SCHIERA, Pierangelo; TENBRUCK, Friedrich (Hg.), Gustav Schmoller in seiner Zeit: Die Entstehung der Sozialwissenschaften in Deutschland und Italien, Bologna, Berlin, 1988.

SCHMIDT, Heinrich, Philosophisches Wörterbuch, neubearbeitet von Georgi SCHISCHKOFF, 19. Aufl., Stuttgart, 1974.

SCHMÖLDERS, Günter, Geschichte der Volkswirtschaftslehre, Wiesbaden, 1961.

SCHMÖLDERS, Günter, Historische Schule, in: Issing, Otmar (Hg.), Geschichte der Nationalökonomie, 2. Aufl., München, 1988, S. 109 – 121.

SCHMOLLER, Gustav, Beitrag am Ende der sechsten Generalversammlung des Vereins für Socialpolitik am 21. und 22.4.1879 in Frankfurt/Main, zitiert nach dem Protokoll, veröffentlicht in den Schriften des Vereins für Socialpolitik, Bd. 16, 1879, S. 132f.

SCHMOLLER, Gustav, Der deutsche Beamtenstaat vom 16. – 18. Jahrhundert, Rede gehalten auf dem deutschen Historikertag in Leipzig am 29. März 1894, abgedruckt in: Schmollers Jahrbuch, 18. Jg., 1894.

SCHMOLLER, Gustav, Der moderne Verkehr im Verhältnis zum wirtschaftlichen, socialen und sittlichen Fortschritt, in: SCHMOLLER, Gustav, Zur Social- und Gewerbepolitik der Gegenwart, Leipzig 1890, S. 14 – 36.

SCHMOLLER, Gustav, Der Übergang Deutschlands zum Schutzzollsystem, in SCHMOLLER, Gustav, Zur Social- und Gewerbepolitik der Gegenwart, Leipzig 1890, S. 166 – 182.

SCHMOLLER, Gustav, Die Gerechtigkeit in der Volkswirtschaft, in: SCHMOLLER, Gustav, Zur Social- und Gewerbepolitik der Gegenwart, Leipzig 1890, S. 204 – 246.

SCHMOLLER, Gustav, Grundriß der Allgemeinen Volkswirtschaftslehre, 1. Teil, 1. – 3. Aufl., Leipzig 1900.

SCHMOLLER, Gustav, Grundriß der Allgemeinen Volkswirtschaftslehre, 2. Teil, 1. – 6. Aufl., Leipzig, 1904.

SCHMOLLER, Gustav, Rede während der Sechsten Generalversammlung des Vereins für Socialpolitik am 21. und 22.4.1879 in Frankfurt/Main, zitiert nach dem Protokoll, veröffentlicht in den Schriften des Vereins für Socialpolitik, Bd. 16, 1879, S. 19ff.

SCHMOLLER, Gustav, Rede zur Eröffnung der Besprechung über die sociale Frage in Eisenach vom 6. Oktober 1872, in: SCHMOLLER, Gustav, Zur Social- und Gewerbepolitik der Gegenwart, Leipzig 1890, S. 1 – 13.

SCHMOLLER, Gustav, Volkswirtschaft, Volkswirtschaftslehre und -methode, in: Handwörterbuch der Staatswissenschaften, 3. Aufl., Jena, 1911, S. 426 – 501.

SCHMOLLER, Gustav, Volkswirtschaft, Volkswirtschaftslehre und –methode, in: Handwörterbuch der Staatswissenschaften, 2. Aufl., Jena, 1900, S. 543 – 580.

SCHMOLLER, Gustav, Vorbemerkungen zur Rede zur Eröffnung der Besprechung über die sociale Frage in Eisenach, in: SCHMOLLER, Gustav, Zur Social- und Gewerbepolitik der Gegenwart, Reden und Aufsätze, Leipzig, 1890, S. 1ff.

SCHMOLLER, Gustav, Zur Methodologie der Staats- und Sozialwissenschaften, in: Schmollers Jahrbuch, 7. Jg., 1883.

SCHMOLLER, Gustav, Zur Social- und Gewerbepolitik der Gegenwart, Leipzig 1890.

SCHNEIDER, Dieter, Schmoller und die Lehre von der Unternehmensverfassung vor der Betriebswirtschaftslehre, in: BACKHAUS, Jürgen G.(Hg.), Gustav von Schmoller und die Probleme von heute, Berlin, 1993, S. 243 – 259.

SCHOEPS, Hans-Joachim, Der Weg ins Deutsche Kaiserreich, Berlin, 1970.

SCHULZ, Gerhard, Über Entstehung und Formen von Interessengruppen seit Beginn der Industrialisierung, in: Politische Vierteljahresschrift, 2. Jg., Heft 2, 1961, S. 124 – 154.

SCHULZE, Hagen, Die Geburt der deutschen Nation, in: BOOCKMANN, Hartmut; SCHILLING, Heinz; SCHULZE, Hagen; STÜRMER, Michael (Hg.), Mitten in Europa – Deutsche Geschichte, Gütersloh, 1984, S. 201 – 288.

SCHUMPETER, Joseph A., Geschichte der ökonomischen Analyse, nach dem Manuskript herausgegeben von Elizabeth Schumpeter, 2. Bd., Göttingen, 1965.

SCHUMPETER, Joseph A., Gustav v. Schmoller und die Probleme von heute, in: Schmollers Jahrbuch, 1926, 1. Halbbd., S. 337 – 388.

SENN, Peter R., Gustav Schmoller auf englisch: Welche Spuren hat er hinterlassen?, in: BACKHAUS, Jürgen G. (Hg.), Gustav von Schmoller und die Probleme von heute, Berlin, 1993, S. 27 – 68.

SIEMANN, Wolfram, Gesellschaft im Aufbruch, Deutschland 1849 - 1871, Frankfurt, 1990.

SMITH, Adam, An Inquiry into the Nature and Causes of the Wealth of Nations, new edited by Edwin Cannan, Chicago, 1976, Vol. 1, Vol. 2.

SOMBART, Werner, Gustav von Schmoller, Rede gehalten auf dem Friedhof der Kaiser-Wilhelm-Gedächtniskirche in Berlin-Westend am 1. Juli 1917, in: SPIETHOFF, Arthur (Hg.), Gustav von Schmoller und die deutsche geschichtliche Volkswirtschaftslehre, Festgabe zur hundertsten Wiederkehrs seines Geburtstages am 24. Juni 1938, Berlin, 1938.

SPIETHOFF, Arthur (Hg.), Gustav von Schmoller und die deutsche geschichtliche Volkswirtschaftslehre, Festgabe zur hundertsten Wiederkehrs seines Geburtstages am 24. Juni 1938, Berlin, 1938.

STAVENHAGEN, Gerhard, Geschichte der Wirtschaftstheorie, 4. Aufl., Göttingen, 1969.

STIGLER, George J., Beitrag während einer Konferenz vom 21. – 23. März 1981 in Los Angeles, abgedruckt in: KITCH, Edmund W. (Hg.), The Fire of Truth: A Remembrance of Law and Economics at Chicago, 1932 – 1970, in: Journal of Law and Economics, 26. Jg., April 1983, S. 163 – 233.

STIGLER, George J., BOULDING, Kenneth E. (Hg.), Readings in Price Theory, 2. Aufl., London, 1956.

STRAUSS, Leo, Die Unterscheidung zwischen Tatsachen und Werten, in: ALBERT, Hans; TOPITSCH, Ernst (Hg.), Werturteilsstreit, Darmstadt, 1971, S. 73 – 91.

STÜRMER, Michael, Das industrielle Deutschland, in: BOOCKMANN, Hartmut; SCHILLING, Heinz; SCHULZE, Hagen; STÜRMER, Michael (Hg.), Mitten in Europa – Deutsche Geschichte, Gütersloh, 1984, S. 289 – 409.

STÜRMER, Michael, Das ruhelose Reich, Deutschland 1866 - 1918, Berlin, 1983.

SUPPLE, Barry, Der Staat und die Industrielle Revolution 1700 – 1914, in: CIPOLLA, Carlo M.; BORCHARDT, Knut, Europäische Wirtschaftsgeschichte, Bd. 3: Die industrielle Revolution, Stuttgart, New York, 1985, S. 195 – 231.

THADDEN, Rudolf von, Fragen an Preußen - Zur Geschichte eines aufgehobenen Staates, München, 1981.

TIECK, Klaus-Peter, Gustav Schmollers Neuausrichtung der Nationalökonomie – Historische Institutionenlehre in sozialpolitischer Absicht?, in: SCHIERA, Pierangelo; TENBRUCK, Friedrich (Hg.), Gustav Schmoller in seiner Zeit: Die Entstehung der Sozialwissenschaften in Deutschland und Italien, Bologna, Berlin, 1988, S. 399 – 419.

VEBLEN, Thorstein, The Place of Science in Modern Civilization, in: MITCHELL, Wesley C. (Hg.), What Veblen Taught, Selected Wrtitings of Thorstein Veblen, New York, 1964 (Nachdruck), S. 3 – 38.

VEBLEN, Thorstein, The Theory of Business Enterprise, 1904, Reprint, New York, 1965.

VERHANDLUNGEN der fünften Generalversammlung des Vereins für Socialpolitik am 8., 9. und 10. Oktober 1877, Schriften des Vereins für Socialpolitik, Bd. 14, 1878.

VERHANDLUNGEN der sechsten Generalversammlung des Vereins für Socialpolitik über die Zolltarifvorlagen am 21. und 22. April 1879, Schriften des Vereins für Socialpolitik, Bd. 16, 1879.

WEBER, Max, Die „Objektivität“ sozialwissenschaftlicher und sozialpolitischer Erkenntnis, in: Archiv für Sozialwissenschaft und Sozialpolitik, Bd. 19, 1904, wieder abgedruckt in: WEBER, Max, Methodologische Schriften, Frankfurt a.M., 1968, S. 1 – 64.

WEBER, Wilhelm; TOPITSCH, Ernst, Das Wertfreiheitsproblem seit Max Weber, in: JOCHIMSEN, Reimut; KNOBEL, Helmut (Hg.), Gegenstand und Methoden der Nationalökonomie, Köln, 1971, S. 133 – 145.

WEHLER, Hans-Ulrich (Hg.), Moderne deutsche Sozialgeschichte, Köln, Berlin, 1966.

WILLIAMSON, Oliver E., Die ökonomischen Institutionen des Kapitalismus, Tübingen, 1990.

WILLIAMSON, Oliver E., Markets and Hierarchies: Analysis and Antitrust Implications, A Study in the Economics of Internal Organization, New York, London, 1975.

WILLIAMSON, Olvier E.; WINTER, Sidney G. (Hg.), The Nature of the Firm – Origins, Evolution, and Development, New York, Oxford, 1991.

WINCH, Donald, Das Aufkommen der Volkswirtschaftslehre als Wissenschaft 1750 – 1870, in: CIPOLLA, Carlo M.; BORCHARDT, Knut, Europäische Wirtschaftsgeschichte, Bd. 3: Die industrielle Revolution, Stuttgart, New York, 1985, S. 333 – 377.

WINKEL, Harald, Die deutsche Nationalökonomie im 19. Jahrhundert, Darmstadt, 1977.

WUNDT, Wilhelm, Einleitung in die Philosophie, 6. Aufl., Leipzig, 1914.

ZELTNER, H., Absoluter Idealismus, in: RITTER, Joachim; GRÜNDER, Karlfried (Hg.), Historisches Wörterbuch der Philosophie, Bd. 4, Basel, 1976, Spalte 33f.

ZELTNER, H., Deutscher Idealismus, in: RITTER, Joachim; GRÜNDER, Karlfried (Hg.), Historisches Wörterbuch der Philosophie, Bd. 4, Basel, 1976, Spalte 35ff.

ZELTNER, H., Idealismus, in: RITTER, Joachim; GRÜNDER, Karlfried (Hg.), Historisches Wörterbuch der Philosophie, Bd. 4, Basel, 1976, Spalte 30ff.

ZIMMERMAN, L.J., Geschichte der theoretischen Volkswirtschaftslehre, 3. Aufl., Köln, 1967.

ZORN, Wolfgang, Wirtschafts- und sozialgeschichtliche Zusammenhänge der deutschen Reichsgründungszeit (1850 - 1879), in: WEHLER; Hans-Ulrich (Hg.), Moderne deutsche Sozialgeschichte, Köln, Berlin, 1966, S. 254 – 270.

ZUNKEL, Friedrich, Die Entfesselung des neuen Wirtschaftsgeistes 1850 - 1875, in: BORN, Karl Erich (Hg.): Moderne deutsche Wirtschaftsgeschichte, Köln, Berlin, 1966, S. 42 – 51.

Peter Lang · Europäischer Verlag der Wissenschaften

Jörg Jasper / Torsten Sundmacher (Hrsg.)

Ökologische Kompatibilität und technologischer Wandel

Frankfurt/M., Berlin, Bern, Bruxelles, New York, Oxford, Wien, 2000.
361 S., zahlr. Tab. u. Graf.
Schriften zur Politischen Ökonomie.
Evolutorische und ökologische Aspekte. Bd. 1
Verantwortlicher Herausgeber: Jörg Jasper
ISBN 3-631-37054-7 · br. DM 98.–*

Die Auswirkungen des technolgischen Wandels auf die menschliche und aussermenschliche Natur stellen ein Urproblem aller Gesellschaften dar. Der vorliegende Sammelband befasst sich mit dem Spannungsverhältnis zwischen natürlicher Umwelt und technologischem Wandel und versucht mit Hilfe von unterschiedlichen Konzeptionen und Zugangsweisen eine Systematisierung dieses Verhältnisses. Dies geschieht in drei thematischen Blöcken:
1. Theoriegeleitete Zugangsweisen zum Umweltproblem in der Ökonomik;
2. Politische und technische Lösungsansätze; 3. Ausgewählte Fallstudien.
Hiermit versuchen die Autoren, einen Beitrag zur Etablierung eines neuen Forschungsfeldes zu leisten, das das Spannungsverhältnis zwischem technologischem Wandel und Ökologie in den Mittelpunkt rückt.

Aus dem Inhalt: Zugangsweisen zum Umweltproblem in der Ökonomik: natürliche Umwelt und ökonomische Theorie, Umweltkonzeptionierung der Ökonomik in der Dogmengeschichte, soziale Konstruktion von Wirklichkeit · Politische und technische Lösungsansätze, ökologische Steuerreform und Beschäftigung, internationale Umweltverhandlungen, Technologiewahl der Stromerzeugung · Fallstudien: Biotechnologie, Verkehr, Länderstudien Russland und China

Frankfurt/M · Berlin · Bern · Bruxelles · New York · Oxford · Wien
Auslieferung: Verlag Peter Lang AG
Jupiterstr. 15, CH-3000 Bern 15
Telefax (004131) 9402131

*inklusive Mehrwertsteuer
Preisänderungen vorbehalten

Homepage http://www.peterlang.de

Kolibri 360 GmbH
Ferdinand-Jühlke-Straße 7
99095 Erfurt, Deutschland
produktsicherheit@kolibri360.de

Druck:
CPI Druckdienstleistungen GmbH
im Auftrag der
Kolibri 360 GmbH
Ferdinand-Jühlke-Str. 7
99095 Erfurt